Oğuzhan Yazıcı
Jung, männlich, türkisch – gewalttätig?

Schriften zum Jugendrecht und zur Jugendkriminologie
herausgegeben von

Prof. Dr. Jörg M. Fegert, Prof. Dr. Wolfgang Heinz,
Prof. Horst Viehmann, Prof. Dr. Dr. hc. Reinhard Wiesner
und Prof. Dr. Michael Walter

Band 8

Jung, männlich, türkisch – gewalttätig?

Eine Studie über gewalttätige Männlichkeitsinszenierungen türkischstämmiger Jugendlicher im Kontext von Ausgrenzung und Kriminalisierung

Oğuzhan Yazıcı

Centaurus Verlag & Media UG

Zum Autor
Oğuzhan Yazıcı studierte Rechtswissenschaften an der Philipps-Universität in Marburg, später an der University of Adelaide und an der CAU zu Kiel. Nebenberuflich arbeitete er als Mediator in Strafsachen im Verein „Täter-Opfer-Ausgleich Bremen e.V." Seit Oktober 2009 ist er als Rechtsreferendar im OLG Bezirk Bremen tätig.

Bibliografische Informationen der Deutschen Nationalbibliothek

Die Deutsche Nationalbibliothek verzeichnet diese Publikation in der Deutschen Nationalbibliografie; detaillierte bibliografische Daten sind im Internet über http://dnb.d-nb.de abrufbar.

ISBN 978-3-86226-040-9   ISBN 978-3-86226-992-1 (eBook)
DOI 10.1007/978-3-86226-992-1

ISSN 1434-3614

Alle Rechte, insbesondere das Recht der Vervielfältigung und Verbreitung sowie der Übersetzung, vorbehalten. Kein Teil des Werkes darf in irgendeiner Form (durch Fotokopie, Mikrofilm oder ein anderes Verfahren) ohne schriftliche Genehmigung des Verlages reproduziert oder unter Verwendung elektronischer Systeme verarbeitet, vervielfältigt oder verbreitet werden.

© CENTAURUS Verlag & Media KG 2011

Umschlaggestaltung: Jasmin Morgenthaler

Satz: Vorlage des Autors

Danksagung

Die vorliegende Arbeit hat dem Promotionsausschuss Dr. jur. der Universität Bremen 2010 als Dissertation vorgelegen. Der Originaltitel lautete: „Gewalttätige Männlichkeitsinszenierungen türkischstämmiger Jugendlicher im Kontext von Ausgrenzung und Kriminalisierung. Eine theoretische und empirische Analyse". Sie befindet sich auf dem Stand vom Herbst 2010; einige aktuelle Entwicklungen und neue Veröffentlichungen konnten noch nachgetragen werden. Am Erscheinen dieser Arbeit haben verschiedene Menschen ihren Anteil geleistet, denen mein Dank gilt. Einige von ihnen möchte ich an dieser Stelle namentlich nennen und besonders herausstellen: Mein Dank gilt zunächst meinem Doktorvater, Herrn Prof. Dr. Lorenz Böllinger, der mir für die Erstellung der Arbeit den nötigen wissenschaftlichen Freiraum gewährte und mir so eine uneingeschränkte Bearbeitung der Thematik ermöglichte. Danken möchte ich auch Herrn Prof. Dr. Felix Herzog für die Abfassung des Zweitgutachtens und die darin enthaltenen wertvollen Anregungen. Mein Dank gilt insbesondere dem Leiter des Vereins „Täter-Opfer-Ausgleich Bremen e. V.", Frank Winter, der mich in meinen ersten Berufsjahren hervorragend unterstützt und maßgeblich zum Gelingen der Arbeit beigetragen hat, indem er mir die vereinsinterne Datenbank zur Verfügung stellte. Danken möchte ich auch Herrn Dr. Eduard Matt, der mir in einer schwierigen Phase der Arbeit einen entscheidenden Tipp gab.

Ganz besonders danken möchte ich all den Menschen, die mich in den letzten Jahren begleitet haben und immer zu mir standen: Miro und Maja Bjelobrk, Igor Janjevski, Mehdi und Reza Fakhr-Shafai, Farshad Farsad, Ümit Ural, Alexander Schreiber sowie Minou und Diana Afshar-Nia. Hervorheben möchte ich dabei jedoch meine Geschwister Ibrahim und Elif Yazici. Wie es sich für Geschwister gehört, haben auch wir uns gezankt. Aber Ihre Liebe und Loyalität habe ich immer gespürt und sie gaben mir Kraft, egal was der Alltag auch brachte.

Mein größter Dank gebührt meinen Eltern. Sie haben mir von meiner Geburt an ihre Liebe und Fürsorge zuteil werden lassen und mir das Gefühl vermittelt, etwas Besonderes zu sein. Sie waren jederzeit für mich da und haben insgesamt maßgeblich dazu beigetragen, mich zu dem Menschen zu machen, der ich heute bin. Meine Dankbarkeit hierfür lässt sich nicht in Worte fassen, ich werde immer in ihrer Schuld stehen. Ihnen sei diese Arbeit gewidmet.

Diese Arbeit widme ich meinen Eltern
Mikdat und Fatma-Suna

Einleitung 11

Forschungsinteresse und Zielsetzung 14

Inhaltliche Strukturierung 21

Teil I: Theoretische Analyse

1 Der Einwanderungsdiskurs: Die soziale Konstruktion des „Anderen" 26
  1.1   Ethnisierung: Die Soziogenese ethnischer Minoritäten 31
  1.2   Medien als Teil des Ethnisierungs- und Kriminalisierungsdiskurses 41
  1.3   Fazit: Der Ethnizitätsdiskurs in den Fußstapfen des klassischen
        Rassismus 45

2 Die Diskussion um Jugendgewalt türkisch-muslimischer Jungen in der Wissenschaft 50
  2.1   Die Fundamentalismusstudie von Heitmeyer et. al. (1997) 50
  2.2   Eine Jungenbande: Die „Turkish Power Boys" (Tertilt 1996) 53
  2.3   Stellungnahme und Annährung an die Untersuchungsgruppe 57
      2.3.1   Türkische Kultur als kriminogener Faktor? *57*
      2.3.2   Diskriminierung und Rassismus als Erklärung für Gewalt? *57*
  2.4   Die „Macho-These": Pfeiffer & Wetzels (2000) 62
      2.4.1   Diskussion *65*
           2.4.1.1   Exkurs: Die Prozesshaftigkeit von Kultur 71
           2.4.1.2   Zum türkischen Ehrbegriff (*namus*) 72
           2.4.1.3   Zum Wertewandel bei türkischen Einwanderern 76
           2.4.1.4   Stellungnahme zum Exkurs 80
      2.4.2   Resümee und Schlussfolgerung *82*

3 Theoretische Ausrichtung der eigenen Studie: Orientierung an den Men's Studies 85
  3.1   Männlichkeit als soziale Konstruktion 86
  3.2   Connells Konzept der *hegemonic masculinities* 89

3.2.1 Die Konstitution hegemonialer Männlichkeit 91
    3.2.1.1 Gewalthandeln als „Bewerkstelligung hegemonialer Männlichkeit". 95
    3.2.1.2 Stellungnahme 98
3.2.2 Zusammenfassung und Präzisierung des Connellschen Ansatzes *101*
    3.2.2.1 Legitimationsquellen hegemonialer Männlichkeit: *Nachwuchs zeugen, beschützen, versorgen* 103
    3.2.2.2 Gewalthandeln als Bestandteil der Geschlechter- bzw. Gesellschaftsordnung 105
3.3 Der Sinn männlicher Gewalt und Konsequenzen für die Arbeit 110

Teil II: Empirische Analyse 115

1 Ablauf der zweiten Forschungsphase **116**
1.1 Die subjektive Sicht einfangen 116
1.2 Zugang zum Feld: das empirische Material 117
1.3 Die eigene Rolle während der Gespräche/Datengewinnung 118
1.4 Analyse des empirischen Materials 120
1.5 Reichweite und Aussagekraft der Ergebnisse 122

2 Fragestellungen und Analyseebenen **123**

3 Familiäre Sozialisationsbedingungen und Gewalt **129**
3.1 Die Vater-Sohn-Beziehungen in türkischen Familien 129
    3.1.1 Der prügelnde Tyrann *130*
    3.1.2 Der abwesende Ernährer *140*
3.2 Fazit 147

4 Gleichaltrigengruppe und Gewalt **149**

5 Ethnisierung und Kriminalisierung (im schulischen Kontext) als Aspekte der Gewalt **166**

6 Fazit **178**

Teil III: Zusammenfassung und Ausblick

1 Thematik der Arbeit: zentrale Ergebnisse 184
2 Ausblick: einige kriminalpolitische Schlussfolgerungen 192

2.1 Befreiung vom Gefangensein aus der männlichen Geschlechterrolle 192
2.2 Berücksichtigung kultureller Identität/Vernetzung auf Institutsebene ... 193
2.3 Psychoanalytische Kompetenz der Fachkräfte 196
2.4 Abschließende Bemerkungen zur gegenwärtigen kriminalpolitischen Debatte um Jugendgewalt 197

Literaturverzeichnis 201

Einleitung

Kulturelle Praxen werden im hegemonialen Diskurs der deutschen Gesellschaft oftmals zur Erklärung und Deutung der Lebenslagen von Migranten[1] herangezogen. Dabei werden Stereotype der 1970er und 1980er Jahre erneut aufgegriffen und religiös aufgeladen, statt Modernisierungstendenzen oder unterschiedlichen Familienstrukturen der Migranten in der Debatte Rechnung zu tragen (dazu Meng 2007: 178). Türkischstämmige Jungen[2] werden mit dem Klischeebild „Macho"[3] oder „Pascha" assoziiert, das auf eine religiöse oder südländisch-ethnische Identität, auf Kulturkonflikte und patriarchale Familienstrukturen zurückgeführt wird (vgl. Weber 2007: 307; Spindler 2007a: 289). Populärwissenschaftliche Bücher (z. B. Ateş 2005;[4] Kelek 2006[5] oder Sarrazin 2010[6]) ebenso wie TV-Formate[7] tragen mit dazu bei, dieses Bild eines von Ehrbegriffen geleiteten türkischen Mannes zu prägen. Zwar werden derart ethnisierende Geschlechterdiskurse im wissenschaftlichen Diskurs vermehrt kritisiert (siehe hierzu stellvertretend Potts & Kühnemund 2008), und auch in der deutschen Öffentlichkeit

---

[1] Zur besseren Lesbarkeit wird im gesamten Text die männliche Form verwendet; Frauen sind aber grundsätzlich ebenfalls gemeint.
[2] Zur Benennung der Kinder von türkischstämmigen Migranten werden in dieser Studie unterschiedliche Bezeichnungen verwendet, unter anderem auch „Migrantenkinder" oder „Jugendliche mit Migrationshintergrund". Ein geeigneter Begriff zur Bezeichnung von Jugendlichen deren Aufwachsen auf unterschiedliche Weise von Migration und Migrationskontext geprägt ist, fehlt derzeit. Durch die Verwendung unterschiedlicher Bezeichnungen wird dieser Tatsache Rechnung getragen.
[3] Zum Begriff und seiner Verwendung siehe Kersten (2007: 46 ff.) und Ewing (2008a: 23 f.)
[4] Ein sehr lesenswerter kritischer Beitrag zu den antimuslimischen Positionen von Seyran Ateş wurde von Rommelspacher (2010: 433 ff.) vorgelegt.
[5] Mit ihrem Buch „Die verlorenen Söhne. Plädoyer für die Befreiung des Türkisch-Muslimischen Mannes" setzt sich Necla Kelek (2006) das Ziel, die „grundlegenden Merkmale der türkisch-muslimischen Männerrolle herauszuarbeiten" (ebd.: 21). Sie argumentiert explizit, dass der Islam und die türkische Tradition für die Probleme türkischer Jungen und Männer in Deutschland verantwortlich seien. Die Gewalttätigkeit junger Männer ist nach Kelek somit eine direkte Folge religiös-kultureller Dynamiken. Eine kritische Betrachtung dieser Arbeit wurde von Scheibelhofer (2008: 39 ff.) vorgelegt.
[6] Das Ex-Vorstandsmitglied der Bundesbank, Thilo Sarrazin, vertritt in seinem Buch „Deutschland schafft sich ab" zahlreiche umstrittene Thesen und Aussagen zur Zukunft Deutschlands. Nach Sarrazin bilden muslimische Migranten aus der Türkei den Kern des Integrationsproblems. Schuld seien islamisch geprägte kulturelle Einstellungen, die eine erfolgreiche Integration verhinderten.
[7] Eine Frage der Ehre: „Tatort" im türkischen Milieu. So heißt der Bremer „Tatort" vom 08.12.2008, der erneut Zwangsehe und „Ehrenmord" diesmal (sogar) unter wohlhabenden Türken in Deutschland problematisiert. Inzwischen ein Klassiker ist der „Tatort"-Reihe, war dieser „Tatort" doch bereits der zweite innerhalb weniger Monate, der in der *türkischen Parallelgesellschaft* spielte. Mit all den vermeintlich bekannten Problemen um mangelnden Integrationswillen und fundamentalistische Einstellungen. So hatte der in der ARD ausgestrahlte „Tatort" vom 06.04.2008 („Schatten der Angst") ebenfalls die Zwangsverheiratung als zentrales Thema präsentiert.

und Parteipolitik sind durchaus „ausländerfreundliche" und manchmal kulturrelativistische Stimmen sowie entsprechende politische Signale und Strategien zu vernehmen, dennoch bleiben diese skandalisierenden öffentlichen Negativdiskurse weitgehend wirkmächtig.

Typisch für den gegenwärtig populären Diskurs ist die Problematisierung und Skandalisierung der Geschlechtszugehörigkeit junger türkisch-muslimischer Männer. Nach Huxel (2008b) findet hier eine „Verquickung von ethnischer Zugehörigkeit und Geschlechtszugehörigkeit statt, die als Verursacherin problematischen Verhaltens ausgemacht wird, reflexartig tauchen die immergleichen Schlagworte auf: „Ehre" Parallelgesellschaft, archaische Traditionen, patriarchale Männlichkeitsvorstellungen" (ebd.: 68, Hervorh. d. Verf.). Durch die ständige Wiederholung der stereotypen Bezeichnungen entsteht ein öffentliches Meinungsbild, das kaum Platz lässt für die Berücksichtigung der sozialen Probleme türkischstämmiger Jugendlicher.

Zentral sind hierbei statische und homogenisierende Annahmen mit einem essentialistischen Kern, die von vorgegebenen und unverrückbaren „Geschlechterrollen" und einer männlichen „Geschlechtsidentität" ausgehen, die sich aus einer vormodernen und patriarchalen Herkunftskultur (der sog. Kultur der Ehre) speisen soll. So wird implizit und zum Teil explizit Männlichkeit mit Gefährlichkeit und Gewalttätigkeit gleichgesetzt und damit in der Öffentlichkeit das Bild vom „gewalttätigen Macho"[8] gefestigt. Dabei wird im Grunde versucht, einen Zusammenhang zwischen „Ethnizität" und Jugendgewalt herzustellen.[9] Im Ergebnis wird so der Positionierungsprozess türkisch-muslimischer Jugendlicher[10] in Deutschland durch die relevanten gesellschaftlichen Repräsentanten sozialer und strafrechtlicher Kontrolle gesteuert.

Dieser Diskurs ist nicht im luftleeren Raum entstanden. Das Feld für die Konstruktion der bedrohlichen „Anderen" ist von der (damals sogenannten) Ausländerforschung gründlich vorbereitet worden. Jugendliche mit türkischem und islamischem Hintergrund wurden hier in besonderer Weise mit ethnisiert vergeschlechtlichten Fremdzuschreibungen konfrontiert (vgl. Riegel 2003). Hierbei spielten in sozio-

---

[8] Insbesondere Pfeiffer & Wetzels (2000) haben mit ihrer vielbeachteten Studie „Junge Türken als Täter und Opfer von Gewalt" die „Macho-These" ganz entscheidend geprägt. Diese stark vereinfachende These wird in Kap. 2.4 ausführlich dargestellt und diskutiert.
[9] Zur Diskussion siehe bspw. Rebmann (1998: 4 ff.). Dieser vermeintliche Zusammenhang wird auch im Ersten Periodischen Sicherheitsbericht der Bundesregierung (2001: 306 f.) unter dem Unterpunkt „Zuwanderung und Kriminalität" diskutiert.
[10] Jugendlicher ist, wer zur Zeit der Tat vierzehn, aber noch nicht achtzehn ist (§ 1 JGG).

historischen Kontexten diskursiv entstandene tradierte Feindbilder eine zentrale Rolle: Im aktuellen Diskurs über „den türkischen-muslimischen Mann" finden sich sehr ähnliche diskursive Strategien wieder.

Bei einer derartigen Debatte besteht natürlich die große Gefahr, dass sich essentialistische Zuschreibungen verfestigen und dadurch auch gewisse sozial konstruierte und als homogen dargestellte Gruppen stigmatisiert werden. So gilt diese Debatte über gewalttätige „Machos" seit spätestens Mitte der 1990er Jahre als Beleg dafür, dass die Integration von Migranten der zweiten und insbesondere dritten Generation gescheitert sei.[11] Sie bildet damit die wesentliche empirische Grundlage für die nun schon seit Jahren geforderte und beantragte Verschärfung des Jugendstrafrechts (vgl. Riegel & Geisen 2007: 15).[12]

Freilich scheinen einige Selbstinszenierungen türkischstämmiger Jugendlicher, die zum Teil durch gewalttätiges Auftreten in der Öffentlichkeit geprägt sind, dieses Bild eines „Machos" partiell auch zu bestätigen. Dieses Phänomen gilt es jedoch nüchtern und unter Anwendung empirischer Forschungsmethoden zu analysieren und zu erklären. Aus den hegemonialen Diskursen hat sich allerdings im Ergebnis ein Erklärungsmodell eingeschlichen, dass eine Apriori Aussage enthält: die Gewalt der Jugendlichen sei kulturabhängig und Ausdruck einer fehlgeleiteten Männlichkeit. Was es in dieser Gesellschaft tatsächlich bedeutet, jung, „männlich" und „türkisch" zu sein, wird dagegen kaum erörtert. Fragen nach der konkreten Bedeutung von Männlichkeit und „Ethnizität" für etwaiges Gewalthandeln werden nicht gestellt. Vielmehr gehört in diesem Diskurs der „Machotürke" zum gegenwärtigen Begriffsrepertoire der Analyse von Gewalt. Die vorliegende Arbeit greift diese Problemstellung auf.

---

[11] Siehe dazu den Artikel im Wochenmagazin „Der Spiegel" vom 14.04.1997 mit der Aufschrift: „Ausländer und Deutsche: Gefährlich fremd. Das Scheitern der multikulturellen Gesellschaft". Links unten auf diesem viel zitierten Spiegel-Titel sind Koranschulen zu sehen, rechts bewaffnete türkische Jugendliche finden sich in der rechten Bildhälfte, während man im Vordergrund eine junge Ausländerin mit angeschwollener Halsschlagader sieht, die eine türkische Fahne schwenkt. Überschrieben ist der entsprechende Artikel mit „Zeitbomben in den Vorstädten. Die Ausländerintegration ist gescheitert. Überall im Land entsteht eine explosive Spannung. Bei jungen Türken und Aussiedlern und Randgruppen ohne Perspektive, wächst die Bereitschaft, sich mit Gewalt zu holen, was die Gesellschaft ihnen verweigert" (besprochen von Sarigöz 1999). Die Titelgeschichte erwähnt mit keinem Wort die zahlreichen gelungenen Beispiele erfolgreicher Integration in Deutschland und merkt auch nicht an, dass es sich bei der Gruppe strafrechtlich gewordener Migranten um eine absolute Minderheit handelt. Dieser Artikel reiht sich vielmehr ein in eine Reihe unzähliger weiterer Medienberichterstattungen, die das Klischee vom gewalttätigen Türken verbreiten. Dazu ausf. Kap. 1.2.

[12] Ein kritischer Blick auf die einzelnen Verschärfungsforderungen und ein Plädoyer für einen Perspektivwechsel findet sich in Kap. 2.4, Teil III.

Forschungsinteresse und Zielsetzung

Ausgehend von dieser zentralen Problemstellung der Arbeit stehen Männlichkeitsinszenierungen türkischstämmiger Jugendlicher im Kontext von Gewalt im Mittelpunkt des Forschungsinteresses.

Ausgangspunkt dieser Festlegung waren zunächst die zahlreichen nationalen Hellfeld- wie Dunkelfeldanalysen, die einen durchgängig empirischen Beleg dafür liefern, dass türkischstämmige Jugendliche deutlich gewaltbereiter sind als Gleichaltrige anderer ethnischer Zugehörigkeiten.[13] Daraus ergab sich eine erste Eingrenzung dieser Untersuchung auf türkische Jugendliche, da hier der diesbezügliche kriminologische Diskurs zur Jugendgewalt kulminiert.[14] Fraglich ist jedoch, ob und inwiefern die Zugehörigkeit zur türkischen Herkunftskultur eine Erklärung für die unzweifelhaft erhöhte Gewaltbelastung bei diesen Jugendlichen sein kann.

Ein weiterer eindeutiger Befund, der sich sowohl in nationalen[15] als auch in internationalen[16] Studien bestätigt hat, ist, dass Jungen gewaltbereiter sind als Mädchen. Bei der Jugendgewalt handelt es sich also tatsächlich um *Jungen*gewalt:

Zudem wird oftmals vernachlässigt, dass Gewalt von Jungen sich fast ausnahmslos gegen Jugendliche ihres eigenen Geschlechts richtet (siehe dazu bspw. Pollack 2001: 403; Krieger 2007: 120 und Tillmann et. al. 1999). Die Polarisierung zwischen dem „bösen" Täter und dem „guten" Opfer schlägt somit im Hinblick auf die Jugendgewaltkriminalität fehl: Hier bildet das männliche Opfer die Gegenseite zum männlichen Täter (Wilms 2009: 125).[17] Da Jungen somit im Allgemeinen nicht

---

[13] Die Befunde sind über verschiedene Verhaltensindikatoren hinweg und in unterschiedlichen Befragungsgebieten repräsentativer Schülerbefragungen konsistent, vgl. hierzu die Schülerbefragung des Jahres 2007/2008 bei Baier et. al. (2009: 70); s. a. Baier & Pfeiffer (2007); Wilmers et. al. (2002); Wetzels et al. (2001); Pfeiffer & Wetzels (2000); vgl. ferner die Befunde bei Oberwittler (2003); Babka von Gostomski (2003); s. a. BKA (2006: 228) und das Gutachten zum 8. Deutschen Präventionstag zum Schwerpunktthema Migration und Kriminalität, vorgelegt von Bannenberg (2003: 37).
[14] Obwohl dadurch natürlich die Gefahr besteht, stereotype Zuschreibungen und in der Gesellschaft verankerte Meinungen erneut wiederzugeben und damit die herrschenden Diskurse zu reproduzieren, werde ich im Rahmen dieser Studie den Fokus auf diese Jugendlichen richten. In Kap. 1.4, Teil II lege ich dar, wie dies im Forschungsprozess gehandhabt wird.
[15] Eine Zusammenstellung zahlreicher empirischer Fakten zu Gewalt als Jungenphänomen gibt es bei Popp (2003: 196); s. a. Baier et. al. (2009: 69); Kilb (2009: 19); Lenz (2007: 43 ff.); Hermann (2004) sowie Zweiter Periodischer Sicherheitsbericht (2006: 32).
[16] Vgl. Moffitt et. al. (2001); Collier (1998: 2); Gottfredson & Hirschi (1990: 146).
[17] Die männliche Rolle ist in der Tat ambivalent. Sie hat eine *Macht*- und eine *Ohnmachtsseite*. Die Machtseite ist vom Feminismus frühzeitig und berechtigt kritisiert worden, die Ohnmachtsseite der Männlichkeit hingegen ist bisher ein Außenseiterthema und als gesellschaftliches Problem nach wie

nur auf der Seite der Täter, sondern auch auf der der Opfer überproportional vertreten sind, schlägt Michael Meuser (2002: 53) vor, Gewalthandeln aus einer Geschlechterperspektive und insbesondere unter dem Gesichtspunkt der gegen (andere) Jungen gerichteten Gewalt zu betrachten.[18]

Vor diesem Hintergrund erfolgte sodann die zweite inhaltliche Eingrenzung der vorliegenden Studie, nämlich auf das Geschlecht der Jugendlichen. Hierin könnte ein Schlüssel für die Erklärung von *Jungen*gewalt und demgemäß auch für die Prävention liegen. Möglicherweise gibt es eine „geschlechtstypische Handlungslogik" (vgl. ebd.), die diese gewaltbereiten Jungen vereint? Oder anders gefragt: Welchen Stellenwert hat männliches Gewalthandeln in der Geschlechterordnung, welchen *Sinn* erfüllt es dort?

In der Tat sind derartige Fragestellungen im herrschenden Diskurs über Jugendgewalt bis heute kaum zu finden. Dabei hat der US-amerikanische Kriminologe James W. Messerschmidt (1993: 1) in „Masculinities and Crime" schon früh auf die „Geschlechterblindheit" in der Kriminologie hingewiesen:

„What happened, rather, was that the issue of gender was treated in a way that depoliticized it, that removed it from the realm of the problematic to the comfortable zone of the taken-for-granted" (Connell im Vorwort zu Messerschmidt 1993: VIII).

Diese Entproblematisierung des Geschlechts führt bisweilen dazu, dass Begriffe wie Männlichkeit und „Macho" als Zuschreibungen im Sinne geläufiger Stereotype benutzt werden, nicht etwa als Werkzeuge einer Analyse der vorgefundenen Daten (Kersten 2007: 46 ff.). Es bedarf daher eines Ansatzes, der die Komplexität des Ge-

---

vor kaum erkannt (Lenz 2007: 41f.). So wird im öffentlichen Diskurs um Gewalt und Geschlecht weiterhin der Schein männlicher *Unverletzbarkeit* aufrechterhalten. Auf diesen Mythos hatte bereits der Soziologe Heinrich Popitz (1986) Mitte der 80er Jahre hingewiesen und festgestellt, dass der Verletzungsmacht von Männern in Gewaltkonflikten auch immer eine Verletzungs*offenheit* gegenüberstehe.

[18] Dieses Verhältnis spiegelt sich ebenso bei den erwachsenen Männern wieder. Dabei ist nicht nur die illegitime, sondern auch die legitime Gewaltanwendung weitgehend männliches Monopol. Institutionen wie Polizei und Militär sind immer noch vorwiegend homosoziale Männergemeinschaften, „dies vor allem in den Bereichen, in denen unmittelbare körperliche Gewaltanwendung stattfindet" (Meuser 2002: 69).

genstandes angemessen zu erfassen vermag. In dieser Arbeit wird daher der Versuch unternommen, bei der Rekonstruierung etwaiger Zusammenhänge zwischen Gewalthandlungen und Geschlechtszugehörigkeit den Fokus auf den Modus der Herstellung von Geschlecht und Geschlechterdifferenz im Alltag zu richten und dem dazugehörigen impliziten Wissen aller Beteiligten. Es geht also darum, „Männliches Gewalthandeln aus den sozialen Konstitutionsbedingungen von Männlichkeit zu erklären" (Meuser 2002: 53 f.).

Ein solches Vorgehen bedarf zunächst einer eingehenden Reflexion der herrschenden Diskurse, ohne diese zu reproduzieren. Dabei müssen auf theoretische und empirische Art und Weise Phänomene in ihrem dynamischen Verhältnis zum sozialen Kontext erfasst werden. Im konkreten geht es darum, ein theoretisches Inventar zu entwickeln, mit dessen Hilfe Männlichkeit(en)[19] in ihrer Komplexität erfasst und dadurch eine detaillierte Analyse der dynamischen Wirklichkeit erstellt werden kann, anstatt den gängigen Erklärungen eines Kulturkonflikts aufzusitzen (vgl. Scheibelhofer 2005, 2007). Erst mit einem derartigen Verständnis von Männlichkeit erscheint es angemessen, nach etwaigen Gewaltbezügen zu fragen.

Da die Männlichkeitsforschung im deutschen Sprachraum in dieser Beziehung noch am Anfang Steht, wird in den Ausführungen in Kap. 3 zur Theoretisierung von Männlichkeit hauptsächlich auf die angloamerikanische Männlichkeitsforschung (Men's Studies) Bezug genommen. Diese orientieren sich im Wesentlichen an den Vertretern postmoderner feministischer Theorien, die richtungsweisende Ergebnisse erzielen konnten und stets die zentrale Berücksichtigung der Lebenssituation der jeweiligen Person sowie deren Einbindung in gesellschaftliche Rangordnungen forderten (ausf. Spindler 2006: 44 ff.).[20] Zu Grunde gelegt wird dabei, dass die alltägliche Interaktion, d. h., jede soziale Interaktion, das Geschlecht als *soziale Konstruktion* formt. Interaktion und Situation zur Herstellung von Geschlecht werden somit in den Mittelpunkt des Forschungsinteresses gestellt; die Individualität jedes einzelnen wird berücksichtigt. Durch diesen Ansatz kann der männlichen Subjektivität,

---

[19] Ich spreche hier bewusst im Plural, um das Vorhandensein verschiedener Männlichkeitskonstruktionen hervorzuheben und damit die Dynamik des Geschlechterverhältnisses unter Männern zu betonen, vgl. Kap. 3.
[20] Für einen Überblick über die unterschiedlichen Richtungen in der Männerforschung, siehe Engelfried (1997: 39 ff.); Meuser (2006a: 91ff.) oder Baur & Luedtke (2008: 8 ff.).

also den ganz unterschiedlichen Männlichkeitsentwürfen Rechnung getragen werden.

Aufbauend auf dieser Theorie von Geschlecht hat die australische Soziologin und Erziehungswissenschaftlerin Raewyn Connell (2006)[21] das Konzept der *hegemonic masculinities* (hegemonialen Männlichkeit) entwickelt, das bis heute Grundlage für viele weitere Forschungen ist. Hinsichtlich männlicher Gewalt führt sie aus, dass diese nicht als rein individuelles Geschehen und somit als Entgleisung pathologischer Einzelpersonen zu verstehen ist, sondern verwoben sei mit männlichen Identitätspraktiken (Lehner 2007: 92). Connell beschreibt Gewalt daher als Bestandteil des Geschlechterverhältnisses und als Ausdruck hegemonialer Männlichkeit (vgl. ebd.: 122 ff.). Diesen Zusammenhängen zwischen Gewalt und hegemonialen Männlichkeitsbildern soll hier genauer nachgegangen werden.

Zu den sozialen Rahmenbedingungen bestimmter Inszenierungen von Männlichkeit gehört insbesondere die subjektiv erfahrene soziale Ausgrenzung bzw. Diskriminierung. Zudem dürften gerade Jugendliche, die von der Teilhabe an wesentlichen Bereichen der gesellschaftlichen Entwicklung und insbesondere am materiellen Reichtum der Gesellschaft weitestgehend ausgeschlossen sind, in besonderem Maße Etikettierungs- und Stigmatisierungsprozessen unterliegen (siehe hierzu etwa Böttger 1998: 53). Als besondere Strategie sozialer Ausschließung kommt in diesem Kontext Kriminalisierungsprozessen eine nicht unerhebliche Bedeutung zu:

Der Begriff Kriminalisierung beschreibt einen vielschichtigen Prozess, durch den die Kategorie „Kriminalität" erst entsteht, die später für die Erklärung und Beurteilung sozialer Konflikte verwendet wird. Dieser Prozess muss in zunehmendem Maße auch mit der Bildung kriminalpolitischer Kategorien wie „Ausländerkriminalität", „Jugendgewalt" oder „Jugendkriminalität" in Zusammenhang gebracht werden, denn diese Kategorisierungen bieten letztlich die Möglichkeit, eine Ausschließung „gefährlicher Gruppen" und Feindbilder zu rechtfertigen (Bettinger 2010: 445).

Eine Kriminologie, die sich selbst kritisch hinterfragt, sollte in diesem Zusammenhang erkennen, dass die soziale Wirklichkeit auf Deutungen, Interpretationen,

---

[21] Connell hat vor einiger Zeit die Geschlechtsidentität gewechselt. Obwohl ich mich hier auf ältere Beiträge von ihr stütze, die zudem in deutschsprachigen Bibliothekskatalogen noch oftmals unter ihrem alten Eintrag Bob oder Robert William zu finden sind, habe ich mich entschlossen, Namen und Personalpronomen im Fließtext anzupassen.

Ideen, Wissenschaft und vielem mehr beruht und nicht voraussetzungslos gegeben ist (vgl. Keller 2001: 123, zitiert n. Bettinger 2010: 446). Dabei sind nicht nur „Kriminalität", „Kriminalitätsentwicklung" oder insbesondere „Jugendgewalt" Teil gesellschaftlich konstruierter Wahrheiten oder Wirklichkeiten, auch der Rückgriff auf kulturelle Merkmale zur Deutung der Motivation kriminell gewordener Migrantenkinder gehören zu dieser Wirklichkeit (Bettinger 2010: 446).

Geht man folglich davon aus, dass es keine objektive soziale Wirklichkeit gibt, dass „Kriminalität" ein Konstrukt und kein beobachtbares oder beschreibbares Verhalten darstellt und dass analog dazu „Männlichkeit" ebenfalls ein Gebilde und keine von Natura aus vorhandene Sache ist, stellt „männliche Kriminalität" kein deviantes Verhalten dar. Vielmehr entsteht diese durch Zuschreibungen und Konstruktionsprozesse. Dieser Konstruktionsgedanke wird dem Labeling-approach oder dem Etikettierungsansatz für die Kriminologie (Sack 1973, 1974)[22] sowie dem interaktionistischen Konzept des *doing gender* für die Geschlechterforschung (Gildemeister & Wetterer 1992)[23] zugeordnet: Gemäß diesem konstruktivistischen, diskurstheoretischen Ansatz stellen weder Gewalttätigkeit noch Männlichkeit (noch das „Türkisch-Sein") individuelle Merkmale dar, sondern beruhen auf historischen, kulturellen und sozialen Zuschreibungen und institutionellen Praktiken. Dadurch stehen die Konstruktionen von Normalität und Devianz, die Konstruktionen von Geschlecht sowie das Verhältnis dieser beiden zueinander im Fokus des Forschungsinteresses. Durch die enge Beziehung von Männlichkeit und Gewalt, die dabei festgestellt wird, wird eine Verflechtung von situationsspezifischen Zuschreibungen von Abweichung und solchen von Geschlecht beschrieben (vgl. Bereswill & Neuber 2010: 312).

Um der Realität der Gewaltphänomene unter männlichen Migrantenjugendlichen gerecht zu werden, muss folglich die *re*-konstruktive Analyseeinstellung im Fokus kritischer Forschungen stehen, da die Frage danach, was gesellschaftliche Tatsachen

---

[22] Der aus dem symbolischen Interaktionismus hervorgegangene Labeling-approach analysiert nicht das kriminelle Verhalten an sich, sondern stellt den Prozess der Kriminalisierung, die Entwicklung des kriminellen Selbstbildes in der Interaktion mit der Gesellschaft, in den Mittelpunkt des Erkenntnisinteresses. Der zentrale Punkt des Ansatzes ist die soziale Reaktion im Sinne einer negativen Etikettierung auf das als deviant oder kriminell definierte Verhalten.
[23] Das Konzept des *doing gender* geht auf den ethnomethodologisch orientierten Ansatz von West & Zimmermann (1987) zurück. In die deutschsprachige Diskussion erhielt es vor allem durch Gildemeister & Wetterer (1993) Einzug.

– wie z. B. Geschlecht, „Ethnizität" oder Kriminalität – denn nun *sind*, ausschließlich auf dem (Um-)Weg über die Frage zu beantworten ist, *wie* diese interaktiv bzw. diskursiv *hergestellt* werden. Nur auf diesem Weg gelingt die De-Konstruktion objektivistischer Vorannahmen und Unterstellungen, wie sie sich gerade in den öffentlichkeitswirksamen Studien zeigen (dazu Bohnsack 2002: 121).

Entscheidend ist dabei, die subjektive Sicht einzufangen, anstatt die Lebenslagen türkischstämmiger Jungen eindimensional mit der Schablone der „kulturspezifischen Geschlechterordnung" als Auswirkung einer so genannten „Kultur der Ehre" zu interpretieren. Dabei gilt es vor allem auch, das tatsächliche Verständnis der Jungen für *die* türkische Kultur („Ehre") zu erforschen und die spezifischen Zugriffe zu entschlüsseln. Entscheidend wird also sein, die unterschiedlichen Perspektiven der Jungen zu berücksichtigen und die komplexen Zugänge, die sie zur „Kultur" und den mit ihr verbundenen Normorientierungen finden, nicht zu übersehen. In der vorliegenden Studie liegt ein Schwerpunkt somit auch darin, geeignete Erklärungsmuster zu liefern, ob und in welcher Weise „Ehrauffassungen" eine Rolle für ein Männlichkeitskonzept spielen, das im Zusammenhang steht mit etwaigen gewaltbefürwortenden Orientierungen. Daher erscheint eine objektive, nüchterne und empirisch basierte Analyse der Lebens- und Denkweisen dieser Jugendlichen dringend notwendig, um auch die Versachlichung dieses hochgradig emotionalisierten Diskurses voranzutreiben. Dabei geht es nicht um eine Sonderbehandlung türkischstämmiger Jungen, sondern um eine bisher oftmals vernachlässigte andere Sicht auf den Alltag dieser Jugendlichen unter Respektierung der Vielfalt der Lebensstile samt den ihnen innewohnenden Möglichkeiten und Gefahren (Bukow 2003: 34). Es geht folglich darum, die Lage türkischstämmiger Jungen zu verstehen, um damit das Bedingungsgefüge ihres Gewalthandelns adäquat analysieren zu können. Wollen wir ihr Gewalthandeln verstehen und ihrer alltagsweltlichen Realität Rechnung tragen, müssen wir auch die Diskurse bzw. Prozesse in die sie eingebettet sind, analysieren. Ein solches Verständnis von Jugendgewalt scheint die unabdingbare Basis für weitergehende Überlegungen in der Kriminalpolitik und der Strafrechtspflege zu sein:

Vor diesem Hintergrund geht es im Rahmen der vorliegenden Studie um die Klärung der nachfolgenden sechs Themenkomplexe:

1. Wie kommt es, dass eine bestimmte Gruppe von jungen Männern gewalttätig wird; welche Voraussetzungen dafür finden sich in den Konstruktionen von Männlichkeit(en)?

2. Welche subjektiven Orientierungen stehen mit männlicher Gewaltausübung in Zusammenhang und gehen aus ihr hervor? Oder anders gefragt: Gibt es geschlechtsbezogene Deutungs- und Handlungsmuster, die männlichem Gewalthandeln zugrunde liegen?

3. Welche Bedeutung hat dabei die Einbindung in männerbündische, gewaltbereite Zusammenschlüsse bzw. Cliquen? Nach welchen Regeln oder Ritualen wird in derartigen Zusammenschlüssen gehandelt?

4. Wie verhält es sich in diesem Zusammenhang mit der zentralen Beschreibungsmetapher der „männlichen Ehre"? Welche Funktion erfüllt sie in derartigen Zusammenschlüssen?

5. Welche Bedeutung hat die „Ehre" in der familiären Sozialisation? In den Vordergrund des Erkenntnisinteresses sollen solche Aspekte der familiären Sozialisation gerückt werden, die mit der Entwicklung von Gewalteinstellungen und -bereitschaft in Zusammenhang stehen könnten.

6. Und wie wirkt sich schließlich die subjektiv empfundene soziale Lage auf Männlichkeitskonstruktionen und Gewalt aus? Wie gehen junge Männer mit den zunehmenden Stigmatisierungs- und Kriminalisierungstendenzen in Deutschland um? Wie positionieren sie sich in einer Gesellschaft, die sie als fremd markiert? Welche Taktiken finden die Jungen, um Anerkennung zu erlangen?

Inhaltliche Strukturierung

Die vorliegende Arbeit gliedert sich in drei Teile:

In Teil I der Arbeit geht es zunächst um eine theoretische Annährung an den Untersuchungsgegenstand, indem relevante Befunde und Hintergründe eine sorgfältige theoretische Aufarbeitung erfahren. Dieser erste Teil soll als Orientierungsrahmen für die Auswertung des empirischen Materials in Teil II dienen und zugleich in Abgrenzung zum gängigen Diskurs den Untersuchungsgegenstand auf alternative Art und Weise theoretisch einbetten.

In Kapitel 1 wird zunächst allgemein auf den bundesrepublikanischen Diskurs über Einwanderer eingegangen und der übliche Topos des Kulturkonflikts kritisiert. Ausgangspunkt dabei ist die Kritik am momentan vorherrschenden Ethnozentrismus. Mithilfe des Konzepts der „Ethnizität" werden hier Migranten mit dem Etikett des „Anderen" belegt und stigmatisiert, wie ich im Anschluss an Bukow & Llaryora (1988) ausführen werde. Das Problem kulturalisierender Zuschreibungen wird dabei im Rückgriff auf den symbolischen Interaktionismus und den Etikettierungsansatz bearbeitet. Dabei wird auf die „Naturalisierung der kulturellen Differenz und Identität" sowie auf die Ausblendung des „Prozesscharakters" dieser Kategorie hingewiesen. Schließlich soll auf die Gefahr aufmerksam gemacht werden, dass der Diskurs über kulturelle Differenz essentialistisch und in einem neuartigen Rassismus münden kann (Kap. 1.3). Im Ergebnis wird der Einwanderungsdiskurs sozialpsychologisch *dekonstruiert* als Verschleierung durch Ethnisierung und Kulturalisierung, als Verschiebung allgemeiner gesellschaftlicher Problematiken auf „Fremde", „Andere".

Um den Fokus auf Ressourcenarmut und ethnische Diskriminierung zu richten, wird in einem nächsten Schritt am Beispiel wissenschaftlicher Untersuchungen auf die Problematik der Ethnisierung sozialer Ungleichheit eingegangen und eine alternative Interpretation entwickelt. Hierfür werden in Kapitel 2 zunächst zwei Studien vorgestellt, die den gegenwärtigen Diskurs um Gewalt bei türkischstämmigen Jungen mehr oder weniger mitgeprägt haben. Nach ausführlicher Diskussion dieser Arbeiten von Heitmeyer et. al (1997) und Tertilt (1996) beziehe ich in Kapitel 2.3 Stellung und leite daraus Fragen für eine weitere theoretische Annährung an unsere Untersuchungsgruppe ab.

Ab Kapitel 2.4 beschäftige ich mich mit der „Macho-These" von Pfeiffer & Wetzels (2000), die sie auf der Grundlage der Kulturdifferenzhypothese formulieren. Ich stelle ihre These über kulturbedingte „Maskulinitätsmuster" als Auswirkung einer (türkischen) „Ehrkultur" in Frage; eine solche Reduzierung der Sicht auf einzelne Merkmale verstellt den Blick insbesondere auf strukturelle Veränderungen von „Ehrvorstellungen" (Kap. 2.4.1.1). Im Folgenden werden kultur- und sozialwissenschaftliche Erkenntnisse geliefert, die die soziale Dimension von „Ehre" und ihre mögliche Eskalation in Form von Gewalt darstellen (Kap. 2.4.1.2). Auf Grundlage dieser Erkenntnisse werden soziokulturelle Rahmenbedingungen einschlägiger Ehrkodizes und korrespondierender Verhaltensmuster diskutiert und vor dem Hintergrund gesamtgesellschaftlicher Integrationsleistungen abgebildet. Dabei werden Untersuchungen, die sich mit kulturbedingter Gewalt in türkischen Familien befassen, kritisch hinterfragt und durch Befunde der Migrationsforschung relativiert (Kap. 2.4.1.3). Die hier vorgelegte Analyse von Ehrvorstellungen lenkt somit den Blick auf die Hintergründe und die ihnen zugrunde liegenden Strukturen (Kap. 2.4.1.4). Eine solche Auseinandersetzung mit dem Phänomen scheint unabdingbar zu sein, um etwaigen deliktischen Auswirkungen bestimmter Ehrvorstellungen begegnen zu können.

In einer Schlussbetrachtung (Kap. 2.4.2) wird auf die Kontextbedingungen hingewiesen, unter denen türkischstämmige Familien leben, d. h. ihre gesellschaftliche Stellung, ihr individueller Alltag sowie die zur Verfügung stehenden Ressourcen, um diesen lebensweltlichen Alltag zu bewältigen. Etwaige Gewalteinstellungen und Gewaltdelinquenz männlicher türkischstämmiger Jugendlicher sind demgemäß weniger mit einer kryptischen „Kultur der Ehre" oder „kulturspezifischer Gewaltneigung" zu erklären, sondern aus einem hochkomplexen Konstruktions- und Aufschaukelungsprozess sozialer, psychosozialer und psychischer Konstitutionsbedingungen:

Dieser zentralen Schlussfolgerung wird dann in Kapitel drei ein alternativer theoretischer Rahmen gegeben, der den in vielen anderen Jugend- und Gewaltstudien ignorierten zweifachen Aspekt von Geschlecht berücksichtigt: Zum einen sind die Protagonisten männlich (*sex*), zum anderen stellen sie durch ihre Orientierung und ihr Handeln einen bestimmten Entwurf von Männlichkeit (*gender*) dar (Kap. 3.1). Mit dieser Herangehensweise soll zugleich die kaum hinterfragte Gleichsetzung von

Männlichkeit und Gewalt (dazu Bereswill & Neuber 2010 sowie Popp 2003) kritisiert werden, die doch erheblichen Aufschluss gibt über stereotype kollektive Wahrnehmung von Geschlecht und abweichendem Verhalten sowie Straffälligkeit in Abhängigkeit vom Geschlecht.

In Anlehnung an Connells Konzept der hegemonialen Männlichkeit (Kap. 3.2) wird im Rahmen der vorliegenden Arbeit Geschlecht als Strukturkategorie von Gesellschaft bzw. als prozesshafte, dynamische und historische Konfiguration sozialer Über- und Unterordnung verstanden (vgl. Bereswill & Neuber 2010: 313 f.). Damit ist zugleich auch die Verschränkung von Geschlecht mit anderen Differenzkategorien wie „Ethnizität", Klasse oder Alter angesprochen. Um zu klären, welche Position das soziale Geschlecht innerhalb dieser Strukturen einnimmt, müssen folglich auch diese analysiert werden. Dabei rückt das Geschlecht als *zentrale* Achse der Differenz in den Fokus und die hegemoniale Männlichkeit ist dabei *der* Bezugspunkt der Strukturierung von Ungleichheit (vgl. Bereswill 2007a: 89). Entscheidend ist jedoch, die Verwobenheit dieser Formen zu erkennen, ohne die eine oder andere Kategorie zu vernachlässigen.

Um vor diesem theoretischen Hintergrund das Thema Gewalt aufzugreifen, bedarf es jedoch einer Akzentuierung, denn Connells in erster Linie machttheoretischer Ansatz für eine Analyse von Männlichkeit bleibt in Bezug auf männliche Gewalt fragmentarisch (Kap. 3.2.2): Hierfür leistet die interaktions- und konstruktionstheoretische Fundierung des *doing gender* sowie der handlungs- und ressourcentheoretische Ansatz James W. Messerschmidts (1993), der im deutschsprachigen Kontext besonders von Joachim Kersten (1997b) zur Diskussion gestellt wird (Kap. 3.2.2.1), einen wichtigen Beitrag zum Verständnis von männlicher Gewalt. Darüber hinaus habe ich viele Anregungen – insbesondere für das Verständnis gruppenbezogener Gewalthandlungen männlicher Adoleszenter – durch die Lektüre der Arbeiten von Michael Meuser (2002, 2004, 2006a, 2006b, 2008; 2009) erhalten, der sich an den Ansätzen von Connell und Bourdieu (1997) orientiert.

Hier wird insofern eine für den Untersuchungsgegenstand ganz spezifische Verknüpfung vorgenommen, wobei das Konzept der hegemonialen Männlichkeit, welches gleichsam quer zu den oben genannten Ansätzen verläuft, eine besondere Rolle spielt. Ferner werden sowohl der Labeling-approach als auch die Theorie der strukturellen Gewalt (Galtung) in diesen komplexen Ansatz integriert. Auf dieser theoretischen Folie werden sodann Konsequenzen für den weiteren Verlauf der Studie abgeleitet (Kap. 3.3).

Nachdem in Teil I der Forschungsgegenstand theoretisch eingebettet worden ist, folgt in Teil II nunmehr die Umsetzung in der Empirie.

Im Zentrum des Erkenntnisgewinns steht die Analyse von Gesprächsprotokollen mit Jugendlichen. Basierend auf den theoretischen Vorüberlegungen, werden Gewalthandlungen von in Bremen lebenden Jungen mit türkischem Migrationshintergrund analysiert und nach dem *sozialen Sinn* der Gewaltausübung und der Bedeutung, die sie für die Jungen haben, gefragt. Im Wechselspiel von Gesprächsmaterial und Interpretation wird eine Analyse gewalttätiger männlicher Selbstinszenierungen vor dem Hintergrund sozialer und gesellschaftlicher Randständigkeit, individueller Entwicklungsstörungen und universeller gruppendynamischer Mechanismen angeboten. Der Fokus wird dabei auf den in den gängigen kriminologischen Studien meist vernachlässigten Aspekt der spezifischen subjektiven Bedeutung des Gewalthandelns einerseits und der objektiven Funktion als Defizitmanagement bzw. der fehlenden Verfügung über soziale Ressourcen andererseits gerichtet. Das hierfür notwendige empirische Material stammt aus jeweils mehrstündigen Einzelgesprächen mit jugendlichen Gewalttätern, die ich selbst im Rahmen meiner beruflichen Praxis als Konfliktschlichter im Verein Täter-Opfer-Ausgleich Bremen e. V. gemäß § 10 Abs. 1 Nr. 7 JGG geführt habe.

Nach Darstellung der Methode und des Vorgehens in Kapitel 1 – wobei hier ausdrücklich für Unvoreingenommenheit und Offenheit plädiert wird – werden in Kapitel 2 die zentralen Fragestellungen vorgestellt, die auf zwei Analyseebenen gewonnen wurden. Dabei geht es im Kern um familiäre Sozialisationsbedingungen vor dem Hintergrund von Migration, um gruppendynamische Aspekte von Gewalt und schließlich um die Rolle, die die Schule für Ethnisierung und Kriminalisierung spielt.

In Kapitel 3 bis 5 werden die zugrundeliegenden Fälle illustriert und anschließend interpretiert bzw. analysiert. Hierbei fließen die theoretischen Vorüberlegungen aus Teil I mit ein.

Ein die Erkenntnisse nochmals vertiefendes Fazit in Kapitel 6 schließt den zweiten Teil ab.

In Teil III werden die zentralen Ergebnisse der gesamten Arbeit noch einmal bewertend zusammengefasst und daraus kriminalpolitische Schlussfolgerungen gezogen.

Teil I: Theoretische Analyse

1 Der Einwanderungsdiskurs als Ethnisierungsdiskurs: Die soziale Konstruktion des „Anderen"

Die öffentliche und gängige wissenschaftliche Debatte über „den türkisch-muslimischen Mann" ist gekennzeichnet durch einseitige Deutungen, Vorurteile sowie gesellschaftliche Ängste, die eine rationale Diskussion häufig überlagern. Im Gegensatz zum „modernen Deutschen Mann", der die Freiheit und Gleichheit der Anderen respektiert, wird der „traditionelle türkische Mann" als jemand betrachtet, dem es in erster Linie um die Verteidigung seiner „Ehre" geht, welche untrennbar mit dem Thema Familie und Gewalt verbunden ist.[24] Bereits bei der Ankunft der ersten türkischen Migranten wurde in der deutschen Öffentlichkeit Angst geschürt. Die Aggressionen gegenüber dem „Abendland" suggerierende Überschrift des (seriösen) Nachrichtenmagazins „Der Spiegel" vom 30. Juli 1973 lautete: „Die Türken kommen – rette sich, wer kann".[25] Ähnliche Berichterstattungen ließen in der deutschen Bevölkerung Ängste entstehen, noch bevor man die „neuen" Türken überhaupt kannte.[26]

---

[24] Ähnliche Zuschreibungen finden sich auch für arabische und speziell libanesische Jugendliche. „Türkisch" ist jedoch umgangssprachlich zum Sammelbegriff für Einwanderer aus der Türkei, dem arabischen Raum und/oder muslimsicher Religion geworden (vgl. Jäger 2000: 10). Die Fokussierung der Diskussion auf „die Türken" macht sie somit zum Inbegriff der „Anderen" (Bukow & Heimel 2003: 16ff., beide Zitate n. Spindler 2006: 9, Fn. 1).

[25] „Fast eine Million Türken leben in der Bundesrepublik, 1,2 Millionen warten zu Hause auf die Einreise. Der Andrang vom Bosporus verschärft eine Krise, die in den von Ausländern überlaufenen Ballungszentren schon lange schwelt. Städte wie Berlin, München oder Frankfurt können die Invasion kaum noch bewältigen: Es entstehen Gettos, und schon prophezeien Soziologen Städteverfall, Kriminalität und soziale Verelendung wie in Harlem" (ebd.: 24). In diesem Artikel ist beispielsweise weiter zu lesen: „'Wenn irgendwo gestochen worden ist', so meint ein norddeutscher Polizeiführer, ‚dann war meist auch ein Türke dabei'" (ebd.: 31, Hervorh. i. O.). Ich werde in Kap. 1.2 die Rolle der Medien im Kriminalisierungsprozess türkischer Migranten eingehend untersuchen. Zum historischen Türkenbild siehe auch Spohn (2002: 19ff).

[26] Ich muss im Rahmen dieser Arbeit darauf verzichten, die Aussage näher zu beleuchten und eingehender zu erörtern, dass die türkische (bzw. die muslimische) Bevölkerungsgruppe in höherem Maße als andere „Fremdgruppen" von der in Deutschland seit einiger Zeit wieder stärker zunehmenden Fremdfeindlichkeit betroffen ist. Exemplarisch seien hier der vom Projekt „Auseinandersetzung mit dem Rechtsextremismus" herausgegebenen und unter der wissenschaftlichen Leitung von Oliver Decker und Elmar Brähler entstandenen repräsentativen „Mitte-Studien" der Friedrich-Ebert-Stiftung genannt (Decker et. al. 2006, 2008, 2010). Mit der am 13.10.2010 vorgelegten jüngsten Studie mit dem Titel „Die Mitte in der Krise" (Decker et. al. 2010) ist sogar eine dramatische Trendwende zu

Die Trennung der Gesellschaft in Gruppen, die „dazugehören" und in solche, die „nicht dazugehören" geht dabei einher mit bestimmten Vorstellungen über die so eingeteilten Gruppen (Scharathow 2007: 111). Diese Vorstellungen entstehen durch den Rückgriff auf bereits bestehende, sozio-historisch situierte Diskurse und ihre Inhalte. Auch die aktuelle Debatte um gewalttätige türkische „Machos" ist als Teil dieser sich über einen langen Zeitraum entwickelnden Diskurse zu verstehen.

Vorstellungen über *die* türkisch-muslimische Bevölkerung, die anhand dieser Diskurse entstehen, stellen demnach kein objektiv „richtiges" Wissen dar, sondern ein Wissen, dass in sozio-historischen Prozessen[27] entstanden ist, die u. a. durch den sozialen Kontext und die herrschenden Machtverhältnisse geprägt sind (vgl. ebd.). Da diese Interpretationen jedoch die Grundlage des Handelns darstellen, besitzen Diskurse in ihrer Eigenschaft als Kommunikation von sozialem Wissen neben einer realitätsbildenden Funktion auch eine enge Kopplung an Handlungen (dazu Jäger 2001: 82 f.). Besonders hervorgehoben werden muss also, dass weder Rassismus noch andere soziale Phänomene als „erfunden" betrachtet werden dürfen. Vielmehr besitzen derartige Konstruktionen eine nicht zu unterschätzende Macht innerhalb sozialer Prozesse und Beziehungen (ausf. dazu Scharathow 2007: 111f.).

Vor diesem Hintergrund soll im Folgenden anhand ausgewählter Literatur der Einwanderungsdiskurs der Bundesrepublik kurz wiedergeben und dabei machtvolle Praktiken der Konstruktion von Bildern und Denkweisen über Menschen mit Migrationshintergrund – hier im Besonderen türkische Einwanderer – aufgezeigt werden.

---

verzeichnen: Die Forscher liefern Befunde für eine signifikante *Zunahme* antidemokratischer und rassistischer Einstellungen. Dabei wurden die Menschen im April 2010 befragt, also noch vor Thilo Sarrazins Thesen zur Integration. Wären die Befragungen später durchgeführt worden, wären die Befunde wohl noch extremer. So ist dieser Studie zufolge die Feindseligkeit gegenüber *dem* Islam besonders ausgeprägt. 58 % würden die Religionsausübung für Muslime „erheblich einschränken" (ebd.: 134). Dabei ist bemerkenswert, dass islamfeindliche Einstellungen selbst bei der Hälfte der Deutschen verbreitet sind, die rechtsextremen Aussagen an sich überwiegend kritisch gegenüberstehen. Das sei ein Wandel hin zu einem „modernen Rassismus", so die Forscher. Nicht eine „genetische Rassenzugehörigkeit" würde in den Vordergrund gerückt, sondern vornehmlich kulturelle und religiöse Unterschiede (ebd.: 135; vgl. dazu auch Kap. 1.3).
[27] Die deutschen stereotypen Vorstellungen von „türkisch-muslimischen Männern" haben ihre Wurzeln u. a. in frühen europäischen Wahrnehmungen des Osmanen. Danach wurde der moderne Europäer vom traditionellen Orientalen unterschieden und der westlichen Männlichkeit der bedrohlich fremde „Muselmann" gegenüber gestellt (dazu ausf. Said 1979). Zu den Charakteristika dieser Fiktion gehört die Definition des Orients als „anders" als der Okzident; dabei wird der Islam zum allumfassenden Erklärungsprinzip erhoben. Immer wieder werden zur Unterstützung dieser Thesen verschiedene Suren des Korans und ihre Interpretation durch islamische Gelehrte herangezogen (dazu Lutz 1995: 89).

Diese sind mit homogenisierenden Festschreibungen, Wertungen, Hierarchisierungen und daraus resultierenden Praktiken des Ein- und Ausschlusses verbunden und liefern die Voraussetzungen für die Trennung der Gesellschaft in Gruppen des „Wir" und „Sie"(vgl. ebd.: 110):

> „In der Konstruktion von Fremdheit wird in den Stereotypen und Feindbildern Geschichte fortgeschrieben und zugleich immer wieder neu die Grenzlinie gezogen, wer zu dieser Gesellschaft gehört und wer nicht" (Rommelspacher 1999: 25 f.).

Lutz & Huth-Hildebrandt (1998) kommen anhand einer Analyse ausgewählter Literatur zu dem Schluss, dass bereits seit den sechziger Jahren die Verschiedenheit der Migranten im Verhältnis zu den Angehörigen der Aufnahme-/Mehrheitsgesellschaft immer wieder beispielhaft am Geschlechterverhältnis festgemacht wurde. Das Geschlechterverhältnis, so die These, funktioniere dabei als „Katalysator für die Konstruktion und Festschreibungen der angenommenen Differenz zwischen den Angehörigen von Herkunfts- und Aufnahmegesellschaft (ebd.: 163). Mit Themen wie Geschlechtersegregation, „Ehre" und Schande oder dem „Kopftuchstreit"[28] habe man die Welt in Gruppen mit vorherrschend patriarchal dominierten und in Gruppen mit emanzipatorisch orientierten Geschlechter-Beziehungsstrukturen aufgeteilt (ebd.). Diese Einteilungen seien dabei nicht nur geschlechtsspezifisch, sondern auch statisch; Entwicklungen und/oder Veränderungen hätten darin keinen Platz.

Demnach geht es also in der Kommunikation mit und über die Einwanderer in erster Linie um die „Anderen", und für die Beschreibung des „Anders-Seins" der Migranten ist die Konstruktion der Geschlechterverhältnisse konstitutiv.[29] Hier liegt eine spezifische Deutung der „Kulturdifferenzhypothese" vor, eine Realitäts-beschreibung, welche sich immer mehr im Bewusstsein breiter Bevölkerungsschichten in Bezug auf die hier lebenden Zuwanderer festsetzt. Dabei handelt es sich um eine „statische Problemsicht", die von vornherein Wandlungen in den Wertorientierungen bei den Zuwanderern während ihres Aufenthalts in der Aufnahmegesellschaft

---

[28] Dazu statt vieler Berghahn & Rostock (2009).
[29] Die Popularität der Vorstellung „typisch türkischer" Geschlechterkonzepte fand vor allem in den 1980er Jahren in zahlreichen Publikationen Verbreitung (siehe die Nachweise bei Weber 2007: 308; dies. 1999).

Die soziale Konstruktion des „Anderen"   29

ausschließt. So gesehen, werden „Kultur" und „kulturelle Identität" in gewisser Weise „naturalisiert" bzw. der Prozesscharakter dieser Kategorie ausgeblendet (siehe hierzu Kap. 2.4.1.1 ff.). Essentialistisch aufgeladen werden diese ethnischen Kollektivzuschreibungen ferner mit Mutmaßungen über die Unvereinbarkeit der westlichen Moderne und *dem* Islam. Die Zugehörigkeit zum Islam scheint dabei im Bewusstsein breiter Bevölkerungsschichten offenbar immer stärker einen „Ausgrenzungsstatus" zu begründen, der weit über das hinausgeht, was die Zugehörigkeit zu einer fremden Religion – etwa zum Buddhismus oder Hinduismus – in der Regel begründen kann (Kandil 1996: 421). Insofern hat sich in der deutschen Öffentlichkeit durchaus ein islamphober[30] Diskurs etabliert, der auch Einstellungsveränderungen in der deutschen Bevölkerung nach sich gezogen hat, die sich insbesondere in mangelnder Differenzierungsfähigkeit gegenüber *dem* Islam und der unhinterfragten Verknüpfung von Islam und Terrorismusneigung manifestieren (dazu Halm 2006).[31] Auf diese Weise wird nicht zuletzt durch verfälschende Berichterstattung der Medien, Islam mit „Fundamentalismus" gleichgesetzt und Ängste gegenüber der türkischen Bevölkerung diesmal mit der Bezeichnung „Fundamentalisten" bekräftigt. Durch die Schaffung dieses neuen Feindbildes in Deutschland (und übrigens auch in anderen westlichen Staaten) entsteht ein soziologisch neues Phänomen: „Moslemfeindlichkeit" (dazu Akbulut 2003: 30; s. a Ruf 2010: 119 ff.).[32]

---

[30] Für einen Literaturüberblick hinsichtlich islamphoben Einstellungen in der deutschen Gesellschaft siehe Leibold et. al. (2006: 3 ff.); Leibold & Kühnel (2006) sowie Leibold (2010: 145 ff.).
[31] Von Bedeutung ist ferner, dass die Bevölkerung in Deutschland viel intoleranter gegenüber *dem* Islam und anderen nicht-christlichen Religionen ist, als ihre westeuropäischen Nachbarn. Das ist das zentrale Ergebnis einer der bislang größten repräsentativen Umfragen zur religiösen Vielfalt in Europa, die der Exzellenzcluster „Religion und Politik" der Universität Münster kurz vor der Sarrazin-Debatte in fünf Ländern durchgeführt hat (die Ergebnisse der Studie finden sich Pollack 2010).
[32] Die Beiträge im Sammelband von Jäger & Halm (2007) verdeutlichen diesen gegenwärtigen medialen Diskurs in ganz Europa, insbesondere nach den Terroranschlägen vom 11. September. Beispielhaft für diesen Diskurs sind ferner die Befunde aus der Studie von Hafez & Richter (2007) über „Das Gewalt- und Konfliktbild des Islams bei ARD und ZDF". Sie schreiben: „Das Islambild dieser Formate bei ARD und ZDF ist ein zugespitztes Gewalt- und Konfliktbild, das den Eindruck vermittelt, dass der Islam weniger eine Religion als vielmehr eine politische Ideologie und einen gesellschaftlichen Wertekodex darstellt, die mit den Moralvorstellungen des Westens kollidieren" (ebd.: 44). Diese Thematisierungsentscheidung durch die Redaktionen führe letztlich zum Aufbau und zur Verfestigung eines kulturalistischen Weltbildes. ARD und ZDF würden Islam-Angst schüren und es entstehe der Eindruck, als ließen sie sich von einem simplifizierten Bild des „Kampfes der Kulturen" zwischen dem Islam und dem Westen leiten (ebd.; s. a. Hafez 2010: 99 ff.). Ganz ähnlich Befunde wurden auch von Schiffer (2005, 2007) vorgelegt, die überregionale Tageszeitungen, Wochenzeitungen und Magazine auf dominante Präsentationstechniken des Islams untersuchte. Die Autorin verweist in

In der Wahrnehmung der Mehrheitsgesellschaft entsteht so im Falle der Islamfeindlichkeit ein negatives Bild des „Anderen" durch die Betonung der Ungleichwertigkeit.[33] Es entsteht Angst und eine daraus abzuleitende Bereitschaft zur Diskriminierung der Muslime aufgrund von faktischer, vermuteter oder zugeschriebener Gruppenzugehörigkeit. Diese äußert sich durch generell ablehnende Einstellungen gegenüber muslimischen Personen und allen Glaubensrichtungen, Symbolen und religiösen Praktiken des Islams (Leibold & Kühnel 2003: 101).[34]

Wie dieser „Andere" mit Hilfe von Etikettierung durch mehrere Diskursstränge hergestellt wird, beschreibt Wolf-Dietrich Bukow gemeinsam mit Robert Llaryora in „Mitbürger aus der Fremde, Soziogenese ethnischer Minderheiten" (1998).

---

ihrer zentralen Schlussfolgerung auf Ähnlichkeiten zwischen dem aktuellen antiislamischen und dem antisemitischen Diskurs des 19. Jahrhunderts (vgl. auch Schiffer & Wagner 2009).

[33] Zu den historischen und theologischen Gründen einer europäischen Angst vor *dem* Islam, siehe Naumann (2010: 19 ff.).

[34] Auf die These vom „Feindbild Islam" wird im Folgenden nicht weiter eingegangen. Eine prägnante Arbeit über die Motive für die Instrumentalisierung des Islam bzw. der Muslime als Feindbild und dessen Funktionsweisen hat Hoffmann (2000) vorgelegt. Gewiss sollte hier auch nicht außer Acht gelassen werden, dass es offenbar genügend Anlass zu „Islamkritik" gibt. Leider missbrauchen dies jedoch viele als Vehikel für pure Ressentiments. Dies darf jedoch nicht dazu führen, jede Form von Kritik zurückzuweisen. Im kürzlich erschienenen Buch „Islamverherrlichung" (Schneiders 2010) sprechen ausgewiesene Experten offen theologische Herausforderungen an und weisen auf Missstände in der muslimischen Gesellschaft Deutschlands hin. Die Autoren äußern dabei eine vernünftige „Islamkritik" ohne Pauschalisierung, Populismus und Polemik.

1.1 Ethnisierung: Die Soziogenese ethnischer Minoritäten

Indem Bukow & Llaryora (1998) die „ethnische Semantik" der (damals noch so bezeichneten) Ausländerforschung in Frage stellen, greifen sie auf den Labeling-approach-Ansatz zurück und wenden ihn auf das Verhältnis von Einheimischen und Zugewanderten an. Als Ethnisierung bezeichnen sie die „ethnisch ausgewiesene Soziogenese einer Minderheit". Gemeint ist ein Konstruktionsprozess, der damit beginnt, dass eine Bevölkerungsgruppe durch Etikettierung erzeugt wird und sich danach gewissermaßen verselbstständigt. Dabei gerät sie in eine Dynamik des Ein- und Ausgrenzens sowie der ethnischen Fremd- und Selbstidentifikation, wobei sich erst zum Schluss z. B. „Deutsche"[35] und „Türken" gegenüber stehen (ebd.: 19 und 95). Die Analogie zur Labeling-Theorie soll dabei auch die Wechselseitigkeit der Zuschreibungen unterstreichen:

„Wie die Eingeborenen zunehmend das „deutsch-Sein" heraushängen, so beginnen sich die etikettierten Minderheitenangehörigen zu ethnischen Minderheiten mit eigener Infrastruktur, Sprache usw. zusammenzufinden. So avanciert die ethnische Identität zu einem Bestandteil eines völlig alltäglichen Spieles zwischen „beiden" Seiten. Ethnisierung korrespondiert schließlich auf diese Weise mit der Selbst-Ethnisierung" (ebd.: 19 ff.).

Selbst- und Fremdethnisierung bedingen sich also wechselseitig, indem sich ethnische Gruppen über ihre eigenen kulturellen und historischen Eigenheiten in Abgrenzung zu anderen definieren:

„Möglich wird dies alles, weil die Definitionen programmatisch gefasst werden, also gerade nicht auf konkrete Erfahrungen zurückgreifen, sondern auf einer strategischen (*Neu-, Um-, oder Erst-*) Interpretation von Erfahrungen, eben auf Zuweisungen oder Zuordnungen im Dienst der

---

[35] Damit ist keine, wie auch immer imaginierte, natürliche Gruppe gemeint, sondern jene Mehrheit, die sich dadurch auszeichnet, dass von ihr nicht verlangt wird „sich zu integrieren", da sie ungefragt als zugehörig gesehen wird.

Regulierung einer hergestellten Sicht der Dinge beruhen" (Bukow 1996: 64; ders. 2003: 16 f.).

Der Prozess beginnt, indem zunächst ein geeigneter Indikator definiert wird, z B. die Staatsangehörigkeit, durch den zwei Gruppen gebildet werden können, Deutsche und Ausländer bzw. Dazugehörige und Nicht-Dazugehörige. Diese zunächst inhaltlich leeren Größen werden in einem weiteren Schritt entlang einem binären Schema – und anknüpfend an die bereits vorhandene Machtrelation – mit Bedeutungen gefüllt. Die Grundlage dieser hierarchisierenden Abgrenzung bildet ein binäres Klassifikationssystem, ausgerichtet an einem Traditions- und Modernitätsparadigma, das sich auf eine jahrhundertelange Tradition des europäischen Kolonialismus und Nationalismus stützt (hierzu Radtke 1998) und mit der ungleichen und hierarchischen Machtverteilung in der gegenwärtigen Gesellschaft korrespondiert (vgl. hierzu ausf. Bukow & Llaryora 1998: 41 ff. und 44 ff.).

Diese beiden Differenztheorien, sowohl die Kultur- als auch die Modernitätsdifferenzhypothese, argumentieren den Autoren zufolge ethnozentrisch: sie „basieren eben auf einem unausgewiesenen Vorverständnis der eigenen Kultur und formulieren von dort her Distanzen, Konflikte usw. in der Weise, dass sie das Verständnis der eigene Kultur als Maßstab benutzen" (ebd.: 48 f.). Dabei werden Eigenschaftsbeschreibungen von Migranten (deren Herkunft, deren Kultur) zur Grundlage einer gesellschaftlichen Zweiteilung in In- und Ausländer stilisiert, zu deren Folgen rechtliche und soziale Diskriminierung und Exklusion zählen. In diesem Entstehungsprozess *ethnischer Semantik* identifizieren die Autoren einen Vorgang, in dem zunächst *konstitutiv belanglose* Elemente schrittweise in konstitutiv relevante Eigenschaften transformiert werden, um eine gesonderte soziale Gruppe zu erzeugen (vgl. ebd.: 52 ff.; s. a. Bukow 1996: 63.). Unter konstitutiv belanglosen Momenten verstehen die Autoren religiöse, kulturelle, ethnische Einstellungen und Praxen, die gemäß den Konstitutionsprinzipien moderner Gesellschaften zur individuellen Privatsphäre zählen. Gerade moderne Gesellschaften seien in der Lage, „eine Fülle von kulturellen Differenzen im Rahmen unterschiedlicher Lebensformen zu verkraften, soweit und insofern sie marginal bleiben" (Bukow & Llaryora 1998: 18). Diese Offenheit in Bezug auf Pluriformität werde aber im Falle der sogenannten Kulturmerkmale der Migranten außer Kraft gesetzt. Die Wiederentdeckung der „Ethnizität", die Beschwörung von Kulturdifferenzen oder gar Modernitätsdifferenzen funktionieren dabei faktisch als Bestandteile einer Ethnisierungsstrategie (ebd.). Die tatsächlichen oder vermeintlichen Unterschiede werden zu gesellschaftlichen Leitdifferenzen stilisiert, um bestimmte Gruppen als ethnische Minderheit zu markieren und zur Diskriminierung und Ausgrenzung freizugeben. Bukow & Llaryora (1998) leiten hieraus die Kernthese ihres Buches ab:

Die stilisierte Gegenüberstellung von modernen Inländern und gemeinschaftsgebundenen, archaischen Ausländern dient der Konstruktion des modernen Bürgers, der sich als absolutes Gegenteil der Migranten identifiziert (vgl. Lutz & Huth-Hildebrandt 1998).[36]

Dieser durch Konstruktion in Gang gesetzte Homogenisierungsprozess bleibt somit nicht ohne Auswirkungen auf die Bereiche des alltäglichen Lebens. Einheimische etikettieren Migranten zumeist als nicht dazugehörig und schreiben ihnen aufgrund dadurch bedingter Wahrnehmungen ein erhebliches Abweichungspotential zu. Nach Bukow & Llaryora (1998) findet an diesem Punkt die eigentliche Ethnisierung statt. Bei fortschreitender Minorisierung und Diskriminierung wird aus der „Ausländergruppe" auf diese Weise eine kulturell und schließlich politisch gefügte Entität (vgl. auch Bukow 1993: 104f.). Die Aufladung des „Anderen" mit ethnischen Eigenschaften und die Aufarbeitung dieser Eigenschaften zu gesellschaftlich konstitutiven Entitäten sind erreicht, wenn die entsprechende Bevölkerungsgruppe (in der Praxis der Einheimischen) zum typischen „Türken" usw. geworden ist. Der Prozess der Ethnisierung gewinnt somit *soziale Realität* und wird zur *alltagspolitischen Maßnahme* und hat Folgen für das interne Selbstverständnis *beider Gruppen* (ebd.: 169 ff.; Bukow et. al. 2001: 391 f.).

Welche Auswirkungen derartige Prozesse auf die Wahrnehmung von männlichen türkischstämmigen Jugendlichen haben, soll im Folgenden anhand der qualitativ empirischen Studie von Martina Weber (2003) exemplarisch illustriert werden.

---

[36] Zur konstitutiven Rolle oder Funktion der „Anderen" für die Konstruktion eines nationalen Selbstbildes, siehe auch Thomas (2003: 45).

Ethnisierungsprozesse im Schulalltag

Zunächst weist die Autorin nach, dass männliche, türkischstämmige Jugendliche in der öffentlichen Meinung oft mit dem Klischeebild „Macho" bzw. „Pascha" assoziiert werden. Auf der Grundlage von Lehrerinterviews in vier deutschen Großstädten belegt sie, dass diese stereotypen Vorstellungsweisen auch in den Bereichen Pädagogik und Soziale Arbeit Anklang finden. So würden viele Lehrer – und das Schulsystem selbst – diesen Jungen ihr „Anderssein" ständig vor Augen führen. Die Tatsache, dass auch die eigene Institution durch patriarchale Strukturen gekennzeichnet ist, werde dabei gern übersehen.

So sind die Interviews stark von stereotypen Vorstellungen gekennzeichnet, wie sie durch die Fachliteratur vor allem in den 1970er und 80er Jahren verbreitet wurden. Schilderung der Problemlagen türkischer Schüler werden dabei teilweise mit der Hypothese vom „Kulturkonflikt" erklärt (ebd.: 145, 177), trotziges oder wütendes Verhalten wird als ein Ausdruck des Konzept der „Ehre" gedeutet.[37] Nach Weber zeichnet sich auf Grundlage des erhobenen Materials deutlich ab, dass der Blick auf türkische Schüler defizitorientiert sei, Bildungserfolgreiche seien davon nicht ausgenommen (ebd.: 268). Es handele sich hierbei jedoch nicht um ein „lehrerspezifisches" Phänomen, sondern um das Aufgreifen und Anwenden einer gesellschaftlich vorherrschenden Denkweise. Nach der Autorin erschließt sich eine derart einseitige Blickrichtung aus dem *Commonsense*, nach dem selbstverständlich davon ausgegangen werde, dass bei „‚türkischen' Migranten eine Männlichkeitsform vorherrsche, die sich durch extreme Dominanzansprüche gegenüber Frauen und alltägliche Demonstration eines solchen Machtgefälles auszeichne" (ebd.: 145). Die Kolportage vom „Macho" strukturiere dabei die Beurteilung, indem jegliches Verhalten türkischer Männer und Jungen grundsätzlich unter diesem Topos wahrgenommen werde (ebd.). Diesen wird schließlich ein Bild „der deutschen Gesellschaft" entgegengehalten, das im Hinblick auf das Geschlechterverhältnis als gleichberechtigt

---

[37] Weber schreibt hierzu: „Außer dieser Andeutung äußert sie (die Lehrerin, Anmerkung d. Verf.) sich nicht weiter über einen spezifischen Ehrkodex dieser Jungen, die Implikationen des Begriffs Ehre scheinen für sie in diesem Zusammenhang evident zu sein" (ebd.: 150).

imaginiert wird. Die Existenz patriarchaler Geschlechterverhältnisse wird somit letztlich alleine den Migrantenfamilien zugeschrieben.[38]

Aus den Untersuchungen Webers lässt sich schließen, dass die Lehrer zum Großteil nicht auf individuelle Situationen eingehen, sondern eine Kategorisierung der Schüler in „wir" und „die Anderen" vornehmen und aufgrund relativ bestimmter und stereotyper Vorstellungen reagieren.[39] Die Autorin folgert aus ihrer Untersuchung über die Situation türkischstämmiger Jugendlicher an Gymnasien,

> „..., dass auf Grund der ethnischen Herkunft eine Statuszuweisung vorgenommen wird, die dazu führt, dass die an dieser SchülerInnengruppe wahrgenommenen schwächeren Schulleistungen mit quasi natürlichen, auf jeden Fall unabänderbaren Erscheinungen auf Grund eines spezifischen sozialen Milieus erklärbar werden. Die Verantwortung für ein Scheitern dieser SchülerInnen in der gymnasialen Oberstufe ist auf diese Weise gänzlich aus dem Zuständigkeitsbereich der Schule hinaus verlagert" (Weber 2003: 126, zitiert n. Spindler 2006: 295).

Derartige schulische Stigmatisierungen und Benachteiligungen, die die PISA-Studien der Jahre 2000 und 2003 eindringlich aufgezeigt haben,[40] verursachen oft schlechte schulische Leistungen und den Ausschluss dieser Kinder bzw. Jugendli-

---

[38] Ähnliche Ergebnisse finden sich auch bei Norman (2010), die im Rahmen ihrer qualitativen Studie latente Sinnstrukturen und Einstellungen von Professionellen in der praktischen Arbeit mit Migrantenfamilien erfasst hat. Menschen mit Migrationshintergrund werden im Rahmen der Interviews als „risikobehaftete Fremde" dargestellt, die durch ein geringes erzieherisches Repertoire und fehlende Integration in den „deutschen Kulturkreis" gekennzeichnet und geschwächt sind. An manchen Stellen wird ein Hang zur schnellen Reizbefriedigung hervorgehoben und mit einer aus der Herkunft resultierenden Mentalität erklärt (ebd.: 153). Konflikte werden mit „mitgebrachten Werten" der Migrantenfamilien in Verbindung gebracht, die als Kontrast zu deutschen Werten dargestellt werden. Gleichzeitig wird ein Zusammenhang zwischen diesen gegensätzlichen Einstellungen, die auf einen Kulturschock zurückgeführt werden, und der Anwendung rigider Erziehungsmaßnahmen bis hin zu Gewaltanwendungen hergestellt. Dabei wird primär ein gewisses Erziehungsversagen der Eltern aufgrund einer mangelnden oder mangelhaften Umstellung auf deutsche Erziehungsmethoden festgehalten (vgl. ebd.: 130, 151 ff.).
[39] Wie erschreckend subtil und unmerklich derartige Prozesse in der Praxis ablaufen, zeigt die Analyse eines Unterrichtsgesprächs an einer Berliner Gesamtschule, vorgelegt von Schiffauer (2002b: 59ff.). Vgl. auch Norman (2010: 112 ff.).
[40] Die Ergebnisse des zweiten Ländervergleichs sind in einer Zusammenfassung abrufbar: http://pisa.ipn.uni-kiel.de/PISA2003_E_Zusammenfassung.pdf (zuletzt abgerufen am 15.11.2010).

chen. Die Gesellschaft sieht dies jedoch anders. Ihrer Meinung nach seien die Misserfolge der Kinder auf ihre „Andersartigkeit", ihre hauptsächlich familienbedingten „Sprachprobleme" und „kulturellen Defizite" zurückzuführen (vgl. Spindler 2006: 294; zur Kritik vgl. auch Gaitanides 2000: 135 f.). Das Nachrichtenmagazin „Der Spiegel" forciert diese Meinung mit einem Beitrag von Christian Pfeiffer:

> „Auf den Konflikt zwischen patriarchalen Traditionen und pädagogischem Weiberkram reagiert manch ein Migrantensohn mit permanenten Störmanövern und Schulschwänzen. ‚Den Türken fällt es schwer, sich von einer anatolischen Machokultur auf ein feministisches Westeuropa umzustellen', urteilt der hannoversche Kriminologe und Justizminister Pfeiffer" (Der Spiegel 2002, zitiert n. Spindler 2006: 297).

Durch derartige negative Stereotypisierungen wird die ohnehin bereits vorhandene Benachteiligung im deutschen Schulsystem in Bezug auf die männlichen Migrantenkinder noch einmal verstärkt, denn als türkischstämmige Jungen gelten sie auch als „gefährlich". Differentes Verhalten wird so als deviantes Verhalten interpretiert (vgl. Bukow 2003: 26). Diese Ethnisierung sozialer Probleme endet laut Bukow & Llaryora (1998) in einer paradoxen, fast aussichtslosen Sackgasse:

Selbstethnisierung als Strategie der Gegenwehr

Auf Seiten der Einwanderer erscheint dann Ethnisierung als eine Strategie zur Mobilisierung der eigenen Bevölkerungsgruppe. Dieser „Wir-Gruppen-Effekt" ist gerade in Krisenzeiten gewollt. Es ist geradezu ein *universelles Gesetz,* das als Abwehr gegen Verwirrung und Entwurzelung gebraucht wird (Sennett 1998: 190). Die Folge ist somit ein Rückzug auf die eigene Ethnie. Die Zugewanderten verhalten sich dann dem Klischee entsprechend. Dabei betonen Bukow & Llaryora (1998: 51f.), dass erst die Ausgrenzung und Diskriminierung durch die Aufnahmegesellschaft den an und für sich *integrationswilligen* Einwanderer sich seiner Vergangenheit zuwenden lasse. Dadurch erfahre die Herkunftsgesellschaft eine erhebliche Aufwertung. „Die Vergangenheit wird nach identitätsstützenden Momenten geradezu abgesucht" (ebd.: 52). Dabei zögen sich die Migranten in Nischen zurück, die ihnen von der Aufnahmegesellschaft zugewiesen würden. Ethnische Gruppen- und Ghettobildung führe nun wiederum zum Vorwurf mangelnder Integrationsbereitschaft. „Die Ethnisierung leitet einen circulus vitiosus, einen selbstaufschaukelnden Prozess ohne Ende ein" (ebd.: 109). Voraussetzung für eine Veränderung dieses Prozesses sei ein Ende der Politik der Ethnisierung.

Freilich sei bereits hier darauf hingewiesen, dass zwischen diesen beiden Polen der *Selbst- und Fremdethnisierung* und der vermeintlich kulturbedingten Differenz nicht zwangsläufig ein ausschließendes, sondern vielleicht auch ein ergänzendes Verhältnis zu vermuten ist. Denn mit kritischem Blick auf die These von Bukow & Llaryora kann man festhalten, dass kulturelle Differenz und Identität diskursiv nicht nur zur Reproduktion von Feindbildern und Zuschreibungen jedweder Art operationalisiert werden, sondern umgekehrt nicht selten an Ansprüche auf Anerkennung der eigenen kulturellen Identität und auf gesellschaftliche Partizipation anknüpfen (siehe hierzu Kap. 2.3.2). Die kulturalistische Zuschreibung einer ethnisch geprägten kontradiktorischen Differenz muss also nicht zwangsläufig das Ergebnis einer *self fulfilling prophecy* sein. Letztlich handelt es sich bei den Migranten um eine heterogene Gruppe mit unterschiedlichen Erwartungen, Kompetenzen und Ressourcen. Das gilt besonders für ihre in Deutschland geborenen Kinder. Diese Pluralität in den Ressourcen lässt darauf schließen, dass die Ethnisierung von Lebenschancen und Nichtanerkennung von Zugehörigkeit in vielfältigen Formen erlebt und verarbeitet wird. In diesem Zusammenhang erscheint auch die strikte Einteilung ethnischer Einstellungen und Praxen zur individuellen Privatsphäre und die damit suggerierte Irrelevanz als Konstitutionsprinzip moderner Gesellschaften nicht überzeugen, weil die Grenzen zwischen privat und öffentlich fließend sind (Lutz 1999: 121). Am Beispiel der „Kopftuchdebatte" ist dies sehr gut nachzuvollziehen. Der Staat greift hier über die Gesetzgebung nachhaltig in die Privatsphäre der Bürger ein. Zudem dient der Kopftuchstreit als Projektionsfläche, auf der die verschiedenen Konfliktlinien der Einwanderungsdebatten in Europa sichtbar werden. Mit anderen Worten: „das Private ist politisch und damit konstitutiv relevant für die soziale Matrix der Zivilgesellschaft" (ebd.). Die von Bukow & Llaryora damals als ‚privat' und damit irrelevant bezeichneten Merkmale, „sind im Gegenteil heute in der Debatte über Neu- und Umverteilung sozialer Ressourcen und Partizipation so wichtig wie nie zuvor geworden" (ebd.). Eine grundsätzliche Weigerung, sich mit diesem Bereich auseinander zusetzen, ignoriert nicht nur die Relevanz von Kultureller Differenz, sondern verhindert eben auch eine Analyse von Ethnizität als eine Ressource zur gesellschaftlichen Partizipation.

Damit soll keineswegs die Notwendigkeit der Fortführung des Ethnisierungsansatzes von Bukow & Llaryora in Frage gestellt werden. Ein Blick auf den gegenwärtigen Migrationsdiskurs macht deutlich, dass Denkfiguren, deren Basis ethnische Konstruktionen bilden, nach wie vor bedient werden. „Sinnvoll scheint die Untersuchung fortschreitender Ethnisierung aber nur dann, wenn auch ihr Rückkoppelungseffekt nicht vergessen wird, der als Bestandteil der ethnischen Matrix eine eigene Dynamik entwickelt (ebd.:123).

Vor diesem Hintergrund erscheint es daher angemessener zu sein, einen austarierenden Ansatz zugrunde zu legen, der einerseits die Gefahr einer Verdinglichung der kulturellen Identität hervorhebt, aber andererseits den anerkennungstheoretischen und emanzipatorischen Wert dieser Kategorie nicht verschweigt. Kulturelle Differenz ist demnach nicht ausschließlich als ein *konstitutiv belangloser Moment ethnischer Semantik* zu verstehen, sondern als ein Mehrwert, der bei einer bestimmten Thematisierung dem *Kampf um Anerkennung* und damit dem Freiheits- und Demokratieideal entsprechen könnte.

Nach Bukow & Llaryora dienen jedenfalls die ethnische Aufladung des Alltags und die Ethnisierung bestimmter Gruppen der Fremd- und Selbstpositionierung. So finden wir im Alltag zwei verschiedene Bevölkerungsgruppen: eine Gruppe, die Zugang zu gesellschaftlichen Rechten, Ansprüchen und Positionen besitzt und eine andere, entrechtete Gruppe, der der Zugang verwehrt wird.

„Damit wird natürlich klar, welche gesellschaftliche Relevanz der Ethnisierung zukommt. Sie dient offenbar der Sicherung der gesellschaftlichen Ressourcen. Mit der Ethnisierung verbindet sich die Erwartung, die gesellschaftliche Produktivität einem begrenzten Kreis von Nutznießern zu reservieren" (Bukow 1996: 68).

Die Inländer können sich dabei auf wissenschaftlich autorisierte Aussagen berufen und werden durch politische Strukturen gesichert, die Migranten gesetzlich als Gesellschaftsmitglieder ausschließen (Bukow & Llaryora 1998: 132 ff.; 167 ff.). Denn letztlich bestehe die Funktion der Ethnisierung, so die Wissenschaftler in Anknüpfung an Hoffmann-Nowotny, in einer Aufrechterhaltung der Unterschichtung[41] des sozialen Gefüges (ebd.: 76). Die „Wir"-Vergemeinschaftung in Deutschland in Abgrenzung zu den „Anderen" sei daher nicht zuletzt staatlich organisierten Bedingungen und Hervorbringungen geschuldet, wie sie mit dem Verweis auf Handlungspraxen u. a. in Politik und Verwaltung aufgezeigt haben (siehe dazu auch Neckel & Körber 1999: 315).

Demnach handelt es sich bei Ethnisierung um Operationen von gesamtgesellschaftlicher Ausrichtung. Das bedeutet, dass bestimmte Aspekte und Argumente, die politisch diskutiert, wissenschaftlich bearbeitet und medial vermittelt werden, ebenso in der Alltagspraxis, wenn auch anders gewichtet, zum Ausdruck kommen. Als Beispiel führt Bukow den Kriminalitätsdiskurs an. Anfangs wird z. B. bei abweichendem Verhalten statistisch nicht nur zwischen Frauen und Männern, Kindern und Erwachsenen usw., sondern „fast natürlich" eben auch zwischen Deutschen und Ausländern unterschieden. Zum Schluss wird die gesamte Kriminalstatistik unter dem Vorzeichen Deutscher/Ausländer neu sortiert und umfassend reorganisiert (ebd.: 1996: 144). Dieser Argumentationsbogen lässt sich besonders gut vor politischen Wahlen beobachten – wie man beispielsweise vor den Landtagswahlen in Hessen 2008 sehen konnte.[42]

Will man verstehen, um was es sich bei diesen Ethnisierungsprozessen im Alltag handelt und was mit ihnen bezweckt und bewirkt wird, müssen folglich Fragen der

---

[41] Hoffmann-Nowotny bezeichnet in seiner Studie „Soziologie des Fremdarbeiterproblems" (1973: 128 f.) mit Unterschichtung den Vorgang der Einnahme unterster sozialer Positionen durch die Einwanderer als ethnisch fremde und politisch weitgehend rechtlose Minderheit im Einwanderungsland. Diese Gruppe werde quasi den bestehenden sozialen Strukturen untergeschoben, wobei eben diese Sozialschicht nicht mehr dem allgemeinen Entwicklungsstand des Aufnahmelandes Deutschland entspreche, mit der Folge, dass die bestehenden sozialen Distanzen in der Gesellschaft vergrößert würden. Nach Auernheimer (1992: 129) liegt der Beschränkung der Einwanderer auf die untersten Positionen oft weit zurückliegende sozialgeschichtliche Entwicklungen zugrunde, die bereits im gesellschaftlichen Zweck ihrer Immigration festgesetzt werden können, nämlich eine billige Arbeitskraft für sonst unattraktive Arbeitsplätze zu sein.
[42] Eine kritische Analyse des Wahlkampfes von Roland Koch zum hessischen Landtag und der ihn unterstützenden Medien von BILD und FAZ wurde durch den Politologen und Rechtsextremismusforscher Hajo Funke (2008) vorgelegt. Eine kriminologische Analyse hierzu gibt es von Baier & Pfeiffer (2008).

Macht, sozialer Ungleichheit und Interessen in den Blick genommen werden, die sich in Ethnisierungsprozessen organisieren. Es bedarf folglich einer Fokussierung auf gesamtgesellschaftliche Zusammenhänge: Dazu gehören neben dem politischen[43] und wissenschaftlichen[44] Umgang auch die mediale Vermittlung von ethnischen Mythen (Bukow et. al. 2001: 419).

Insbesondere Medien sind als integraler Bestandteil der (Informations-) Gesellschaft und damit als aktiver Teil des sozialen Prozesses der Wirklichkeitskonstruktion zu betrachten:

> „Ihre Aufgabe besteht darin, die Stimuli und Ereignisse in der sozialen Umwelt zu selektieren, zu verarbeiten, zu interpretieren. Auf diese Weise nehmen sie Teil am kollektiven Bemühen, eine Realität zu konstruieren und diese – durch Veröffentlichung – allgemein zugänglich zu machen, so dass eine gemeinsame Basis für soziales Handeln entsteht" (Althoff 1998: 38).

Als Instanzen der Selektion und Sinngebung schaffen Medien somit konkrete Deutungsangebote und wirken meinungsbildend. Der Alltagsdiskurs ist daher durch die auf der medialen Ebene transportierten Diskurse stark geprägt. Dies soll im Folgenden exemplarisch aufgezeigt werden.

---

[43] Zu der Ausländerpolitik nach der Wiedervereinigung siehe Herbert (2007: 265); zu den sozialstrukturellen Bestimmungsgründen der Ausländersegregation in der BRD siehe Lenhardt (1990: 201 ff.); Zur Funktion antiislamischer Diskurse für die Konstruktion einer supranationalen Identität der EU, die sich in Abgrenzung von *dem* Islam als aufgeklärte, zivilisiert Gemeinschaft imaginiert, siehe Bunzel (2005); und schließlich zur allgemeinen Abschottungsmentalität und Fremdenfeindlichkeit in Europa siehe Ahlheim (2007: 308 ff.).

[44] Dittrich & Radtke (1990) bezeichnen Wissenschaftler als „Protagonisten im Kampf um Deutungshegemonien", sie „konstruieren neue Realitäten", die solange sie brauchbar sind, „soziale Gültigkeit" besitzen und so zu „Legitimationslieferanten für strategische Interessengruppen" werden (ebd.: 16 f., 24). Damit leisten sie einen eigenen Beitrag zur Konstruktion ethnischer Minderheiten.

1.2 Medien als Teil des Ethnisierungs- und Kriminalisierungsdiskurses

Die unabhängige Landesanstalt für Rundfunk und neue Medien (ULR) beauftragte im Jahre 2003 Bernd Schorb und seine Mitarbeiter mit einer Studie zur Untersuchung des Einflusses des Fernsehprogramms auf das Ausländerbild von Kindern und Jugendlichen. Anlass für diese Studie war die „Vorbild"-Funktion des Fernsehens und dessen möglicher Einfluss auf den Meinungsbildungsprozess von Kindern und Jugendlichen im Hinblick auf fremde Kulturen und das Bild von Ausländern (diskutiert von Lauber & Würfel 2007: 289 ff.).[45]

Der Aufbau der Untersuchung ergibt sich aus zwei übergreifenden Fragen. Die erste Frage bezieht sich auf die Medienseite, sie lautet: *Welche Vorstellung von Ausländern werden Kindern und Jugendlichen im Fernsehen vermittelt?* Analysiert wurden hierfür 30 verschiedene Daily Talks, Gerichtsshows, Boulevardmagazine und Daily Soaps, die im Frühjahr 2002 ausgestrahlt wurden. Die zweite bezieht sich auf die Rezipientenseite und lautet: *Welche orientierende Funktion hat das Fernsehen für Kinder und Jugendliche in Bezug auf die Wahrnehmung von Menschen anderer Nationalität?*

Die Ergebnisse der Studie lassen sich auf folgenden einfachen Nenner bringen:

Deutschlands Talkshows inszenieren den türkischen Macho (vgl. Schorb et. al. 2003: 19 ff.). Deutschlands Gerichtsshows verurteilen den Ausländer als Verbrecher (vgl. ebd.: 22 ff.). Kinder und Jugendliche sehen und mögen Talk- und Gerichtsshows und erinnern sich an „türkische Machos" und „kriminelle bzw. gewalttätige Ausländer".

Sowohl aus der Programmanalyse als auch aus den Beschreibungen der Kinder und Jugendlichen ist erkennbar, dass wichtige Themenbereiche in Bezug auf das Leben von ausländischen Menschen in Deutschland ebenso wie Erklärungen, Hintergründe und Ursachen nicht angesprochen werden. Das alltägliche „normale" Leben ausländischer Familien in Deutschland wird dabei völlig ausgeblendet. Stattdes-

---

[45] Die Untersuchung arbeitet mit dem Methodenkonzept des kontextuellen Verstehens der Medienaneignung (dazu Schorb & Theunert 2000: 33 ff.), das Kinder und Jugendliche als aktiv handelnde Rezipienten versteht, sie deshalb in das Zentrum der Untersuchungskonzeption rückt und das Fernsehen und seine Inhalte aus ihrer Perspektive sowie ihren spezifischen Wahrnehmungs- und Verarbeitungsfähigkeiten betrachtet.

sen prägen stereotype Darstellungen von Menschen mit ausländischem Hintergrund im Nachmittags- und Vorabendprogramm das Ausländerbild von Heranwachsenden neben anderen Umwelteinflüssen entscheidend mit. Dass es sich bei diesen Vorgaben des Fernsehens nicht um Abbildungen der Realität handelt, sondern um Inszenierungen, die den Köpfen von Fernsehmachern entsprungen sind, erkennt ein Großteil der untersuchten Altersgruppe der 9-14-Jährigen nicht. Dabei kann das Fernsehen als vorrangige Quelle für Ausländerbilder identifiziert werden, wenn Heranwachsende wenige Möglichkeiten haben, mit Migranten in direkten Kontakt zu kommen. „Daily Talks, Gerichtsshows und Boulevardmagazine tragen", so das beunruhigende Fazit von Lauber & Würfel (2007), „nicht bloß dazu bei, dass Heranwachsende Verallgemeinerungen über Menschen mit Migrationshintergrund ausbilden; sie tragen dazu bei, dass sie Vorurteile entwickeln" (ebd.: 306).

In dieser Studie ist folglich weniger etwas über die Männlichkeit türkischer Jungen zu erfahren als vielmehr etwas über die mediale Konstruktion männlicher Feindbilder. Demzufolge stehen auch in der Medienwelt die als „defizitär" und „anders" definierten Eigenschaften von Minderheiten im Zentrum des Interesses, hier werden ethnische Alltagsdeutungen aufgegriffen und zu medienwirksamen Krisenszenarien verdichtet.

Auch andere Medieninhaltsanalysen (vgl. etwa Jäger 1997: 73 ff., dies. et. al. 1998; Geißler 1999: 26 ff. und Althoff 1998) stimmen darin überein, dass die Darstellungen von Migranten erhebliche diskriminierende und ausgrenzende Elemente enthalten. Im Besonderen schreiben sie Minderheiten aber zu, kriminell zu sein. Daher ist man oftmals der Wahrnehmung unterlegen, der „Ausländer" sei die „personifizierte Kriminalität", so bereits Delgado (1972: 37; s. a. Geißler 1999: 31). Althof (1998) spricht in diesem Zusammenhang von der „sozialen Konstruktion der Fremdenfeindlichkeit". Die ständige Thematisierung führt zu steigender Kriminalitätsfurcht in der Bevölkerung. Diese muss von Politikern bekämpft werden, wodurch jedoch weitere Ängste geschürt und letztendlich politische Forderungen der Kriminalitätsbekämpfung gestützt werden.[46] Welche Rolle bei diesen Entwicklungen eigentlich noch die kriminologische Wissenschaft spielt, beschreibt Sessar: „(...) was in den Medien über Täter, Kriminalität, Kriminalitätsfurcht, Strafbedürfnisse,

---

[46] Vgl. dazu Kap. 2.4, Teil III.

Strafwirkung, Strafvollzug usw. steht, widerspricht überwiegend dem Erkenntnisstand der damit befassten Disziplinen (...)" (1996: 281). Das Spannungsfeld von Täter, Tathintergrund und gesellschaftlicher und individueller Situation des Täters bleibt also ausgeblendet, die Darstellung simplifiziert. Die Medien liefern ein auf eigenen Gesetzen beruhendes Bild von Kriminalität, dass zugleich in einer Demokratie kriminalpolitisch wirksam wird, auf dieser Ebene jedoch rationale Einsichten und einen empirisch begründeten Fortschritt gefährdet (dazu Walter 1999: 348, ders. 2006: 125).

In diesen Zusammenhang passt auch eine Studie des KFN, die sich u. a. mit interethnischen Täter-Opfer-Konstellationen bei Körperverletzungsdelikten befasste. Diese ergab, dass deutlich mehr Anzeigen erstattet werden, wenn der Täter aus einer anderen Ethnie kommt (Wilmers et. al 2002; Pfeiffer et. al. 2005: 21 f.; vgl. auch Mansel 2003 sowie Mansel & Albrecht 2003). Es stellte sich dabei heraus, dass die Eltern die treibende Kraft dabei sind und sehr stark durch die Medien beeinflusst werden. Daraus folge schließlich, dass wenn beispielsweise ein türkischer Junge der Schläger gewesen ist, die Eltern seltener bereit seien, zum Hörer zu greifen und mit den Eltern der anderen Seite zu sprechen. An anderer Stelle stellte Pfeiffer (1999) bereits fest:

„Das massenmediale öffentliche Feindbild - Ausländer, die uns überrollen, die eine Gefahr darstellen - spielt eine wichtige Rolle dafür, dass bei diesen Max-Achmed-Konflikten die Anzeigebereitschaft um die Hälfte höher liegt als bei deutsch-deutschen Konflikten" (ebd.:13).

Derartige Stigmatisierungs- und Kriminalisierungsprozesse in den Medien könnten jedoch nicht nur Einfluss auf den lebensweltlichen Alltag der Jungen haben, sondern darüber hinaus auch direkten Einfluss auf das Gewaltverhalten. In diesem Zusammenhang lässt sich nämlich mit der Theorie des Labeling-approach folgende These einordnen: Eine immer wieder wahrzunehmende ethnisierte Außenerwartung, nämlich aggressiv, gewalttätig oder kriminell zu sein – wie sie in regelmäßigen Abständen einhellig auch von Interaktionspartnern (wie Eltern, Lehrer, Sozialarbeiter usw.) wiederholt wird –, könnte im Ergebnis dazu führen, dass diese Zuschreibungen in das eigene Selbstbild übernommen werden. Die Fremdpositionierung durch die Gesellschaft wird in diesem Prozess zur (ethnisch ausgerichteten) Selbstpositionierung, was wiederum die gesellschaftlichen Vorurteile spiegeln und bestätigen würde und darüber hinaus auch ganz im Sinne einer selbst erfüllenden Prophezeiung wesentlich zur Entwicklung einer „Delinquenzkarriere" beitragen kann.

Freilich ist hier vor einer einseitigen und starren Anwendung des Labeling-approach zu warnen, von dem sich auch die angloamerikanischen Vorreiter des Ansatzes schon vor langer Zeit verabschiedet haben. Anderenfalls würden wir leicht zu einem deterministischen Bild eines türkischstämmigen gewalttätigen Jugendlichen kommen, der durch das Wechselspiel von Fremd- und Selbstpositionierung im Sinne einer sich selbst erfüllenden Prophezeiung eine Delinquenzkarriere einschlägt. Auf diese Weise würden wir die Kategorie „kulturelle Differenz" als mögliches Erklärungsmuster für Devianz dekonstruieren, um diese einfach mit anderen (Selbst- und Fremdethnisierung, Selbst- und Fremdpositionierung in der Gesellschaft durch Vorurteile) zu ergänzen. Das kann nicht überzeugen. Durch die Konzentration auf gesellschaftliche Kriminalisierungsprozesse darf die Gewalthandlung selbst nicht aus dem Blick geraten.[47]

Ferner gibt es Hinweise darauf, dass vor allem junge Männer mehr kriminalisiert werden als junge Frauen (Helfferich 2001: 343; Kips 1991; die Relevanz von Geschlecht im Kriminalisierungsprozess hervorhebend auch Messerschmidt 1993 sowie Connell 2006). Sowohl die informelle als auch die institutionelle soziale Kontrolle haben demzufolge eine geschlechtsspezifische Struktur, bestätigen sich gegenseitig und werden so gemeinsam zum Instrument sozialer Ungleichheit (siehe hierzu auch Smaus 2000: 17 ff.). Althoff & Kappel (1995: 3 f.) weisen folglich in diesem Zusammenhang zu Recht darauf hin, nicht nur den Fokus auf die gesellschaftliche Herstellung von Kriminalität zu legen, sondern soziale Wirklichkeit auch als vergeschlechtlicht hergestellt zu erkennen und zu untersuchen:

Ein abschließendes Zitat, das für sich spricht, soll diesen aufgezeigten Diskurs am Beispiel des Geschlechterverhältnisses noch einmal verdeutlichen:

„Knüppel im Kreuz, Kind im Bau. Mittelalter mitten in Deutschland: Faustrecht, Mord und Totschlag wie im hintersten Anatolien oder im wilden Kurdistan" (Der Spiegel 44/1990).

---

[47] Siehe hierzu den Fall „Gökhan" in Kap. 5, Teil II.

So sind die Beispiele beliebig fortsetzbar und durch eine Vielzahl populärwissenschaftlicher Bücher (z. B. Ates 2005, Kelek 2006) zu ergänzen, die in ihren wesentlichen Grundaussagen erstaunlich übereinstimmen:

- Der türkisch-muslimische Mann stellt eine Bedrohung für den Westen dar.
- Ihre Frauen werden von ihnen unterdrückt und geschlagen.
- Zu einem partnerschaftlichen Verhältnis sind sie nicht fähig und vertreten einen aggressiven Islam.

1.3 Fazit: Der Ethnizitätsdiskurs in den Fußstapfen des klassischen Rassismus

Ich habe am Einwanderungs- bzw. Ethnisierungsdiskurs der Bundesrepublik Deutschland versucht aufzuzeigen, wie *der* türkisch-muslimische Mann bzw. *der* gewalttätige Macho durch mehrere Diskursstränge hergestellt wird. Das Geschlechterverhältnis wird zum diskursiven Ort, an dem sich ethnisch-kulturelle Differenzen manifestieren (dazu Huxel 2008b: 68; s. a. Gutiérrez Rodriguez 1999). Das Festklopfen dieser Differenzen geschieht auf der Grundlage des zentralen Begriffspaares Tradition/Moderne, mit dem die Lebensbedingungen und das Selbstverständnis dieser Menschen mit Migrationshintergrund analysiert werden. Diese Dichotomie verhindert jedoch, die Komplexität ihrer Männlichkeit und Herkunft zu erfassen. Stattdessen bietet sie den argumentativen Nährboden für die Gestaltung des Bildes eines *defizitären gewalttätigen Machos*. Männlichkeit begegnet uns in diesem Kontext somit als negative Ressource. In Zusammenhang mit „Ethnizität" wird sie als Ursache für verschiedene Problematiken herangezogen.[48] Derartige Konstruktionsprozesse besitzen vor allem politische Funktion.

Die aus dieser Exklusionspolitik entstehenden Probleme werden dann durch kulturelle Merkmale, nicht durch soziale Strukturen der deutschen Gesellschaft erklärt.

---

[48] So sind auch Forschungen über Männer im internationalen Kontext fast ausschließlich ethnozentrisch geprägt. In seiner ethnographischen Studie über Männer in Mexico City kritisiert Gutmann (1996) detailliert die Tendenz westlicher Forscher, lateinamerikanische Männer als „Machos" zu charakterisieren.

Der türkisch-muslimische Mann wird als traditionell und rückständig bezeichnet und gerät zunehmend in den Fokus der Aufmerksamkeit, während die Männlichkeit der *anderen* Männer als Gegenbild dazu konzipiert und nur am Rande problematisiert wird (Spindler 2006: 50).

Insofern wird durch die Fokussierung auf die „Kultur des Anderen" von bestehenden Machtungleichheiten und Gewaltformen im Geschlechtsverhältnis innerhalb der deutschen Mehrheitsgesellschaft und „einheimischen" Familien abgelenkt. Das zeigt, dass die Orientierungen und Handlungsweisen von jungen Türken unter Verhältnissen sozialer Ungleichheit nicht nur auf der personalen oder intersubjektiven Ebene zu thematisieren sind, sondern demnach auch im Rahmen sozialer und gesellschaftlicher Segmentierungs- und Ausgrenzungsprozesse (dazu ausf. Riegel & Geisen 2007). In diesen werden türkischstämmige Jungen als das von der Gesellschaft fern zu haltende Fremde dargestellt, als gewalttätige Machos.

Ausgehend hiervon kann man erkennen, dass „die Thematisierung von Ethnizität, ethnischen Gruppen oder ethnisch-kulturellen Konflikten weitgehend die älteren Begriffe von „Rasse" und „Nation" ersetzt und teilweise die mit diesen verbunden gewesenen Diskussionen in sich aufgenommen (haben, O. Y.)." Auf diese Weise ist „(…) dieser Ethnizitätsdiskurs in mancherlei Beziehung in die Fußstapfen des Rassismus getreten" (Bukow 1996: 49; ähnlich auch Diettrich & Radtke 1990: 29 f.; Castelnuovo 1990: 307; Kandil 1997: 401 und Essed 1992: 379 ff.). De facto wird der rassistische Diskurs demnach durch die Verwendung einer ethnischen Kategorisierung charakterisiert, die entlang kultureller und sprachlicher Grenzen erfolgt. Diese Kategorisierung steht für eine festgeschriebene, unveränderliche und deterministische Differenz, welche die Grundlage für Ausgrenzung und Unterordnung, manchmal auch für Ausbeutung und Unterdrückung darstellt.[49] Das Thema dieses „neuen" Rassismus ohne „Rassen", den der französische Soziologe Etienne Balibar

---

[49] Ein wichtiger Unterschied zwischen der Rassenlehre (zur Begriffsbestimmung siehe Guillaumin 1992: 77 ff.; Claussen 1994; Fredrickson 2004) und der Theorie der Kulturunterschiede liegt freilich darin, dass die Rassenlehre explizit von höherstehenden und niedrigen „Rassen" spricht, während die Kulturrelativisten darauf Wert legen, dass es keine höherwertigen oder minderwertigen Kulturen gibt, sondern dass eben *Unterschiede* existieren (dazu Lutz 1995: 86). Es bestehen aber auch vielerlei Parallelen zwischen dem Rassenbegriff und einer bestimmten Fassung des Kulturbegriffes. Auch beim Kulturbegriff wird vorausgesetzt, dass es genuine, ursprüngliche Kulturen gibt. Äußerlich wahrnehmbare Unterschiede zu anderen Kulturen werden durch innere Äquivalente erklärt. Diese Beschreibungen sind jedoch keinesfalls neutral, sondern ganz im Gegenteil deutlich negativ. „Unsere" Werte, Normen und Verhaltensweisen werden als entwickelter, moderner, demokratischer usw. empfunden (vgl. ebd.).

den „*racisme differentialiste*" nennt, ist somit die „Unaufhebbarkeit der kulturellen Differenz". „Eines Rassismus, der – jedenfalls auf den ersten Blick – nicht mehr die Überlegenheit bestimmter Gruppen oder Völker über andere postuliert, sondern sich darauf beschränkt, die Schädlichkeit jeder Grenzverwischung und die Unvereinbarkeit der Lebensweisen und Traditionen zu behaupten" (Balibar 1992: 28 ff.; vgl. auch Decker et. al. 2010). Die notwendige Trennung bzw. Absonderung vom „Anderen" wird hier demzufolge nicht mehr über „Rasse" oder „Blut" begründet, sondern über Unterschiede zwischen den (als homogen und prinzipiell „anders" konzipierten) „Kulturkreisen" bzw. den „Ethnien". Entsprechend wird ausgeführt, dieser „neue" Rassismus argumentiere nicht biologisch, sondern eher psychologisch bzw. kulturalistisch.

Wie aufgezeigt wurde, wird diese „neue" rassistische Debatte insbesondere durch die Medien genährt. Strukturelle Probleme werden hier als kulturell oder ethnisch verursachte Defizite beschrieben und auf familiäre Strukturen der Einwanderer verlagert. Auf diese Weise erfährt die Umdeutung sozioökonomischer in ethnische Krisenprozesse eine mediale Aufmerksamkeit und Verstärkung (Bukow et. al. 2001: 424).

Vor diesem Hintergrund lässt sich konstatieren, dass der Rassismus, sei es im Alltag, in institutionellen Formen oder der Wirtschaft, in unserer Gesellschaft multiperspektivisch verankert ist und damit in mehrerlei Hinsicht Einsatz findet. Rassismus gehört demnach zur sozialen Ordnung und gesellschaftlichen Normalität und zeigt sich zum Teil eindeutig durch nationalistische Diskurse oder dem „Rasse"-Konzept, und zum Teil subtiler anhand der Kulturdifferenz oder kulturellen Identität (Spindler 2006: 64).

Für den weiteren Verlauf dieser Arbeit sollte daher die Erkenntnis zugrunde gelegt werden, dass türkisch-muslimische Jungen durch gesellschaftliche Machtstrukturen insbesondere entlang der Kategorien Geschlecht, „Rasse" und Klasse diskriminiert werden und folglich ihre Position in der Gesellschaft nicht einfach durch „kulturelle Besonderheiten" erklärt werden kann.

Die Kulturdifferenzhypothese kann der gelebten sozialen Realität nicht angemessen Rechnung tragen, da sie sich auf *zugeschriebene* und *vermutete* Fremdheitserfahrungen türkischstämmiger Jungen stützt. Obwohl die Frage, welche Erfahrungen sie in Wirklichkeit machen und wie sie diese verarbeiten, essentiell für die Analyse der Gewaltbereitschaft wäre, findet sie kaum Beachtung. Implizite kulturalistische bzw. rassistische Zuschreibungen können daher nicht zur hinreichenden Klärung des Zusammenhangs von Jugendgewalt, Männlichkeit und ethnischer Zugehörigkeit beitragen. Mit dem Begriff kultureller/ethnischer Differenz kann insofern nur eingeschränkt gearbeitet werden. „Kultur/Ethnizität"[50] muss als gesellschaftliches Konstrukt wahrgenommen und analysiert werden. Der Forschungsgegenstand verschiebt sich somit von „der Kultur" zu Fragen wie „Wie wird Kultur verhandelt"? oder „Wie ethnisieren/kulturalisieren Individuen oder Gruppen *sich* oder die *anderen*?"[51] Mit Blick auf den ausführlich dargestellten Ethnizitätsdiskurs wird letztlich auch der Zweck des Ethnizitätsbegriffes deutlich: Er ist zu verstehen als eine „interessensgeleitete (...) soziale (...) Konstruktion der Grenzmarkierung" (Groenemeyer 2003: 23) für strategische Ressourcensicherungen. Demnach hat die Verwendung ethnischer Begriffe vielmehr die Funktion der Ablenkung von Machtunterschieden. Das Gewalthandeln der Jugendlichen muss daher konsequenterweise eingebettet in diesen Kontext analysieren werden, der gleichermaßen durchzogen ist von Pluralität und ungleichen Machtverhältnissen. Über die Möglichkeit der ethnisch-kulturellen Bestimmtheit der Männlichkeit junger Männer mit Migrationshintergrund muss also hinausgedacht und andere Differenzen, die in den Biographien der Untersuchten eine Rolle spielen, in den Blick genommen werden. Identitäten sind schließlich nicht eindimensional, sondern das Produkt von simultanen, sich kreuzenden Mustern von Verhältnissen und Merkmalen, abhängig von der sozialen Situation der Handelnden (Huxel 2008b: 70). Die Konsolidierung der Identität ist dabei ein sich immer weiter entwickelnder (lebenslanger) Prozess, der vor der Geburt des Individuums beginnt, sich im Laufe des gesamten Lebens fortsetzt und sogar im Alter noch andauert. Wobei der Periode der Adoleszenz in der Konsolidierung der Identität ein besonderer Platz zukommt (ausf. Akhtar 2007: 69ff.). Insofern entspricht es

---

[50] Mir ist die Ungenauigkeit bewusst, nicht ausdrücklich zwischen Kultur und Ethnie zu differenzieren. Ich verweise auf eine umfangreiche Literatur zu dieser Thematik. (U. a. grenzt Nieke (1995: 37 ff.) die Begriffe Ethnie und Kultur gegeneinander ab und geht ausführlich auf verschiedene Bedeutungsfelder des Kulturbegriffs ein. Ferner haben Dittrich &Radtke (1990) mit der Herausgabe eines Bandes verschiedener Aufsätze über „Ethnizität", einen hervorragenden Überblick über den Stand der Diskussion in den Sozialwissenschaften geliefert). Die Begriffe Kultur und Ethnie werden in der interkulturellen Pädagogik oftmals sogar synonym gebraucht. Im Rahmen dieser Arbeit geht es mir v. a. darum, auf die Problematiken hinzuweisen, die mit den Begriffen verbunden sind, und ihren prozesshaften Charakter herauszustellen.
[51] Siehe hierzu den Fall „Veli" (Kap. 4) sowie den Fall „Gökhan" (Kap. 5) in Teil II dieser Arbeit.

auch einer verkürzten Sichtweise, der Existenz kultureller Differenz das Attribut der Unaufhebbarkeit zu verleihen. In den Kulturwissenschaften mehren sich zudem die Ansätze, die diese essentialisierenden und ontologisierenden Zuschreibungen und Konzepte von Kultur, Ethnizität und Identität hinterfragen und dekonstruieren. Stuart Hall (2008) spricht in diesem Zusammenhang z.b. von *neuen Ethnizitäten* oder auch *hybriden Identitäten*. Das Konzept der Hybridität, das v. a. von Homi K. Bhabha (2000) entwickelt wurde, ist insofern auch ein Gegenkonzept zur Kulturkonflikttheorie.[52]

„Konzepte wie das der hybriden Identitäten und der Mehrfachzugehörigkeiten sind geeignet, erstens die empirische Uneindeutigkeit und Mehrdeutigkeit von Zugehörigkeitskontexten konzeptionell zu fassen und die scheinbare Reinheit und Exklusivität von national-kulturellen Identitäten und Zugehörigkeiten infrage zustellen. Zweitens ermöglicht sie es, Momente der Selbstverortung und Zugehörigkeiten unter Verhältnissen sozialer Ein- und Ausgrenzung zu analysieren (…)" (Riegel & Geißen 2007: 10).

Vor diesem Hintergrund stellt sich daher die Aufgabe, das Zusammenwirken verschiedener Differenzlinien zu untersuchen und ihren Einfluss auf das (Gewalt-)Handeln der jungen Männer sichtbar zu machen, um damit zugleich einen Kontrapunkt zu setzen, gegen die Reduktion junger Männer mit Migrationshintergrund auf ihre ethnisch-kulturelle Zugehörigkeit und all das, was der hegemoniale Diskurs der Mehrheitsgesellschaft ihnen zuschreibt. Dabei ist wichtig, Kultur als Erklärung des So-Seins der Jungen auch dann zu hinterfragen, wenn sie von den jungen Männern selbst als Erklärung angeführt wird (wie im Fall „Veli" und im Fall „Gökhan" in Teil II). Die Frage lautet: Welche Funktion erfüllt die eingenommene Positionierungen (als „Türke") und welche Herrschaftsdimensionen sind ggf. darin eingebettet?

---

[52] Zum Konzept der Hybridität siehe auch Ha (2004) sowie Foroutan & Schäfer (2009). Zur Problematik der Verwendung des Konzeptes, vgl. Erel (2004: 41ff.).

2 Die Diskussion um Jugendgewalt türkisch-muslimischer Jungen in der Wissenschaft

Ungeachtet der bis hierhin besprochenen Kritik am hegemonialen Diskurs bzw. an der Kulturdifferenzhypothese und ihren negativen Folgen für die Positionierung von Migrantenkindern in der Gesellschaft, ist Folgendes festzustellen:

Die Kulturdifferenzhypothese wird bei deutschen Wissenschaftlern weiterhin dafür verwendet, den Zusammenhang zwischen Geschlecht, Ethnizität und Gewaltdelinquenz türkischstämmiger Jungen zu erklären und ist inzwischen auch in die allgemeine Wahrnehmung übergegangen. Die Forscher stützen sich bei der Auswertung ihrer Daten auf die in der Gesellschaft vorhandenen Stereotype und leiten daraus wissenschaftliche Ergebnisse ab. Der schwierige Umgang mit dem Thema Migration wird dadurch noch komplizierter (vgl. Spindler 2006: 99). So werden nach wie vor Motive für bestimmte männliche Selbstdarstellungen in ethnisch-kulturellen Besonderheiten gesucht, vor allem in vermeintlich dörflichen Traditionen oder in islamisch fundierten Vorstellungen.[53]

Im Folgenden werden drei empirische Studien über Jungen mit türkischem Migrationshintergrund beleuchtet und daran die These entwickelt, dass herkunftskulturelle Orientierungen weniger ausschlaggebend sind als Lebenslage und Milieuzugehörigkeit.

2.1 Die Fundamentalismusstudie von Heitmeyer et. al. (1997)

Bei der Bielefelder Fundamentalismusstudie mit dem Titel „Verlockender Fundamentalismus" von Heitmeyer und seiner Forschergruppe (1997) über türkische Jugendliche in Deutschland handelt es sich um die Ergebnisse einer Untersuchung, die 1995 an 63 allgemein- und berufsbildenden Schulen in Nordrhein-Westfalen durchgeführt wurde. Die Untersuchung basiert auf einer standardisierten schriftlichen Befragung von 15- bis 21-jährigen Jugendlichen türkischer Herkunft, die anonym und freiwillig war. Insgesamt gingen 1.221 Fälle in die Untersuchung ein.

---

[53] Nicht zuletzt deshalb erlangten wohl die hier im Folgenden diskutierten Studien bundesweite eine derartige Popularität.

Ziel der Untersuchung war es, drei Kategorien von Religiosität zu erfassen, die die Forscher mit „islamzentrierte Überlegenheitsansprüche",[54] „religiös fundierte Gewaltbereitschaft"[55] und „organisatorische Einbindung"[56] umschrieben haben und durch die die Abschätzung negativer Konsequenzen von islamisch-religiösen Orientierungen erfolgen sollte. Nicht zuletzt durch die medienwirksame Publizierung der Studie hat sich im Anschluss eine heftige Debatte entwickelt, wie die Ergebnisse zu bewerten seien (ausf. besprochen von Schiffauer 1999: 101 ff.).[57]

Heitmeyer und sein Forscherteam beschreiben einen kulturellen Balanceakt türkischer Jugendlicher in Deutschland. Ihrer Meinung nach müssen sich diese zwischen dem türkisch geprägten und oft an strengen traditionellen Normen festhaltenden Elternhaus einerseits und der zunehmend intolerant auf ihre Andersartigkeit reagierenden deutschen Mehrheitsgesellschaft andererseits behaupten. Um private Erfahrungen und öffentliche Diskriminierung verarbeiten zu können, wenden sich einige Jugendliche islamisch-fundamentalistischen und nationalistischen Gruppen (der Milli Görüş und den sog. „Grauen Wölfen")[58] zu. Hier wird ihnen ein Weltbild vermittelt, das durch „islamzentrierte Überlegenheitsansprüche" und „religiös fundierte Gewaltbereitschaft" gekennzeichnet ist. Dabei wird suggeriert, dass die Interessen der türkischstämmigen Jugendlichen am besten durch radikale Gruppen vertreten sind (vgl. ebd.).

Liell (2001) kritisiert an der Studie vor allem ein statisches Konzept von „Kultur", das ihr zugrunde liege. Er schreibt: „Kultur erscheint darin als in sich geschlossen, homogen und stabil, als etwas, das den Individuen durch Sozialisation unerbittlich eingeschrieben ist und zugleich ihr sozial relevantes Merkmal darstellt" (ebd.: 315). In der Tat driftet die Studie immer wieder in essentialistische und homogenisierende Kulturkonzepte ab.

„Zentrale Momente dieses familialen Beziehungsgefüges (in türkischen Familien, Anmerk. d. Verf.), dem insbesondere die Autorität des Vaters

---

[54] Siehe die Items zur Messung bei Heitmeyer et. al. (1997: 127).
[55] Siehe die Items zur Messung bei Heitmeyer et. al. (1997: 129).
[56] Dazu Heitmeyer et. al. (1997: 137).
[57] Siehe hierzu auch Bukow et. al. (1999) sowie Worbs & Heckmann (2004: 213 ff.).
[58] Vgl. dazu Heitmeyer et. al. (132ff.).

immanent ist, bleibt die Nichthinterfragung der Norm der *Ehre*. Selbst wenn dem Vater von den Jugendlichen altmodisches Verhalten oder (traditionell-) dörfliches Verhalten attestiert wird, ist er in der Regel die nach außen sichtbare, unangefochtene Autorität in der Familie. (...) Sich kritisch gegenüber der eigenen Familie zu äußern ist selbst in Krisensituationen ein Tabu" (Heitmeyer et. al. 1997: 74 f., Hervorh. i. O.).

Der Elterngeneration wird pauschal ein traditionelles, auf „Ehre", Patriarchat und Geschlechtertrennung beruhendes Erziehungsideal unterstellt.[59] Heitmeyer et. al. gehen sogar einen Schritt weiter, wenn sie in der vermeintlichen Unfähigkeit der ersten Generation, auf die hiesigen Verhältnisse adäquat in der Erziehung zu reagieren, eine der Hauptursachen für extremistische religiös und/oder nationalistisch geprägte Orientierungen der Kinder erkennen. Ebenso wenig empirisch unterfüttert behaupten die Forscher, dass die Gewalt türkischer Jugendlicher auf die Gewaltaffinität ihrer Herkunftskultur zurückzuführen sei. Bei der höheren Gewaltbereitschaft Jugendlicher türkischer Staatsangehörigkeit

„ist zu vermuten, dass v. a. bei den männlichen Jugendlichen kulturbedingte Sozialisations- und Erziehungsbedingungen zu Buche schlagen, die nicht zuletzt mit tradierten Geschlechtsrollenzuschreibungen auch hinsichtlich der Duldung bzw. sogar Forderung der Ausübung körperlicher Gewalt verknüpft sind (,Verteidigung der Ehre')" (ebd.: 113, Hervorh. i. O.).

Türkische Kultur erscheint in dieser Perspektive somit nicht nur als traditionell, sondern enthält scheinbar auch die Forderung zur Ausübung körperlicher Gewalt, so Liell (2001: 315).

Heitmeyer und sein Forscherteam haben – sowohl im Theoriekonzept als auch in ihrem Erklärungsansatz – bedenkliche Wertungen vorgenommen, die auf den bereits beschriebenen, dichotomen Zuordnungen (traditionell-modern, religiös-ver-

---

[59] Heitmeyer et. al. berücksichtigen bis auf wenige Ausnahmen kaum einen der zahlreichen (deutschen und türkischen) Autoren, die ein differenzierteres Bild der türkischen Familie zeichnen, siehe bspw. Boos-Nünning & Karakaşoğlu (2005, m. w. N).

nünftig, autoritär-liberal) beruhen. Vor allem der Patriarchatsvorwurf gegenüber türkischen Familien setzt auf die genuin im Einwanderungsdiskurs angesiedelte Thematik der *Ethnisierung von Sexismus* (dazu Jäger 2000). Zudem ist Heitmeyers Fragenkatalog ein Beispiel dafür, inwieweit eine auf religiöse Überlegenheit und Gewaltbereitschaft abzielende empirische Untersuchung ihr Ergebnis im Sinne der Fragestellung beeinflussen kann (dazu Lang 1999: 143).

Die Heitmeyer'sche These von der „Verlockung des Fundamentalismus" ist ein Beispiel für die „Dramatisierung" und Ethnisierung in der Wissenschaft, wenn es um türkisch-muslimische Jungen geht (Liell 2001: 315). Bedenklich ist vor allem, dass Heitmeyer selbst die Fremdethnisierung der „türkischen" Migranten betreibt, die er zu kritisieren vorgibt. Indem er nämlich unbekümmert mit Begriffen wie „traditionell", „autoritär-patriarchalisch" oder mit der Vorstellung eines geschlossenen „türkischen Kultursystems" operiert, gelingt es ihm, statische, nahezu unvermeidbare Kulturkonflikte heraufzubeschwören (Ha 1999: 58).

Vor diesem Hintergrund sind diese Studie und die daraus gezogenen Folgerungen auch im Hinblick auf die methodische Anlage doch recht kritisch zu betrachten. Es kann daher nicht verwundern, dass ähnlich gelagerte Forschungsprojekte sogar zu völlig anderen Ergebnissen kommen (vgl. Polat 1997). In dieser Studie wird, um mit einer Bewertung von Schiffauer abzuschließen „die Gefahr des Fundamentalismus beschworen, obwohl sie empirisch nicht nachzuweisen ist" (ebd.: 1999: 116).

2.2 Eine Jungenbande: Die „Turkish Power Boys" (Tertilt 1996)

Hermann Tertilt begleitete in seiner ethnographischen Studie zwei Jahre lang (1990-1992) eine Frankfurter Jungenbande „Turkish Power Boys", einen Zusammenschluss jugendlicher Migranten der zweiten Generation, deren Eltern als Arbeitsemigranten in die BRD gekommen waren.[60] Obwohl Tertilt (1996) in erster Linie eine Jugendbande mit hohem Gewaltdelinquenzanteil beschreibt, möchte er in sei-

---

[60] Tertilt schreibt den „Turkish Power Boys" eine soziale Randständigkeit zu, die zum einen auf den soziökonomischen Bedingungen beruht: schlecht bezahlte Berufe der Eltern, kaum gesellschaftliche Aufstiegschancen, negatives Image der Gastarbeiter, wenig Ansehen. Zum anderen erfolgte eine kulturelle Diskriminierung durch die deutsche Gesellschaft.

ner Feldstudie „den Zusammenhang zwischen Bandendelinquenz und gesellschaftlichem Status von Migrantenkindern (...) nachweisen und begründen" (ebd.: 10). Seine Ergebnisse sieht er dementsprechend als verallgemeinerbar für die Gruppe der türkischen Migranten an.

Gestützt auf Beobachtungsprotokolle, Dokumentenauswertungen und Interviews mit den Jungen gelingt Tertilt eine dichte Beschreibung des Alltags der Jugendlichen und ihrer Deutungsmuster. Die Untersuchung zeigt, wie die Jugendlichen versuchen, über körperliche Auseinandersetzungen ihr sozialräumliches Umfeld zu kontrollieren, situativ Status herzustellen und Selbstwert gemeinsam mit anderen und vor den Augen der Mehrheitsgesellschaft zu bestätigen. Um ihre Macht zu beweisen, wählten die Jungen ganz bewusst Orte, an denen jedermann das Geschehen beobachten konnte. Meist wehr- und ahnungslose Passanten wurden ausgewählt, zunächst beschimpft und dann ausgeraubt. Durch diese Demütigung eines Angehörigen der deutschen Mehrheitsgesellschaft vor den Augen seiner Mitmenschen sollte die Ohnmacht einer nur vermeintlich herrschenden Gesellschaft und die umso stärkere Macht der Gang demonstriert werden (ausf. besprochen von Mansury 2006).

Kernstück dieser Gewaltdelikte, die teilweise mit enormer Brutalität ausgeführt wurden, war das so genannte „Jacken-Tokat", eine Form des Straßenraubs. Diese Überfälle richteten sich fast ausschließlich gegen deutsche Jugendliche der Mittelschicht, was Tertilt als eine Reaktion auf Rassismus analysiert:[61]

„So wie die türkischen Jugendlichen selbst Missachtung und Demütigung auf Grund ihrer nationalen Zugehörigkeit erfuhren, nahmen sie offensichtlich in der Umkehrung das Kriterium der nationalen Zugehörigkeit zum Anlass, deutsche Jugendliche in einer erniedrigenden Weise zu behandeln. Die damit verbundene Brutalität und Grausamkeit lässt sich meines Erachtens nicht individualisieren oder gar pathologisieren, da sie

---

[61] Diese Interpretation Tertilts wird durch den aktuellen KFN-Forschungsbericht (vgl. Baier et. al. 2010) gestützt. Das Institut sieht ebenfalls einen möglichen Zusammenhang zwischen negativen Einstellungen und Übergriffen von Migranten auf Deutsche und eigenen Erfahrung von Fremdenfeindlichkeit: 41,4 % der befragten Jugendlichen, die selbst schon mindestens einen Übergriff erlebt hatten, räumten ein „deutschfeindliches Delikt" ein, von denen ohne Opfererfahrung waren es nur 14,2 % (ebd.: 67 f.).

aus der Gruppenstruktur hervorging und dort durchaus ihren ‚Sinn' hatte" (ebd.: 42 f., Hervorh. i. O.).

Obwohl im Fokus dieser ethnologischen Untersuchung nicht der Islam steht, sondern vielmehr die Gewalttätigkeit und Kriminalität der „Turkish Power Boys" sowie der Bezug auf die Männlichkeitskonzepte der Jugendlichen, ist interessant, dass Tertilt die Religion als Element der „dörflichen Herkunftswelt der Jugendlichen" (ebd.: 216) diskutiert. Dies entspricht jedoch nicht den drei ausführlich portraitierten Jungen, die in Frankfurt a. M. geboren und aufgewachsen sind. So erklärt der Autor ihr Streben nach Würde und Respekt und das Männlichkeitsgebaren der Jugendlichen beispielsweise in Zusammenhang mit dem traditionellen türkischen Ehrkonzept *namus*[62], das im dörflichen Islam vorherrsche (ebd.):

> „In der dörflichen Herkunftswelt der Jugendlichen und in der sich ethnisch definierenden Subkultur der „Power Boys" spielte und spielt das Ehrkonzept hingegen eine nicht unerhebliche Rolle, und zwar sowohl für die Gruppenstruktur wie auch für die Herausbildung der erstrebten männlichen Eigenschaften wie Unerschrockenheit, Aggressions- und Gewaltbereitschaft oder verbales und körperliches Durchsetzungsvermögen" (ebd., Hervorh. i. O.).

Da die Jugendlichen jedoch in einer deutschen Metropole und nicht in einem türkischen Dorf aufgewachsen sind, erscheint der Rückgriff auf „eine traditionell ländliche islamische Kultur" erklärungswürdig. Sicher können solche Rückgriffe auf traditionelle Modelle erfolgen, die Männlichkeitskonstruktionen finden jedoch im Rahmen der deutschen Gesellschaft statt. Diese Konstruktionen müssen als solche hinterfragt und dürfen nicht als Relikte einer Kultur betrachtet werden, die den Jugendlichen oftmals fremd ist und vielfach sogar durch die Eltern nicht mehr vorgelebt wird (zum Wertewandel der ersten Einwanderergeneration vgl. Schiffauer 1991). Ein Rückgriff auf ein tradiertes „Ehrkonzept" erscheint daher problematisch.

Tertils Annahmen stellen daher ein weiteres Beispiel für den auf kulturellen Besonderheiten beruhenden Forschungsansatz in Bezug auf türkisch-muslimische Jungen in Deutschland dar. Dabei wird der Islam der jungen Generation als ein Element

---

[62] Dazu ausf. Kap. 2.4.1.2.

der Andersartigkeit interpretiert, die sich in der Bindung an eine andere Kultur, an ein „muslimisches Denken" zeigt. Dieser Ansatz berücksichtigt jedoch nur in äußerst geringem Umfang den Wandel, dem diese Religion und diese Kultur unterworfen sind.[63]. Dabei gleich der „Andere" immer mehr *dem* gebürtigen Deutschen, selbst wenn seine Eltern aus einem kleinen türkischen Dorf stammen (vgl. Tietzte 2001).

---

[63] Vgl. Kap. 2.4.1.1.

2.3 Stellungnahme und Annährung an die Untersuchungsgruppe

Aus den beiden referierten Studien können wir für unseren Forschungskontext zunächst zwei Fragen ableiten:

2.3.1 Türkische Kultur als kriminogener Faktor?

Vergleicht man die beiden Studien miteinander, so ist eine weitgehende Ähnlichkeit im Bild erkennbar, das dort von den türkischen Männern (bzw. Vätern) gezeichnet wird. In beiden Studien wird das traditionelle, patriarchalisch orientierte und auf Geschlechtertrennung basierende Elternhaus als einer der Gründe für das delinquente (Tertilt) bzw. möglicherweise zu erwartende delinquente (religiös und/oder nationalistisch motivierte) Verhalten (Heitmeyer et. al.) gesehen. Beide Arbeiten sprechen von einer stark väterlich und kulturell verankerten Betonung männlicher Dominanzvorstellungen in türkischen Migrantenfamilien.

Während Tertilt diesen Faktoren *keine* explizit kriminalitätsgenerierende Wirkung zuschreibt (vgl. ebd.: 216), vermuten Heitmeyer und seine Forschergruppe, dass die Gewaltaffinität der Jungen, auf *die* türkische Herkunftskultur und konkret auf Geschlechtsrollenzuschreibungen als Auswirkung einer „Kultur der Ehre" zurückzuführen sei (vgl. ebd.: 113). Fraglich ist, ob diese Betrachtung den Männlichkeitskonstruktionen von in Deutschland sozialisierten Jungen gerecht wird und männliches Gewalthandeln demzufolge auf etwaige „Normen der Ehre" zurückgeführt werden kann. Diese zentrale Fragestellung soll unter Hinzuziehung der Studie von Pfeiffer & Wetzels (2000) zusammen unter Kapitel 2.4.1 ausführlich diskutiert werden.

2.3.2 Diskriminierung und Rassismus als Erklärung für Gewalt?

Heitmeyer et. al. (1997) und Tertilt (1996) diskutieren ferner als Facette der sozialen Lage die alltäglichen Diskriminierungs- und Rassismuserfahrungen in den verschiedensten Lebensbereichen der jungen Menschen im Zusammenhang mit Gewalteinstellungen und Gewalthandeln. Nach Heitmeyer et. al. würden *individuelle* Probleme der Integration in die aufnehmende differenzierte Gesellschaft ausgeglichen werden, durch die Intensivierung eines Rückzuges in die kollektivierende *ethnisch-kulturelle Gemeinschaft*. Dabei würden nicht zuletzt *Ausgrenzungs*tendenzen in der Mehrheitsgesellschaft identitätsstiftende bzw. -sichernde *Abgrenzungs*tendenzen bei Teilen der türkischen Migranten fördern. Dieser Rückzug in die eigene ethnische „Wir-Gruppe" korreliere schließlich mit religiös fundierter Gewaltbereitschaft (ebd.: 162 ff.).

Diese weit verbreiteten Stereotype, die die Anbindung an religiöse Verbände (oder allgemein an die ethnische Gruppe) in der Identitätsfindung während der Adoleszenz verorten und als das Ergebnis von *individuellen* Kompetenzdefiziten (Kulturkonflikt, Unfähigkeit zum Umgang mit Ambivalenz etc.) interpretieren, sind jedoch keinesfalls verallgemeinerungsfähig. Dieser kulturessentialistischen Herangehensweise[64] werden schon seit längerer Zeit differenzierte empirische Arbeiten über Selbstkonzepte der in Deutschland aufgewachsenen Muslime gegenübergestellt (siehe beispielsweise Klinkhammer 2000; Schiffauer 2000; Tietze 2001; Foroutan & Schäfer 2009).[65]

Im Gegensatz zu Heitmeyer et. al. will Tertilt die sogenannte Kulturkonflikttheorie nicht allein als Erklärungsmuster für die Bildung von gewalttätigen ethnischen Jugendbanden gelten lassen. Stattdessen versucht er die Argumente der „Theorie der sozialstrukturellen Benachteiligung" mit in seine Betrachtungen einzubeziehen. Diese rückt vor allem die soziale, ökonomische und rechtliche Diskriminierung in das Zentrum ihrer Betrachtungsweise. Das stark entwickelte Männlichkeitsbewusst-

---

[64] Die am stärksten rezipierten Vertreter der essentialistischen Betrachtungsweise „des Islam" und – als Gegenentwurf – „des Westens" sind die Politikwissenschaftler Samuel Huntington (1997) und Bassam Tibi (1994). Eine hervorragende Kritik an derartigen Positionen findet sich bei Senghaas (1998).
[65] In der Studie von Meng (2004: 170 f.) wiesen die Teilnehmerinnen beispielsweise daraufhin hin, dass sie vor ihrer Hinwendung zum Islam aufgrund ihrer sozialen Situation von gesellschaftlichen Interaktionsprozessen weitgehend ausgeschlossen geblieben seien. Erst durch die Bildung eines ausschließlich auf den Islam bezogenen Selbst und der dadurch erlangten Handlungs- und Konfliktfähigkeit, konnten sie sich von Rollenvorgaben lösen und ihre Forderungen selbstbewusst stellen. Diese Forderungen orientierten sich in hohem Maße an den gesellschaftlichen Voraussetzungen für soziale Integration. Die Frauen erhielten dadurch Zugang zu Strukturen und Interaktionsprozessen innerhalb der Familie, der ethnischen Kolonie und der Mehrheitsgesellschaft. Dies führte zu einem spezifischen Integrationspfad, der scheinbar für viele Migrantinnen der zweiten Generation mit „islamischem" Selbstverständnis kennzeichnend ist.

sein der „Turkish Power Boys" stellt Tertilt in den Kontext eines durch mangelnde soziale Anerkennung beschädigten Selbstbildes. Die Gewalttaten seien insofern eine *Reaktion* auf eine gesellschaftliche Situation, in der die Jugendlichen „ihre Ethnizität und Klassenzugehörigkeit vorwiegend durch Ausgrenzung, Geringschätzung und Missachtung erleben" (ebd.: 215 ff.; vgl. auch Gaitanides 1999). Das eigentliche Problem im Zusammenhang mit der Bildung von ethnisch orientierten gewalttätigen Jugendbanden sieht der Autor daher in der fehlenden Bereitschaft der deutschen Gesellschaft, die Kultur der Migranten als gleichwertig anzuerkennen und als einen Wert zu achten. Die *Selbstethnisierung*, das Sichzurückziehen türkischer Jugendlicher auf die Kulturäußerungen der Herkunftskultur, könne also als eine *Reaktion* auf die Ignoranz und Geringschätzung dieser Herkunftskultur durch die deutsche Gesellschaft gesehen werden (vgl. Kap. 1.1). Die zentrale These Tertils lautet daher, dass das Zustandekommen derartiger gewalttätiger ethnischer Gruppierungen „auf der Erfahrung eines kollektiven Status- und Anerkennungsdefizits in der Gesellschaft beruht und dass die Bande als subkulturelle Gemeinschaft der Bewältigung migrationsspezifischer Schwierigkeiten dient" (ebd.: 171). Insofern ließen sich die Gewalthandlungen der Jungen nicht alleine mit den kulturellen Hintergründen erklären, sondern seien nur im Kontext der Migrationserfahrungen zu verstehen. Ihre Männlichkeitspraktiken, die in diesen Gewalthandlungen zum Vorschein kommen, sind durch alltägliche Erfahrungen der Stigmatisierung strukturiert und durch mangelnde Verfügung über soziale Güter gekennzeichnet. Der Kampf um Anerkennung ist das Kernthema dieser Jungen. Der junge Veli drückt dies so aus:

„Wir sind zurzeit so um die 50, 60 Leute. Das ist, sagen wir mal, um sich den anderen zeigen zu können: guck mal, wie stark ich bin. Sich beweisen, sich den anderen zu beweisen" (Tertilt 1996: 227).

Gewalt und Devianz entpuppen sich so gesehen als Gruppenreaktion auf gemeinsame Exklusionserfahrungen. Schließlich ging es den „Turkish Power Boys" bei ihren kollektiven Gewaltaktivitäten nicht in erster Linie um den materiellen Gewinn, den sie daraus ziehen, dass sie deutschen Jugendlichen unter Androhung oder Anwendung von Gewalt Kleidungsstücke abnehmen. Weit wichtiger war das Streben nach Geltung und die Demonstration von Männlichkeit und Macht (ebd.: 228 f.). Der geraubte Gegenstand war somit eher eine symbolische Beute.

Vor diesem Hintergrund erscheint es folglich als zu kurz griffen, würden wir Männlichkeitsinszenierungen junger Türken in ethnisierender Perspektive als „typisch" türkisch deuten oder als vormoderne Geschlechterkonzepte von Einwanderern aus einer patriarchal organisierten Dorfkultur. Die Jungen folgen Geschlechteridealen, die möglicherweise milieutypisch sind: Ähnliche kollektive Orientierungen, wie sie hier von den „Turkish Power Boys" zum Ausdruck gebracht wurden, sind auch in verschiedenen empirischen Studien in den USA, in Australien, in Japan oder auch in Großbritannien als Männlichkeitsideale der Unterklasse analysiert worden (z. B. Mac an Ghaill 1994; Laberge & Albert 1999; Phoenix & Frosh 2001, alle Zitate nach Weber 2007: 320). So lässt sich auch in Deutschland sehen, dass der moderne Paria in verfestigter Armut heutzutage immer häufiger auch Sohn einer deutschstämmigen Familie im sozialen Brennpunkt ist (dazu Weber 2007: 320).

Vor allem junge Männer der von Miller (1974) so bezeichneten „Unterschichtenkultur" versuchen oft durch Gewalt oder Delinquenz ihre Ziele wie Härte, Risiko oder Autonomie zu erreichen.[66] Dennoch ist auch die ethnische Zugehörigkeit nicht zu vernachlässigen, da Angehörige bestimmter Ethnien als besondere Risikogruppe sich sozialer Diskriminierung in spezieller Art und Weise erwehren müssen (vgl. Weber 2007: 321).

Auch Hüttermann (2000) weist im Kontext einer Studie zu türkischen Jugendlichen darauf hin, dass vor einer kulturalistischen Deutung von Männlichkeitskonzepten zu warnen sei. Zwar hätten die lebensweltlichen „Ehrkonzepte" in der türkischen Herkunftsgesellschaft wie auch in der türkischstämmigen Migrantenpopulation immer noch besonderes Gewicht (siehe hierfür Bohnsack 2001, 2002).[67] Doch der Forschung sei schon lange bekannt, dass bei Jugendlichen relative Deprivation

---

[66] Am Schluss der theoretischen Analyse (Kap. 3.3) wird herausgearbeitet, dass das gewalttätige Verhalten Jugendlicher auch für Angehörige mittlerer und sogar gehobener Schichten genügend Attraktivität bereithält.
[67] Bohnsack (2001) hat in einer Analyse von Gruppengesprächen türkischer Jugendlicher in Deutschland gezeigt, dass auch diejenigen, die bereits hier aufgewachsen sind und als weitgehend an *die* deutsche Kultur angepasst gelten können, auf Selbst- und Fremdbilder zurückgreifen, deren Grundlage ein fundamentaler Ehrbegriff ist. Siehe hierfür auch die Studie von Ewing (2008b) über die Geschichte verschiedener „türkisch-muslimischer Männer" in Berlin und deren Bezug auf ein „Konzept von Ehre".

und räumliche Marginalität häufig mit machistischem Gebaren und subkulturellem Kampf um Status, „Ehre" und Macht einhergehe (dazu Miller 1974, zitiert n. Hüttermann 2000: 290):

„Das, was ethnisch-kulturell erscheint, ist vielmehr mit Miller aus einem Zusammenwirken klassenkultureller, sozialräumlicher und zugleich entwicklungspsychologischer Ausgangsbedingungen (Konstitution männlicher Geschlechtsehre) und darüber hinaus unter Rekurs auf die aktuell scheiternde Integration in den Arbeitsmarkt zu deuten" (ebd.).

Greift man auf rein kulturelle Erklärungsmuster zurück, geht somit der Blick für das soziale Umfeld der Migrantenkinder verloren, das ihr Leben unmittelbar beeinflusst. Charakteristisch sind hierbei v. a Bildungsbenachteiligungen (vgl. PISA 2000 /2003), was u. a zur Folge hat, dass Migrantenkinder doppelt so oft von Arbeitslosigkeit betroffen sind wie einheimische Jugendliche (vgl. Bednarz-Braun & Heß-Meining 2004). Auch das Leben in benachteiligten und stigmatisierten Stadtteilen sowie alltägliche Kämpfe um Anerkennung und Zugehörigkeit prägen den lebensweltlichen Alltag in entscheidendem Maße (dazu Riegel 2004; s. a. Terkessidis 2004).

Im Ergebnis ist hier somit auf eine Konstellation aufmerksam zu machen, in der sich individuelle Vorurteilsstrukturen, kulturalisierende Zuschreibungen und Formen struktureller und sozialer Benachteiligung sowie Prozesse der Selbstethnisierung verschränken. So das wir letztlich aus dem bisher Gesagten zweierlei ableiten können: Einerseits ist die Frage nach der Besonderheit von türkischstämmigen Jungen im Hinblick auf gewalttätiges Verhalten nicht ohne Bewusstsein für die gleichermaßen besondere soziale und kulturelle Benachteiligung sowie gesellschaftliche Diskriminierung auf eine faire Art und Weise zu beantworten. Anderseits scheint auch es so zu sein, dass kulturelle Muster bzw. „Ehre" in der Debatte um gewalttätige Männlichkeit keine unwesentliche Rolle zu spielen scheint.

Was jedoch letztlich unter „Ehre" zu verstehen ist, wie sie auf Männlichkeit *wirkt* und damit ggf. auch auf männliches Gewalthandeln, ist eine noch zu klärende Frage. Eine gründliche Beschäftigung mit der sogenannten Ehrkultur erscheint daher unabdingbar für eine weitere Annäherung an unsere Untersuchungsgruppe. Dieses soll im folgenden Kapitel anhand der Studie von Pfeiffer & Wetzels (2000) ausführlich geschehen.

2.4 Die „Macho-These": Pfeiffer & Wetzels (2000)

Die Studie von Pfeiffer & Wetzels (2000) und die auf ihren Kernthesen aufbauenden Folgestudien des KFN – die die Kulturdifferenz als Erklärung für Gewalthandeln türkisch-muslimischer Jungen in Deutschland entscheidend mitgeprägt haben – stehen im Zentrum der folgenden Darstellung. Dabei findet insbesondere eine kritische Auseinandersetzung mit der sogenannten „Kultur der Ehre" in türkischen Familien und entsprechenden Männlichkeitskonzepten statt, die von den Forschern als Kern des Problems ausgemacht werden (vgl. auch Pfeiffer et. al. 2005: 72; Wetzels 2007: 40; Windzio & Baier 2007: 188). Ich werde die Befunde insbesondere dahingehend prüfen, ob sie uns ebenfalls für eine theoretische Annäherung an unsere Untersuchungsgruppe dienen können.

Pfeiffer & Wetzels (2000) haben im Jahr 1998 in einer Schülerbefragung in neun deutschen Städten ca. 16.000 Jugendliche dazu befragt, ob sie Täter oder Opfer von Gewalttaten waren und wie sie solche Erfahrungen verarbeitet haben. Die gezogene Stichprobe war repräsentativ für Schülerinnen und Schüler der 9. Klassen. Die Wissenschaftler konnten dabei feststellen, dass auf türkische Jugendliche fast dreimal so viel Gewalttaten entfallen wie auf deutsche (2000: 14). Dies betrifft allerdings nicht allgemein türkische Jugendliche, sondern vor allem männliche Jugendliche. Wie ist dieser Befund zu interpretieren? Denn auch nach der Kontrolle und dem Abgleich sozialer und ökonomischer Faktoren stellen Pfeiffer & Wetzels fest:

„Es bleibt dabei, dass männliche türkische Jugendliche mehr als doppelt so oft Mehrfachtäter von Gewalt sind wie Deutsche. Wir deuten das so: Ein beachtlicher Teil von ihnen ist stark durch ein traditionelles Männlichkeitskonzept geprägt, dass sie in ihrer familiären und kulturellen Sozialisation erlernen und das ihre Gewaltbereitschaft deutlich erhöht. Die Forschungsergebnisse sehen wir damit als Ausdruck eines Kulturkonfliktes, der sich insbesondere für solche türkischen Familien ergibt, die sich nach der Einwanderung in Deutschland stark an diesen traditionellen Rollenmustern für Männer und Frauen orientieren. Dort wird die Vorherrschaft des Vaters, der den Gehorsam der Familienmitglieder notfalls mit Gewalt einfordern darf, zum Ausgangspunkt dafür, dass die Söhne in ihrer neuen Heimat in massive Gewaltkonflikte geraten" (ebd.: 20 f.).

In den folgenden Schülerbefragungen (vgl. Wilmers et. al. 2002; Baier & Pfeiffer 2007 sowie Baier et. al. 2009) sehen die Wissenschaftler die Befunde zur erhöhten Gewalttäterrate bei türkischen Jugendlichen bestätigt und untermauern die Hypothese eines inneren Kulturkonflikts. So konstatierte etwa Wilmers et. al. (2002) in der Schülerbefragung 2000:

„Nach Kontrolle von Bildungsniveau, elterlicher Arbeitslosigkeit und dem Niveau elterlicher beruflicher Bildung fand sich nur für männliche Migranten noch eine signifikant höhere Rate selbstberichteter Gewaltdelinquenz, insbesondere für Jugendliche türkischer und jugoslawischer Herkunft" (ebd.: 173 f.).

Vor diesem Hintergrund unternahmen die Forscher den Versuch, die Frage divergierender Männlichkeits- und Ehrkonzepte und deren Bedeutung für die Delinquenz junger Menschen erstmals einer empirischen Analyse zuzuführen. Die theoretische Erklärung musste insbesondere die Tatsache berücksichtigen, dass auch nach multivarianten Modellen immer noch eine signifikante Überrepräsentation von Gewalttätern in bestimmten ethnischen Gruppen vorhanden war und das nur, oder vor allem, für männliche Jugendliche. So gingen die Forscher in Anlehnung an die Psychologen Richard Nisbett und Dov Cohen der Frage einer „Kultur der Ehre" bei männlichen und weiblichen Jugendlichen nach. Nisbett und Cohen hatten in ihrer *„Culture of Honor"* (1996)[68] in Bezug auf „Schwarze" im Süden Amerikas eine Skala „ge-

---

[68] Bei ihrem Versuch, Unterschiede der Verbreitung von Gewaltkriminalität zwischen weißen Bewohnern der Nord- und der Südstaaten der USA zu erklären, schlugen Nisbett & Cohen als theoretischen Rahmen das Konzept der „Kultur der Ehre" vor. In Viehtreiber-Gesellschaften im mediterranen Raum (zum Beispiel auch in Anatolien, auf Korsika, Andalusien) mit schwacher Infrastruktur

waltlegitimierender Männlichkeitsnormen" (GLMN) entworfen, welche später die Basis für die Studien des KFN bildete (vgl. Wilmers et. al 2002; Enzmann et. al. 2004; Pfeiffer et. al. 2005; Windzio & Baier 2007: 188). Diese Skala sollte als Erklärung dafür dienen, das nachweislich männliche Delinquente bestimmter ethnischer Gruppen überdurchschnittlich oft unter den Straftätern vertreten sind. Nisbett und Cohen entwarfen Items, die charakteristische Merkmale einer „Kultur der Ehre" darstellen und messbar machen sollten. Dazu zählen Sätze wie „Ein Mann sollte bereit sein, Frau und Kinder mit Gewalt zu verteidigen" oder „Als Vater ist der Mann Oberhaupt der Familie und darf sich notfalls auch mit Gewalt durchsetzen".

Neuere Analysen des KFN haben hierzu gezeigt, dass die gewählten Items empirisch zwei Dimensionen von Männlichkeitsnormen repräsentieren: erstens die Verteidigung der (Familien-) Ehre und zweitens die innerfamiliäre (dazu ausf. Baier et al. 2006: 225 ff.).

In den Untersuchungen zeigte sich, dass die Identifikation mit bestimmten Männlichkeitsbildern bei jugendlichen Migranten hohe Bedeutung für ihre Einstellungen zu Gewalt und auch für das Auftreten von Gewaltdelinquenz hat. Je mehr die Befragten den GLMN zustimmten, desto höher fiel ihre Bereitschaft aus, Gewalt als legitime Lösungsstrategie von Konflikten einzusetzen. GLMN würden zudem in einem engen Zusammenhang mit dem traditionellen Frauenbild stehen, das mit einer deutlichen Verachtung für alles Weibliche einhergehe und Gewalt als anerkanntes Mittel zur Durchsetzung von Dominanzbestrebungen und Ehrvorstellungen begreife (Wilmers et. al. 2002: 181). Türkische Jugendliche würden dabei am häufigsten an einer durch die Skala der GLMN operationalisierten „Kultur der Ehre" festhalten. 14,5 % äußersten eine zustimmende Meinung, bei den Deutschen waren

---

und schwer zugänglichen Territorien gebe es zum Teil heute noch die Notwendigkeit, seinen potenziellen Angreifer die Bereitschaft zu signalisieren, die eigene Familie und das Eigentum jederzeit zu verteidigen. Die (männlichen) Kinder wüchsen in diesem Klima der Signalisierung von Wehrhaftigkeit und einem entsprechendem Handeln auf und würden zur Aggressivität erzogen (ausf. Pfeiffer et. al. 2005: 69). Furcht vor der elterlichen Autorität und die frühe Erfahrung, dass man auf Fehlverhalten mit physischer Gewalt reagiert, sei vom Kind verinnerlicht. Nisbett & Cohen berichten in diesem Zusammenhang, dass die Hälfte der Befragten des Südens der USA, in denen die „Kultur der Ehre" verbreitet sei, der Annahme zustimmten, eine „gute, harte Tracht Prügel" sei manchmal nötig, um ein Kind zu disziplinieren (ebd.: 34). Innerhalb dieser Kultur werde Gewalt somit zu einem positiv bewerteten Machtfaktor in sozialen Interaktionen. Mitglieder solcher Kulturen betrachten Gewalt daher eher als eine legitime und sogar notwendige Reaktion auf Bedrohungen und Ehrverletzungen. Über Sozialisation, insbesondere harsche Bestrafungen und Gewalt, auch durch Mütter, würden die kulturell geprägten Erwartungen an („echte") Männer an die nächste Generation weitergegeben.

Die „Macho-These" 65

es hingegen nur 2,2 % (ebd., vgl. auch Enzmann et. al. 2004: 279).[69] Bei den Untersuchungen wurde ferner festgestellt, dass eine enge Beziehung zwischen der Gewalt in türkischen Familien, die mehr als doppelte so hoch sei wie in deutschen (Pfeiffer & Wetzels 2000: 18; vgl. auch Windzio & Baier 2007: 168), und der „Kultur der Ehre" bestehe. Eine solche durch Gewalt geprägte familiäre Atmosphäre, wie auch eine gewaltgeprägte, harsche Erziehung, hätten einen deutlichen Einfluss darauf, in welchem Maße Gewalt von jungen Menschen als ein adäquates Verhalten im Umgang mit Konflikten angesehen werde. Derart familiär sozialisierte Männlichkeitsvorstellungen würden schließlich bei jungen Männern die Entwicklung von Einstellungen fördern, die als sehr traditionelle, mit Dominanzstreben und Gewaltlegitimation verbundene Männlichkeitskonzepte zu bezeichnen seien (Wetzels 2007: 39; vgl. auch Enzmann et. al. 2004).

Im Ergebnis stellen die Forscher sodann fest, dass das Konzept der „Kultur der Ehre", operationalisiert durch die Skala der GLMN, eine theoretisch gut begründete Erklärung dafür liefere, warum Jugendliche aus türkischen Familien eine höhere Affinität zu schweren Gewaltdelikten zeigen (vgl. stellvertretend Windzio & Baier 2007: 163 f.,188).

2.4.1 Diskussion

Aus dem bisher Dargelegten ist zunächst zu konstatieren, dass im Kontext von Gewalt bestimmten Männlichkeitsvorstellungen eine entscheidende Erklärungskraft zukommen könnte. Darauf deuten auch die Arbeiten von Heitmeyer et. al. (1997) und Tertilt (1996) hin. Es stellt sich allerdings die Frage, ob das Vorhandensein von GLMN durch die von Nisbett & Cohen (1996) entwickelte Theorie der Kultur der Ehre adäquat erklärt werden kann.

Die Interpretation der Daten etwa dahingehend, dass die Jugendlichen mit ihren familiär erfahrenen Männlichkeitskonzepten in der bundesrepublikanischen Gesellschaft kulturell auflaufen und sich darin verstricken (Pfeiffer & Wetzels 2000: 22),

---

[69] Auch in der Schülerbefragung des Jahres 2007/2008 wird bekräftigt, dass insbesondere Jugendliche türkischer Herkunft die höchsten Werte auf der GLMN-Skala aufweisen, vgl. dazu Baier et. al. (2009: 72); dies ist auch konsistent mit der vorherigen Befragung des Jahres 2005, dazu Baier et. al. (2006) und Windzio & Baier (2007).

kann nicht wirklich überzeugen. Der Frage, ob das nachgewiesen hohe Gewaltklima in türkischen Familien möglicherweise auch andere Gründe hat als eine vermeintlich kulturell bedingte Gewalttätigkeit des Vaters wird nicht näher nachgegangen. Den türkischen Familien und explizit den Vätern eine so hohe Relevanz für die Gewalt der Kinder einzuräumen, erscheint somit sehr fraglich; aus Sicht der Autoren jedoch konsequent, weil sie einen „Kulturkonflikt" bei türkischstämmigen Jungen diagnostiziert haben, der eine lineare Weitergabe problematischer Männlichkeitsideale unter den Zuwanderergenerationen impliziert.[70] Es muss jedoch kritisch hinterfragt werden, ob GLMN tatsächlich als Bestandteile einer generationenübergreifenden Übertragung kultureller Werte und Einstellungen verstanden werden können.

Im Gegensatz dazu konnten Spindler & Tekin (2003) im Rahmen ihrer biographischen Studie über inhaftierte Jugendliche mit Migrationshintergrund[71] keine einseitige Entwicklung von z. B. traditionellen Männlichkeitsbildern, die in der Familie vermittelt und dann zum Anlass gewalttätigen Handelns werden, feststellen. Die Autoren argumentieren vielmehr, dass erst die verschiedenen Dynamiken, unter denen Jugendliche leben, einen Rückgriff auf Männlichkeit und damit verbundene Gewaltmuster bedingen. Sie weisen hier auf die von mir bereits oben dargelegten Ethnisierungs- und Kriminalisierungsprozesse hin, die den lebensweltlichen Alltag der Jungen entscheidend bestimmen und damit einen Hauptgrund dafür liefern, weshalb sie eher in der Haft landen als deutsche. Diese interviewten Jungen übernahmen in den Prozessen der Ethnisierung und Selbstethnisierung die Rolle, die ihnen gesellschaftlich zugeschrieben wurde, definierten sich selbst als „ethnische Ausländer" und überbetonten diese Rolle. Wobei diese Prozesse nicht erst in der Haft begangen, sondern im Kern eine Fortführung schon früher erlebter Prozesse waren (ebd.: 244; vgl. auch Spindler 2006: 265 ff.). Die Konstruktion von Männlichkeit der Jugendlichen und das Zusammenspiel mit Gewalt seien folglich inner-

---

[70] Windzio & Baier (2007) sagen es explizit: „Es ist anzunehmen, dass die „Kultur der Ehre" im Zuge der Immigration aus mediterranen Ländern, in denen historisch Viehherden-Ökonomien verbreitet waren, importiert wird" (ebd.: 166 f., Hervorh. i. O.). Sie sprechen in diesem Zusammenhang von der „intergenerationalen Überlieferung von Kultur" aufgrund „konservativer Trägheit" (vgl. ebd.).
[71] Das Forschungsprojekt beschäftigte sich mit der Überrepräsentation Jugendlicher mit Migrationshintergrund in bundesdeutschen Gefängnissen und hatte das Forschungsziel, die Lage der Jugendlichen zu beschreiben und zu deuten und das Bedingungsgefüge ihrer „Kriminalitätskarrieren" zu analysieren.

halb eines gesamtgesellschaftlichen Rahmens zu verorten, der von systemischen und diskursiven Faktoren beeinflusst sei (siehe hierzu auch Halm 2000). Ihre Geschlechterkonstruktionen seien demnach eng mit ihrer Situation als Jugendliche mit Migrationshintergrund verbunden, die entscheidend ihre Lebenslage prägen würden. So werde auch Rassismus in institutionellen und alltäglichen Zusammenhängen bedeutsam und betreffe oft unmittelbar ihr Geschlecht (vgl. Spindler 2006: 11f). Das männliche Selbstverständnis vieler türkischer Jugendlicher sei demnach vielmehr im Schnittpunkt sozialer Unterprivilegierung und Ethnisierung sowie dem Grad der Ausgrenzung aus der Mehrheitsgesellschaft zu verorten als in kulturellen Spezifika.[72]

Die Daten von Pfeiffer & Wetzels zeigen zwar auch, dass Jugendliche mit schlechterer Bildung sowie aus Familien mit ungünstiger sozialer Lage signifikant erhöhte Gewalttäterraten aufweisen, diesen Daten wird jedoch nicht ausreichend Aussagekraft beigemessen.

Zwar kann erfreulicherweise festgehalten werden, dass mit dem jüngst erschienen KFN-Forschungsbericht nun endlich auch neben objektiven Daten (wie etwa Arbeitslosigkeit der Eltern, Bildungsbenachteiligung etc.) die subjektiv empfundene Situation der Jugendlichen, etwa das Gefühl der Diskriminierung und Benachteiligung erhoben wurde (vgl. Baier et. al. 2010).[73] Die KFN-Forscher halten jedoch nach wie vor an der Macho-These bzw. Macho-Kultur als Erklärung für die divergierenden Gewalttäterraten fest (vgl. Pfeiffer 2010).

Zumindest relativiert diese bislang völlig vernachlässigte Sichtweise die bisherigen Argumentationen der KFN-Forscher. Denn für das Handeln von Individuen ist vielmehr die subjektive und weniger die objektive Lage ausschlaggebend: So kann

---

[72] Es gibt einige wenige qualitative Studien über das männliche Selbstverständnis solcher Jungen, die den Schnittpunkt von sozialer Unterprivilegierung und Ethnisierung beleuchten. Eine sehr lesenswerte ist „Corpus delicti" von Susanne Spindler (2006), die auf biografischen Interviews mit inhaftierten Jungen verschiedener Herkunft basiert. Ihre empirisch gewonnen Erkenntnisse waren für die vorliegende Arbeit von großer Hilfe.
[73] Hierbei hat sich gezeigt, dass sich besonders türkische Jugendliche überdurchschnittlich häufig auf dem Wohnungsmarkt und im Berufsleben benachteiligt fühlen (ebd.: 64). Besonders hoch ist ihr Gefühl der Benachteiligung jedoch im Schulkontext. Sie gaben an, dass Lehrer einheimische Deutsche gegenüber Migranten bevorzugen würden (ebd.). Zudem gaben 47,7 % der türkischen Jugendlichen an, schon mal als Ausländer, „Kanake" u. ä. beschimpft worden zu sein (ebd.: 65). Auch sehen die Forscher durchaus Zusammenhänge zwischen dem Grad der Integration und der Gewaltbereitschaft (ebd.: 78). In diesem Zusammenhang haben auch schon Enzmann et. al. (2004) darauf hingewiesen, dass gerade in Reaktion auf ausbleibende soziale und wirtschaftliche Integration alte Werte und Normen reaktiviert würden, was dann wiederum Desintegrationsprozesse fördern könne.

beispielsweise auch bei „privilegierten" bzw. „integrierter" Türken ein Gefühl der grundsätzlichen sozialen Benachteiligung aufgrund der Ethnie bestehen, das die objektiv privilegierte soziale Lage enorm relativiert und das Handeln entsprechend beeinflusst (Schiffauer 2002b: 47). In diese Richtung argumentiert auch Charles Taylor (1993) auf der Grundlage sozialpsychologischer Erkenntnisse: Er geht allgemein davon aus, dass man individuelle und soziale bzw. kulturelle Identität und Integrität nicht voneinander trennen könne. Wird also meine Herkunftsgruppe pauschal abqualifiziert, werde auch ich meiner Identität beraubt, ganz egal ob man mir beteuert ich sei ja gar kein richtiger Türke, sondern von den Deutschen nicht mehr zu unterscheiden. Eine ethnisierende Ausgrenzung trifft demzufolge das gesamte Kollektiv „der Türken", auch diejenigen, die „anständig" oder „privilegiert" sind. Darauf ist im Kollektiv zu reagieren; Ethnizität als Solidaritätskategorie:[74]

Da es diesen Faktor bei deutschen Jugendlichen nicht gibt, kann er ihr Handeln auch nicht beeinflussen. Ein Vergleich der objektiv sozialen Lagen ist somit nicht möglich. Differenzen werden in diesem Fall auf die andersartige Kultur (und nicht etwa die Diskriminierung) zurückgeführt. Dabei haben empirische Arbeiten – wie eben die Studie von Tertilt – unlängst darauf hingewiesen, dass beispielsweise die gestiegene Fremdenfeindlichkeit in Deutschland – also rassistische Erlebnisse im Alltag – ebenfalls großen Einfluss auf das Gewaltverhalten von Zuwanderern haben und folglich als ein wechselseitiger Prozess zu begreifen ist (vgl. auch Baier et. al. 2010: 67). Die Studie von Djoun (1994, zitiert n. Halm 2000: 20) etwa zeigt, wie die Erfahrung rassistischer Gewalt, aber auch die bloße Erwartung, ihr zum Opfer zu fallen, die Identität junger Zuwanderer und deren Gewaltneigung nachhaltig beeinflusst und dazu führt, dass sich Migranten letztlich mittels ethnischer Solidarität als bestrafende Ordnungsmacht aufspielen:[75]

Auch im Rahmen meiner beruflichen Praxis als Konfliktschlichter mache ich regelmäßig die Erfahrung, dass einheimische deutsche Jugendliche aus sozial be-

---

[74] Ein kollektives Handeln in diesem Sinne konnte weiter oben mit den „Turkish Power Boys" eindrücklich gezeigt werden.
[75] So äußert etwa ein Zuwanderer aus Kamerun in Djoun (1994): „Ich möchte die Situation erleben, dass man Afrikaner oder Afrikanerinnen während meiner Anwesenheit angreift, damit ich auch schützend intervenieren kann. Ich bete, dass ein Skin-Head oder irgendein Rassist so was macht vor meinen Augen. Bevor der Beamte kommt, der das aufnimmt, liegt der Angreifer schön auf dem Boden und wartet dort unten auf diesen Beamten. Ich habe mich ganz gezielt seit Jahren immer fit gehalten" (ebd.: 103).

nachteiligten Wohngegenden in einer ganz ähnlichen „Subkultur" leben und sich mithin auch in den gleichen gewaltbereiten Cliquen aufhalten wie sozial benachteiligte Migrantenkinder. Was die türkischen Jungen jedoch entscheidend von deutschen Gleichaltrigen unterscheidet, ist die subjektive Wahrnehmung und Verarbeitung der objektiv gleichen/ähnlichen Lagen. Die Unterschiede in der Gewaltbelastung müssen somit auch entlang dieser Unterschiede analysiert werden. Man kann nämlich nicht davon ausgehen, dass türkische und deutsche Jungen in gleicher Art und Weise auf soziale Benachteiligung reagieren. „Plausiblerweise ist davon auszugehen, dass kulturelle Traditionen und Verhaltensmuster zu unterschiedlichem Handeln bei sozialer Benachteiligung führen, ohne das die kulturellen Traditionen letztlich als ursächlich für Gewaltneigungen betrachtet werden müssen" (Halm 2000: 18).[76]

Die gängige Darstellung, die die Jugendgewalt zu einem privaten Problem der Migrantenfamilien macht, trägt somit wenig zur Problemklärung bei. Kriminalpolitik auf die Familie zu fokussieren, bedeutet Verantwortung für gesellschaftliche Probleme aus dem öffentlichen Bereich von Politik und Staat in den Raum von Individuum und Familie zu verschieben. Zudem werden die jungen Männer durch eine bloße Reduktion auf einen Opferstatus (quasi als Marionetten der Ehrkultur) ihrer Subjektivität beraubt.

In diesem Zusammenhang weist Scheibelhofer (2007: 283, ders. 2005: 216 ff.) mit seinen Befunden aus einer Studie zu Männlichkeitskonstruktionen türkischstämmiger Jungen in Wien nach, das Männlichkeitskonstruktionen vielfach unterschiedlich und komplex sind und nicht als eine einfache Übernahme des traditionellen Konzepts der männlichen Ehre angesehen werden können. Seine Befunde zeigen, dass die sogenannte Kultur der Ehre nicht einfach kritiklos bzw. unreflektiert von den interviewten Jungen adaptiert wird. Ihre Männlichkeitskonstruktionen sind vielmehr Resultat aktiver sozialer Aushandlungsprozesse. Die Annahme, die ethnische Zugehörigkeit bedinge quasi automatisch traditionelle, vormoderne Männlichkeitsentwürfe und -vorstellungen, greife demnach zu kurz. Ähnlich sieht es Huxel (2008a), die sich in ihrer Arbeit ebenfalls mit Männlichkeitskonstruktionen im Kontext von Migration beschäftigt hat. Für sie geht es vielmehr darum,

---

[76] Wie solche Strategien aussehen können, zeigt der Fall „Veli" (Kap. 4) und der Fall „Gökhan" (Kap. 5) in Teil II dieser Studie.

„(...) Erfahrungen von Ein- und Ausschlüssen, mit (strukturellen) Rassismen in die Analysen von Männlichkeit einzubeziehen um so (...) Differenzlinien in ihrem Zusammenwirken zu betrachten. Nur so kann ohne skandalisierende Verkürzungen nach den Auswirkungen ethnischer Differenzen auf die Konstruktion von Männlichkeit gefragt werden" (ebd.: 61 f.). Und weiter schreibt sie: „Statt von der Determinierung von Männlichkeit durch die ethnische Zugehörigkeit auszugehen, soll darum der Blick auf Ethnisierungsprozesse und deren Auswirkungen auf die Konstruktion von Männlichkeit gerichtet werden. Geschlecht und Ethnizität werden dabei nicht als statische und determinierende Kategorien begriffen, sondern als flexible, aber wirkungsmächtige Produkte von Aushandlungsprozessen und gesellschaftlichen Machtstrukturen" (ebd.: 63).

Diese Ergebnisse regen dazu an die vielfältigen Benachteiligungen und ihre Konsequenzen auf das Geschlecht bzw. die individuelle soziale Positionierung der Jugendlichen systematisch zu untersuchen. Eine derartige Verschränkung des Geschlechts mit anderen Kategorien wie beispielsweise Klasse oder „Rasse" werden im Theoriekonzept von Pfeiffer & Wetzels (2000) nicht berücksichtigt. Deshalb können sie auch keine befriedigende Antwort auf die Frage geben, wie sich etwa die ausführlich besprochene rassistische Vereinheitlichung auf den Typ „Macho" auf die geschlechtliche Darstellung und Identifikation und folglich auch auf etwaige Gewalthandlungen der Jungen auswirken kann. Wie gehen sie mit Ausgrenzungserfahrungen um und wie positionieren sie sich selbst gegenüber der Mehrheitsgesellschaft? In welchem Zusammenhang steht dies zu der nachgewiesenen hohen Gewaltbelastung dieser Jungen?[77]

Das zentrale Problem des Konzepts besteht schließlich darin, dass Erklärungsversuche im schwer operationalisierbaren Bereich der Kultur[78] gesucht werden, statt gelebte Wirklichkeit der Jungen in den Blick zu nehmen. Der statische Rückgriff auf Kultur oder Tradition zur Erklärung eines Gewalthandelns vermag jedoch nicht viel zu erklären.

---

[77] Zu diesen Fragen siehe die Fälle „Veli" und „Gökhan" (Kap. 4 und 5, Teil II).
[78] Auf den inflationären Umgang mit Kulturbegriffen im Migrationsdiskurs wurde bereits in Kap. 1 ff. ausführlich hingewiesen.

2.4.1.1 Exkurs: Die Prozesshaftigkeit von Kultur

Das Verständnis einer Tradition oder Kultur impliziert mindestens ein Verständnis der sozialen und gesellschaftlichen Zusammenhänge, denen sie entstammen. Die Prozesse der Umwälzung der gesellschaftlichen Verhältnisse vollziehen sich dabei derart widersprüchlich und uneinheitlich, sodass die Rede über *die* Türken und *ihre* Ehrkonzepte sich bereits in der Türkei verbietet (Bommes 1990: 53). Folglich ist die Bedeutung von Traditionen aus der Herkunftsregion der Jugendlichen, sofern sie denn für die Praxis in Deutschland überhaupt eine Rolle spielen, in ihrer Vielfältigkeit nicht reduzierbar auf simple Schemata über Praktiken von „Türken" (ebd.):

> „Die Vorstellung einer homogenen und statischen Kultur, die – einmal im Herkunftsland entstanden – im Gepäck von Migranten mitgebracht, hier aufgeschnürt wird und danach für die folgenden Generationen so fortexistiert und im Gegensatz zu der Kultur des Einwanderungslandes steht, ignoriert die Wandelbarkeit von Kultur sowie die Heterogenität, aus der Kultur besteht und lässt somit die Kultur zur zweiten Biologie des Menschen werden" (Spindler & Tekin 2000: 51).

Ehrkonzepte scheinen demzufolge weniger starre Gerüste zu sein, sie könnten vielmehr im Zuge sich dynamisch verändernder gesellschaftlicher Rahmenbedingungen auch Veränderungsprozessen unterliegen. Dies könnte insbesondere dann gelten, wenn die Lebensumstände sich so sehr verändern wie bei der Übersiedlung von einem in ein anderes Land. Ein solcher möglicher Wandel des Ehrbegriffs soll anhand ausgewählter Literatur aufgezeigt werden (vgl. 2.4.1.3). Doch zunächst erscheint es notwendig, kurz die wesentlichen Züge eines traditionellen türkischen Ehrverständnissen zu beschreiben, um auf dieser Grundlage eine Gegenüberstellung bzw. Abgrenzung vornehmen zu können.

2.4.1.2 Zum türkischen Ehrbegriff (namus)

Ein zentrales Konzept der türkischen Kultur ist das der „Ehre" (*namus*). Diese insbesondere über die Familien vermittelten Werte prägen das familiale Zusammenleben auf unterschiedliche Weise. Das Konzept der Ehre prägt entscheidend das gesellschaftliche Zusammenleben insbesondere in der ländlichen Türkei, spielt aber bei traditionell orientierten türkischen Migrantenfamilien immer noch eine wichtige Rolle (Toprak 2005).[79] Sprichwörtlich heißt es in der Türkei: „Man lebt und stirbt für die Ehre" (Tezcan 1974: 90).

„*Namus*" ist in der Türkei im engeren Sinne der Begriff für einen Wert, der im Zusammenhang mit der Geschlechtsidentität und dem Prozess der gesellschaftlichen Anerkennung dieser Geschlechtsidentität von Bedeutung ist (vgl. hierzu Kehl & Pfluger 1997: 18; s. a. Brandes 2002: 170).

„Seine Ehre bereinigen" (*namus temizlemek*), „ehrabschneidend reden" (*namusa dil uzatmak*), „Ehrenschande" (*namus belası*) – beinahe all diese Redewendungen werden im Zusammenhang mit Verhalten gebraucht, bei dem entweder die Geschlechtsidentität eines Individuums angegriffen wurde, ein Verhalten als Angriff darauf aufgefasst wurde oder die Geschlechtsidentität einer nahe stehenden Person betroffen war (vgl. Yalçın-Heckmann 2000: 145). Dass Geschlechtsidentität und Geschlechterbeziehungen Bereiche sind, die die emotionale und moralische Empfindsamkeit betreffen, kann auch an der Tatsache festgemacht werden, das in der Türkei die meisten in Flüchen verwendeten Worte und Redewendungen in Zusammenhang mit Geschlecht, Sexualität und Geschlechtsidentität stehen (ebd.).

Werner Schiffauer (1983) greift in seinem Buch mit dem Titel „Die Gewalt der Ehre"[80] auf ethnologische Kenntnisse über traditionelle türkische Dörfer zurück und unterteilt *namus* in zwei verschiedene Bereiche, innen und außen:

---

[79] Es können hier nicht alle kulturwissenschaftlichen beziehungsweise ethnologischen Arbeiten zum Thema „Ehre" vorgestellt werden. Die folgende Darstellung ist auf zentrale Aspekte beschränkt. Zur weiteren Vertiefung wird auf die im Text angegebene Literatur verwiesen.
[80] Werner Schiffauer ist Kulturwissenschafter und beschäftigt sich seit über zwei Jahrzehnten mit *der* Ehre in der türkischen Kultur. Er zählt in Deutschland zu den renommiertesten Wissenschaftlern auf diesem Gebiet. Sein grundlegendes Werk „Die Gewalt der Ehre" war sehr hilfreich für ein Verständnis *der* traditionellen türkischen Ehre.

> „Dem Wert der Ehre (namus) unterliegt die Vorstellung einer klaren Grenze, die innen, den Bereich der Familie, von außen, der – männlichen – Öffentlichkeit des Dorfes oder der Stadt, unterscheidet. Die Ehre eines Mannes ist beschmutzt, wenn diese Grenze überschritten wird, wenn jemand von außen einen Angehörigen der Familie, womöglich eine der Frauen, belästigt oder angreift. Als ehrlos (namussuz) gilt der Mann, der dann nicht bedingungslos und entscheidend den Angehörigen verteidigt" (ebd.: 65 f.).

Namus regelt aber nicht nur die Beziehung nach innen und außen, sondern sie bestimmt auch das Verhältnis zwischen Mann und Frau. Das Konzept *namus* hat für Mann und Frau unterschiedliche Bedeutungen. *Namus* bedeutet für die Frau, dass sie bis zur Ehe ihre Jungfräulichkeit bewahrt und während der Ehe treu bleibt (vgl. Toprak 2005: 150). Die *namus* eines Mannes hängt hingegen von dieser Tugendhaftigkeit seiner Frau bzw. der weiblichen Familienangehörigen ab (vgl. Pfluger-Schindlbeck 1989: 63 f.). Verliert die Frau ihre Tugend, so auch unmittelbar der Mann seine Ehre. Die Ehre eines Mannes wird daher im Wesentlichen über die Ehre der ihm anvertrauten Frauen definiert. Bei einem Ehrverlust „verliert der Mann sein Gesicht" und seine Seele. Türkischer Tradition zufolge kann er seine Ehre nur wiederherstellen, wenn er den Ehrverlust rächt. Fordert der Mann keine Vergeltung, wird er als schwach angesehen und ist kein „richtiger Mann" mehr (Schiffauer 1983: 65). Damit steht die Mannesehre im unmittelbaren Zusammenhang zur Familienschande, da ein Ehrverlust eine *kollektive Wunde* ist, die gesühnt und geheilt werden muss. Während Gewissen also auf intrinsischer Motivation basiert, beruht Ehre auf extrinsischer Motivation. Sie erfordert eine Inszenierung der Handlung. Alle sollen und müssen sehen, wenn jemand seine Ehre wieder hergestellt hat. Ehr- und Machtdemonstrationen müssen daher „öffentlichkeitswirksam" erfolgen.

Auffällig ist somit, dass sich der Wert Ehre eher nach gesellschaftlichen Zuschreibungen definiert als nach dem subjektiven Empfinden des Ehrträgers. Maßgeblich ist somit das Bild des Einzelnen in den Augen der Öffentlichkeit. Yalçın-Heckmann (2000) drückt dies wie folgt aus:

„Ehrentätigkeit (namus) ist (...) so etwas wie das Antlitz, dass das Individuum der Gesellschaft zeigt, zugleich ein Abbild dessen, wie es von der Gesellschaft angesehen wird (ebd.: 143).

Erst die Gemeinschaft bildet somit die soziale Identität aus. Hinsichtlich des subjektiven Ehrgefühls führt sie weiter aus:

„Selbst wenn eine Person von der eigenen moralischen Integrität überzeugt ist und an die Vollkommenheit ihres Ehrgefühls und ihrer Ehrbarkeit glaubt, ohne dass die Gesellschaft diese Vorzüge anerkennt und bestätigt, kann sie eine Stellung als ‚ehrenhaftes' und ‚ehrbares' Mitglied einer Gesellschaft nicht beanspruchen" (ebd.: 144, Hervorh. i. O.).

Ausschlaggebend ist damit die Anerkennung der Person durch die Gesellschaft. Dies führt zwangsläufig zu einem „erbitterten Wettbewerb um Ehre", der damit auch die außerordentliche Angst vor sozialer Degradierung beinhaltet, was wiederum ein Indikator für hierarchische Differenzierung ist. Anspruch auf sozialmoralische Überlegenheit sowie Angst vor dem Abstieg, d. h. also Ehre als Instrument hierarchischer Differenzierung, erhöht erheblich die Bedeutung derjenigen Institutionen, die man in der Alltagssprache als „öffentliche Meinung" bezeichnet. Die „öffentliche Meinung", die die Position von Individuen und Gruppen auf Grund ihrer Ehre in der hierarchischen Rangordnung letztlich bestimmt, spielt als Kontrollinstanz auch in der türkischen Ehrkultur eine herausragende Rolle. Letztlich geht es bei dem „Wettkampf um Ehre" als Prozess sozialer Differenzierung darum, eine bestimmte soziale Position zu erlangen und die Anerkennung durch die anderen Gesellschaftsmitglieder zu erreichen. In den Augen der Handelnden wird diejenige „*politics of reputation*" als rational empfunden, die auf der Vorstellung einer dichotomischen Aufspaltung in „Ehrbare" und „Schamlose" beruht (vgl. hierzu Giordano 1994: 182).[81]

---

[81] Im mitteleuropäischen Raum und somit auch in Deutschland ist heutzutage der Ehrenkodex, so wie er in den verschiedenen Varianten in anderen Kulturen vor allem die Geschlechterbeziehungen durchdringt und ausdrückt, befremdlich. Dabei wird vergessen, dass auch in Mittel- und Westeuropa und besonders in der deutschen Tradition über Jahrhunderte hinweg ein spezifischer Begriff der Ehre die persönlichen Beziehungen – insbesondere der Männer in Bezug auf Frauen – bestimmte (dazu Gemende 2003: 259 f.; Brandes 2002: 169 und Frevert 1995).

Die historische und kulturanthropologische Betrachtung der Ehre (siehe Wilms 2009) macht folglich vor allem ihre *Sozialität* deutlich. Die Ehre braucht, damit sie überhaupt einen Wert darstellt, einen *Gesellschaftsbezug*. Im Gegensatz zur „naturgegeben" Menschenwürde wird sie gezollt, vergeben, verliehen (ebd.: 134). Der Einzelne erfährt als Mitglied und Repräsentant eines Kollektivs – und nach dessen Regeln – eine Beurteilung. So wird auch die Rolle des Kollektivs augenscheinlich, sie fungiert als Bewacher und Verteidiger der Ehre. Ehre stellt insoweit in hierarchisch strukturierten Gemeinschaften den sozialen Geltungswert, das Mittel der Kommunikation dar (ebd.: 63, 135).

Mit dem kollektiv gelebten Wert der Ehre ist in historischer und kulturanthropologischer Hinsicht aber auch ein bestimmtes Männlichkeitsbild untrennbar verknüpft, das ebenfalls in der Öffentlichkeit gelebt und mit Gewaltbereitschaft assoziiert wird. Traditionelle Männlichkeitsvorstellungen von Stärke, Potenz und Überlegenheit füllen die Ehre erst mit Leben und kreieren den „Ehrenmann" (vgl. ebd.: 135 f.). Durch die Orientierung an diesen Werten kann man in dieser sozialen Ordnung aufsteigen, nachdem man einschlägige Initiationsriten bestanden hat (vgl. Gilmore 1991).[82]

Wir haben uns in der gebotenen Kürze mit normativen Definitionen sowie den Auswirkungen des Ehrbegriffes beschäftigt. Besonders augenscheinlich ist dabei die Bedeutung des sozialen Auftretens: Man ist stets bemüht, ein korrektes Bild von sich abzugeben und sich den gesellschaftlichen Umständen und Erfordernissen anzupassen. Die Individualität weicht diesen Anforderungen und beugt sich dem Willen der Gemeinschaft und der öffentlichen Meinung.

Fraglich ist nun, ob es Prozesse gibt, die den Bedeutungsgehalt von *namus* verändern könnten. Ist es tatsächlich so, dass es für einen türkischen Mann besser ist zu sterben, als ehrlos weiterzuleben, so wie es das eingangs zitierte türkische Sprichwort suggeriert? Mit der Konsequenz, in Extremsituationen sogar einen „Ehrenmord" zu begehen? Oder könnte es nicht auch sein, dass, wie alle Werturteile, auch *namus* ein Begriff ist, der keine statische Gültigkeit besitzt, dessen Bedeutungsgehalt von Ort zu Ort und von Zeit zu Zeit wechselt und Interpretationen offen steht?

---

[82] Siehe hierzu den Fall „Veli" (Kap. 4) in Teil II.

2.4.1.3 Zum Wertewandel bei türkischen Einwanderern

Anhand einer Fallstudie[83] die auf einem Gerichtsgutachten basiert, schildert Schiffauer (2002a) sehr einleuchtend, wie es zur Ausprägung kultureller Differenz in der deutsch-türkischen Lebenswelt kommen kann. Nach Schiffauer hat sich in Deutschland der Ehrkomplex von einem Schutzschild zu einem moralischen Wert transformiert, über dessen genaue Auslegung es zunehmend divergierende Auffassungen gibt (ebd.: 37). Er spricht in diesem Zusammenhang vom Aufeinanderprallen dörflich und städtisch geprägter Ehrbegriffe im Alltag (ebd.: 38). Darüber hinaus werde die „Entwicklung von Werte- und Deutungsmustern in der Migration" durch ein „komplexes Ineinander und Gegeneinander von wertetransformierenden und wertestabilisierenden Prozessen" bestimmt (ebd.: 42 ff.).

Stellen wir die verschiedenen Aspekte kurz und prägnant dar und beginnen mit den wertetransformierenden Prozessen:

1. Mit der Migration verliert die Ehre ihren zwingenden Charakter. Der gesellschaftliche Zwang, für die Ehre jederzeit und unbedingt einzustehen – oder wenigstens die Bereitschaft dazu nach außen mit Nachdruck zu demonstrieren, entfällt.
2. Damit wächst der Freiheitsspielraum der Familienmitglieder erheblich. In der großstädtischen Umgebung ist das Schicksal Einzelner weit weniger von dem Verhalten anderer Familienangehöriger abhängig als in der ländlichen Türkei.
3. Damit korrespondiert eine Individualisierung des Wertes der Ehre. Die Wahrung der Ehre wird immer mehr zur persönlichen Sache des Einzelnen.

---

[83] Am 16. Juli 1996 wurde der damals siebzehnjährige Ali Kaynar wegen versuchten Totschlags zu zwei Jahren und acht Monaten Haft verurteilt. Er hatte am 26.12.1995 in Berlin ein am Kurfürstendamm gelegenes türkisches Bistro betreten und mit einem Revolver mehrmals auf die dort arbeitende Frau seines Cousins, Fatma Kaynar, geschossen. Vor der Tat hatte er ausgerufen: „Es tut mir leid. Du hast eine große Schande über uns gebracht, indem Du meinen Bruder und die Kinder verlassen hast. Du hast unsere Ehre befleckt." Nach der Tat ließ er sich ruhig verhaften. Gegenüber der Polizei erklärte er nach der Tat, dass er Fatma Kaynar bestrafen musste, weil sie die Ehre der Familie verraten hatte. Fatma Kaynar habe sich von ihrem Mann Ibrahim und den Kindern getrennt und Beziehungen zu anderen Männern aufgenommen. Eigentlich hätte Ibrahim selbst Rache nehmen müssen – stattdessen aber hätte er immer wieder vergeblich versucht, Fatma zurückzugewinnen (ebd.: 29).

4. An Ehre orientiertes Handeln verliert seinen formalen und ritualisierten Charakter. Die feste Koppelung von Werten und Normen wird zunehmend gelockert. Damit wächst die Flexibilität.
5. Die scharfe Unterscheidung von männlicher Ehre, die auf Stärke und Virilität beruht, und weiblicher Ehre, die auf Keuschheit beruht, verblasst zunehmend.

Neben diesen Faktoren, die in Richtung Wertewandel durch Individualisierung, Subjektivierung und Generalisierung wirken, gibt es aber auch Faktoren, die einen gegenläufigen, also wertestabilisierenden Effekt haben (vgl. hierzu ebd.: 44):

1. Es wird weiterhin auf das Konzept der Ehre zurückgegriffen. Gerade in angespannten Situationen eignen sich kulturelle Muster besonders gut. Junge Männer bedienen sich dann traditioneller Werte, um wieder „Sicherheit" zu erlangen und Einverständnis in Gruppen herzustellen. Im Fall der *Peer Group* wird auf diese Weise die Männersolidarität gestärkt. Freundesgruppen greifen also auf Ehrkonzepte zurück, um innerhalb der Gruppe für Loyalität und Solidarität zu sorgen.[84] Je wichtiger diese Gruppe für den Einzelnen ist, desto bedeutsamer können diese Mechanismen werden. Freilich kann der Rückgriff auf Ehre in einigen Situationen auch fatale Wirkungsmächtigkeit entfalten.
2. Auch die Angst der Eltern, dass sich die eigenen Kinder von ihnen entfernen, kann zu einem wertkonservativen Erziehungsstil führen, der die eigenen Normen und Werte als positiv, die der deutschen Gesellschaft jedoch als negativ darstellt. Zudem gilt es gerade in der Migration, den in der Heimat Gebliebenen zu beweisen, dass man sich den gemeinsamen Traditionen verbunden fühlt. Deshalb ist oft in der Migrationssituation eine wertkonservative Haltung wichtiger als es in den Großstädten der Heimatländer der Fall ist (vgl. hierzu Esser & Friedrichs 1990 und Schiffauer 1983). So deuten bereits Schiffauers (1983) frühere Schriften auf das Dilemma des sich *retraditionalisierenden* Ehrbegriffs vor allem unter den Bedingungen der Migration hin. Auch bei jungen, in Deutschland geborenen Menschen kann es gerade bei

---

[84] Siehe hierzu den Fall „Veli" in Teil II.

der Bewältigung einer feindlichen und rassistischen Umwelt zu einer verstärkten Hinwendung zu traditionellen Werten und entsprechenden Geschlechterbildern kommen (vgl. auch Kap. 2.3.2). Auch der sechste Familienbericht der Bundesregierung (vgl. Nauck 2000) konstatiert bei den Söhnen der Migranten in Reaktion auf ausbleibende soziale Integration ein „*ethnic revival*"; stärker als ihre Väter orientierten sie sich an der Rolle des „starken Mannes". Diese Fixierung auf die männliche Ehre verweist in diesem Kontext somit auf ein Zusammenspiel von sozialer Benachteiligung und ethnischer Abwertung, dem sich Jungen türkischer Herkunft emotional und sozial gerade in den ethnozentrischen Milieus der Gleichaltrigen ausgesetzt sehen, dem sie anscheinend mit überhöhter Maskulinität zu begegnen versuchen.[85]

Diese Ausführungen zeigen exemplarisch auf, welch eine Vielzahl von Bedeutungen die Ehre hat und wie wichtig es ist, den Ehrbegriff eingebettet in gesamtgesellschaftliche Zusammenhänge zu analysieren (vgl. hierzu auch Devaux & Halva 1986: 237 ff.). Fassen wir daher noch einmal zusammen:

Schiffauer zeigt, wie mit Normen und Werten im Alltag umgegangen wird, wie sie ausgehandelt werden und sich weiterentwickeln. Zum einen kann die Fremden gegenüber abwehrend und diskriminierend gegenüberstehende Gesellschaft zur Verstärkung von traditionellen Werten führen. Zum anderen bringt die Migration aber auch – neben der (Re-)Traditionalisierung – die Entwicklung pluraler Lebensformen mit sich, indem zum Teil verschiedene kulturelle Orientierungen insbesondere auch zum Handeln der Geschlechter miteinander verbunden werden, die in der Konsequenz zu eigenständigen Lebensmustern von Frauen und Männern in der Migration führen (vgl. Gemende 2003: 264; Jaeckel & Gerzer-Sass 2000 und Polat 2000). Dieses Gegeneinander von wertetransformierenden und wertestabilisierenden Tendenzen[86] führt schließlich zu einem komplexen Webmuster, so Schiffauer (2002a: 45). Es ist daher wahrscheinlich angemessener, von „den Ehrbegriffen" im Plural zu sprechen als von „dem Ehrbegriff" im Singular. Angesichts dieser Vielzahl von Bedeutungen erscheint es daher sinnlos, Ehre oder Ehrgefühl als Erklärung

---

[85] Dazu erneut den Fall „Veli" in Teil II.
[86] Gemende (2003: 271 ff.) spricht in diesem Zusammenhang von Individualisierungstendenzen vs. Retraditionalisierungstendenzen.

für eine Tat heranzuziehen. Der bloße Verweis auf Ehre erklärt nichts ohne dabei den Kontext zu betrachten, in dem ggf. auf Ehre Bezug genommen wurde.

Für ein derartiges Verständnis von Ehre, also eingebettet in gesamtgesellschaftliche Zusammenhänge, plädieren auch Greuel & Petermann (2007) im Rahmen ihrer Studie über Gewalthandlungen „im Namen der Ehre":[87]

Für das Konzept der Ehre konstatieren sie, dass es keine einheitliche, d. h. von allen Mitgliedern einer „Kultur" konsensual geteilte und unabänderbare Auffassung darüber gibt, was Ehre bzw. Ehrverletzungen in einer konkreten Situation bedeuten, sondern dass

- die Bewertung als Ehrverletzung genauso wie die Entscheidung für eine von mehreren denkbaren Handlungsmöglichkeiten von vielfältigen sozialen Rahmenbedingungen abhängt, die im Wesentlichen im sozialen Umfeld und von Fall zu Fall ausgehandelt werden,
- Ehrverletzungen und Ehre vielmehr das Ergebnis sozialer Zuschreibungsprozesse sind und keine Bewusstseinsqualitäten an sich, und bei deren Bewertung insbesondere die öffentliche Meinung und die sozialen Konsequenzen eine Rolle spielen,
- Ehrentaten weniger mit zwingenden Affekten, sondern eher mit zweckrationalen Entscheidungsprozessen zu tun haben,
- ferner Ehrkodizes ein breites Spektrum an friedlichen Lösungsalternativen vorsehen, sodass die (gewaltsame) Wiederherstellung der Familienehre keinesfalls zwingend ist,[88]

---

[87] Am Beispiel der Blutrache gehen die Autoren der Frage nach, ob es sich dabei tatsächlich um eine kulturell tradierte Rhetorik handelt, also eine erlernte Einstellung und kognitive Schemata, die sowohl tatmotivierend als auch tatrechtfertigend eingesetzt werden können (vgl. allgemein zum Phänomen des „Ehrenmordes" unter Berücksichtigung des türkischen Ehrbegriffs, Erbil 2008; s. a. Cöster 2009).

[88] Auch wenn sich Täter nach wie vor auf die gesellschaftliche Erwartungshaltung und auf Zwangslagen berufen, muss berücksichtigt werden, dass diese tödliche Vorgehensweise auch in der Türkei mehrheitlich geächtet wird. Dies findet besonders durch die straf*schärfende* Behandlung im neuen TStG seinen Ausdruck, das am 01.06.2005 in Kraft getreten ist (einen Überblick über die grundlegenden inhaltlichen Änderungen gibt es bei Erbil 2008: 146 ff., m. w. N.). Daher ist es nicht richtig, bei „vorliegenden Ehrverletzungen" von einer einzig richtigen Reaktionsmöglichkeit, nämlich der Tötung, auszugehen (so auch Kehl & Pfluger 1997: 62). Zur Abwendung der Blutrache durch Sühneausgleich, siehe Baumeister (2007: 74 ff. m. w. N).

- es innerhalb einer Kultur schichtspezifische und meistens auch regional spezifische Auslegungen gibt,
- und somit im Ergebnis die Reduktion eines (Gewalt-)Verhaltens auf den Faktor „Kultur" nicht möglich und auch nicht sinnvoll ist (ebd.: 193 ff., 196 f.).

Hieraus schlussfolgern die Wissenschaftler: „Allein aus der Zugehörigkeit eines Täters zu einem spezifischen Kulturraum oder aber der Legitimation eines Tötungsdelikts mit dem Konstrukt der Ehre auf ein „kulturelles Motiv" bei Blutrachetaten zu schließen, ist aus psychologischer Sicht weder zwingend noch naheliegend. Entscheidend sind die in einem konkreten Konflikt tatsächlich wirksam gewordenen psychischen und sozialen Faktoren" (ebd.: 199, Hervorh. i. O.). Und weiter schreiben sie: „Insoweit stellen sich sowohl die Rollenzuweisungen an Täter und Opfer als auch die mit Ehrverletzungen begründeten Taten als Ergebnisse sozialer Konstruktionsprozesse dar, die in der Regel auf kulturell tradierte Ehrkodizes zurückgeführt werden. Aus kriminalistischer und kriminalpsychologischer Perspektive ergeben sich jedoch keine Anhaltspunkte dafür, dass die motivationale Einordnung derartiger Tötungsdelikte nicht ebenso auf die Analyse gezeigten Verhaltens konzentriert werden sollte wie in allen anderen Fällen der Tötungskriminalität auch" (ebd.: 214).

2.4.1.4 Stellungnahme zum Exkurs

Mit Schiffauer und Greuel & Petermann können wir im Ergebnis festhalten, dass die verschiedenen Bedeutungen des Wortes Ehre darauf hindeuten, dass der (bloße) Bezug auf Ehre zur Erklärung einer Gewalttat zu undifferenziert erscheint. Die Ambivalenz des Ehrbegriffs gerade in der Migration macht vielmehr darauf aufmerksam, den Fokus auf die tatsächlich gelebte soziale Realität zu richten, fernab also von jeglichen Fremdzuschreibungen und Kulturalisierungen. Für ein adäquates Verständnis des diffusen und komplexen Ehrbegriffs erscheint es nach den bisherigen Ausführungen daher dringend geboten, in jedem Fall aufs Neue auszuloten, in welchem Sinn der Begriff überhaupt verwendet wurde. In diesem Zusammenhang scheinen mit Bezug auf Schiffauer folgende Fragen von Bedeutung zu sein: In welcher Form ist man mit dem Wert in seiner Kindheit vertraut gemacht worden? Wie eng ist die tatsächliche subjektive Wertebindung? Inwieweit sind kulturelle Werte tatsächlich internalisiert – übergreifend oder selektiv? Wird die Ehre eher als Familienehre verstanden oder als persönliche Ehre? Was hängt von der Zerstörung des Rufs der Familie ab: Erwächst den Einzelnen sichtbarer Schaden durch die Ehrlosigkeit eines anderen Familienmitglieds? Ist Ausgrenzung zu befürchten? Wird ein kollektiver Druck auf einen Einzelnen (in der Regel einen jungen Mann) ausgeübt, die Ehrvorstellungen in die Tat umzusetzen?

Erst ein solches Bemühen schafft die Basis für eventuelle Erklärungen dahingehend, inwiefern sich türkische Jugendliche bei Gewalthandlungen tatsächlich auf etwaige traditionelle Männlichkeitskonzepte beziehen, die sich aus einer Kultur der Ehre speisen sollen. Abschließend lässt sich zum Phänomen der Ehre Folgendes sagen:

Innerhalb der türkischen *Community* dürften wir es mit unterschiedlichen Ehrauffassungen zu tun haben, die in ihrer inhaltlichen Bestimmung sehr weit auseinander liegen („modern vs. traditionell"). Dabei macht gerade der *„ethnic revival"* unter jungen Menschen darauf aufmerksam, dass das Konzept der Ehre nicht als ein Relikt vergangener Tage zu betrachten ist (vgl. hierzu Vogt 1997).[89] Es erfährt in den letzten Jahren geradezu eine Renaissance ohne jedoch expliziten Rückgriff auf Ethnizität (vgl. hierzu die vorwiegend ethnografischen Untersuchungen von Anderson 1999; Findeisen & Kersten 1999; Kersten 1997a; Strasser & Zdun 2005). Vielmehr bildet der Rückgriff auf Ehrvorstellungen in Exklusions- oder Diskriminierungssituationen eine gemeinsame Grundlage.[90] Es bietet Individuen eine *moralische Ressource* und *symbolisches Kapital*, auf das gerade diejenigen Menschen an-

---

[89] Dass wir es hier immer noch mit höchst aktuellen und lebendigen Mustern zu tun haben, zeigen auch internationale Konflikte wie beispielsweise in Afghanistan (siehe dazu Brandes 2003: 165 f.; ders. 2002: 167). Die Annahme, dass Ethnizität im Laufe der Evolution überwunden werden könnte, lässt sich somit angesichts vielfacher Konflikte widerlegen. „Kaum eine Hypothese der klassischen Soziologie (...) scheint nachhaltiger widerlegt zu sein als die, dass mit der zunehmenden Mobilisierung, Entzauberung und Dekapitalisierung der Welt auch die nationalen, die religiösen und rassistischen Affekte, Bindungen und Konflikte an Bedeutung verlieren und bloßen Auseinandersetzungen um 'Interessen' Platz machen würden" (Esser 1996: 64, Hervorh. i. O.).
[90] Vgl. dazu die Fälle „Veli" und „Gökhan" in Kap. 4 und 5, Teil II.

gewiesen sind, die den Traum vom sozialen Aufstieg unter der Arbeitslosigkeit begraben müssen. Sehen sich Männer in der Gefahr, an den gesellschaftlichen Rand gedrängt zu werden, befürchten sie Macht-, Identitäts- und Männlichkeitsverlust, dann neigen sie folglich eher dazu, sich an traditionellen Ehrvorstellungen zu orientieren, um wieder Ansehen und Selbstwert zu erlangen. Wenigstens eindeutige Geschlechterrollen sollen die brüchige Identität stützen. So wird erkennbar, dass etwaige ehrmotivierte Gewalt nicht schlicht durch das Festhalten an einem „attraktiven" traditionellen Männlichkeitsbild zu erklären ist. Vielmehr wird offensichtlich, dass sie oftmals auch mit der Kompensation einer Bedürftigkeit einhergehen kann, die durch soziale Problemlagen bedingt ist.

2.4.2 Die Macho-These: Resümee und Schlussfolgerung

Die bisher dargelegten Befunde und die Diskussion darüber machen deutlich, dass der bloße Verweis auf die türkische Kultur – mit ihren vermeintlich patriarchalen Gewaltmustern – als Bedingungsfaktor für Gewalt nicht überzeugen kann. Eine lineare Weitergabe problematischer ethnisch-spezifischer Männlichkeitsideale unter den Zuwanderungsgenerationen wird hier somit gänzlich in Frage gestellt. Eine solche Betrachtungsweise übersieht die Wandelbarkeit von Kultur, sodass vor allem in der BRD nicht mehr von *der* türkischen Familie oder *der* türkischen Kultur gesprochen werden kann.[91]

Vor diesem Hintergrund können wir für das Verständnis der als GLMN operationalisierten Kultur der Ehre im Rahmen der KFN-Schülerbefragungen konstatieren, dass es sich dabei eher nicht um einen *ethnisch-spezifischen* kulturellen Faktor handelt, der das Handeln türkischer Jugendlicher prägt. Ferner finden sich Jugendliche mit ausgeprägten gewaltlegitimierenden Männlichkeitsvorstellungen genauso in der Gruppe der benachteiligten einheimischen Deutschen, und auch dort ist in diesen Fällen eine erhöhte Gewaltdelinquenz nachweisbar (so bereits festgestellt von den KFN-Forschern Enzmann et. al. 2004: 283). Das verweist auf einen deutlichen Zusammenhang zwischen GLMN und sozialem Status, womit der Faktor soziale Be-

---

[91] Siehe hierzu die Fälle „Bülent" (Kap.3.1.1) und „Ali" (3.1.2) in Teil II.

nachteiligung wesentlich auslösend für dieses Verhalten zu sein scheint. Demnach seien GLMN besser zu erklären durch das Zusammenwirken verschiedener Faktoren, zu denen vor allem Schwierigkeiten bei der sozialen Integration, Besonderheiten der Bewältigung jugendtypischer und geschlechtsspezifischer Entwicklungsaufgaben und das Erleben von Ausgrenzungserfahrungen gehören (ebd.). Eine solche differenzierte Darstellung der Ergebnisse bezüglich der Befürwortung gewaltlegitimierender Männlichkeitsnormen fehlt jedoch bezeichnenderweise meist in den übrigen Veröffentlichungen zur KFN-Schülerbefragung (vgl. z. B. Baier & Pfeiffer 2007) und auch in der breiten Diskussion in der Politik und den Medien.

Dass sich diese Muster der Verstrickung jugendpubertärer und sozialer Hilflosigkeit und ihrer Abspaltung in überhöhte und gewalttätige Maskulinität auch bei deutschen Jugendlichen aus sozial benachteiligten Milieus ausmachen lassen, zeigt ferner die Studie von Böhnisch (2004: 167). GLMN könnten sich insoweit interpretieren lassen als eine Art Rekurs auf mit Stärke assoziierte Männlichkeitsideale unter Bedingungen defizitärer Anerkennung durch die Gesellschaft, so Wetzels (2007: 39). Marginalisierte männliche Jugendliche könnten hierin eine Möglichkeit sehen, ihre reale soziale Benachteiligung zu überspielen, und damit dem Beispiel der „Turkish Power Boys" folgen.

Sehr interessant in diesem Zusammenhang sind auch die Befunde der KFN-Schülerbefragungen des Jahres 2005. Sie zeigen auf, dass Jugendliche mit hohen ausländerfeindlichen Einstellungen ebenfalls in hohem Maße GLMN befürworten (vgl. Baier et. al. 2006: 300 f.). Innerhalb der Gruppe deutscher Jugendlicher, die diese Männlichkeitsvorstellungen unterstützen, stellen die rechtsextremen Jugendlichen jedoch eine Ausnahme dar, insofern sie sich in der Zustimmung zu diesem Männlichkeitsbildern kaum von den türkischen Jugendlichen unterscheiden. Mit der Schülerbefragung 2007/2008 (Ergebnisse bei Baier et. al. 2009) lassen sich diese Befunde replizieren:

„Dies hat zur These der „Brüder im Geiste" geführt, wonach die gewaltaffinen türkischen Jugendlichen als auch die ausländerfeindlich eingestellten deutschen Jugendlichen ein stark die Männlichkeit betonendes normatives Leitbild eint, das die Aufforderung zur Demonstration der

Männlichkeit auf dem Weg des Gewalteinsatzes einschließt (ebd.: 125, Hervorh. i. O.).

Konsistent hiermit sind die Befunde von Joachim Kersten, die er bereits Ende der 90er Jahre vorgelegt hat. Die von ihm untersuchten Rocker- und Skinheadgruppen sind ähnlich wie türkische Jugendliche eindeutig maskulin orientiert und haben auch entsprechende Leitbilder: Ehre, Mut, Kameradschaft, Zusammenhalt. Das maskuline Leitbild sei in Teilen dieser (Skin)-szenen deutlich wahrnehmbar und legitimiere seinerseits die Gewaltbereitschaft (ebd.: 1997a: 115; s. a. Möller 2008).

Sind diese Jugendgruppen im Auftreten und ihren propagierten Zielen (wenn sie denn offiziell Ziele verfolgen) auch stark unterschiedlich, so kann auf der Grundlage dieser Befunde doch ein ähnliches Muster im gewaltaffinen Handeln festgestellt werden. Die Verbundenheit mit einer Kultur der Ehre ist daher eher als allgemeine, d. h. über verschiedene ethnische Gruppen hinweg zu beobachtende jugendtypische Reaktion auf Deprivationserfahrungen und Marginalisierungsprozesse zu deuten (so im Ergebnis Enzmann et al. 2004: 283 ff.; insoweit ähnlich auch Hüttermann 2000: 527f.; Garhammer 2003: 194 ff.; die Bedeutung der sozialen Lage für die Übernahme problematischer Männlichkeitsnormen hervorhebend auch Halm 2000: 18). Durch den Rekurs auf eine starke Männlichkeit im öffentlichen Raum wird ein Anspruch an Macht, Dominanz und Kontrolle geäußert, in einer Lage, die einem nur wenige Handlungsmöglichkeiten bietet. „Gewalttätige Männlichkeit" stellt sich in diesem Zusammenhang dann als eine „Ressource" (Messerschmidt 1993) von Jungen dar, auf die sie zum Zwecke der Statuskompensation zurückgreifen können. Darauf sind insbesondere junge Männer aus den „Unterschichten" angewiesen, denen es an soziökonomischen Ressourcen und Prestige mangelt. *In dieser Hinsicht* stellt sich Jugendgewalt als ein besonderes und *kulturübergreifendes* Problem von Männlichkeit dar.

3 Theoretische Ausrichtung der eigenen Studie: Orientierung an den Men's Studies

Ausgehend von dieser zentralen Schlussfolgerung zum Forschungsstand erscheint für ein adäquates Verständnis eines etwaigen Zusammenhangs von Männlichkeit, Gewalt und Ethnizität, in Abgrenzung zu den KFN-Studien, eine alternative Theoretisierung von Männlichkeit unabdingbar zu sein. Dabei kann die Leugnung der Untersuchungsergebnisse des KFN ebenso wenig eine Lösung sein wie den spezifischen Sozialisationserfahrungen von Migrantenjugendlichen eine kulturelle Dimension abzusprechen. Mögliche Erklärungen, die sich auf kulturelle Prägungen der Migranten oder familiäre Einflüsse stützen, dürfen daher nicht bereits im Vorfeld abgelehnt werden. Die völlige Ausblendung kultureller Differenz oder Identität würde schließlich ebenfalls zu einer Unterdrückung und Nivellierung führen. Es muss also ein Mittelweg gefunden werden, der weder gängigen Stereotypen Vorschub leistet, noch vermeidet, etwaiges kulturelles Konfliktpotenzial genau zu betrachten.

Bei einem Forschungsthema, bei dem die Gefahr groß ist, dass alltägliche Diskurse in der Wissenschaft reproduziert und damit auch Stereotypen tradiert werden, muss daher ein theoretisches Instrumentarium herangezogen werden, das eine tiefer gehende Analyse ermöglicht. Für die in Teil II folgenden empirischen Untersuchungen halte ich deshalb einen Analyserahmen für erforderlich, der es erlaubt, junge Männer als selbstständige Subjekte in den Blick zu nehmen und ihre Orientierungen und Handlungen im Kontext sozialer und gesellschaftlicher Verhältnisse und der damit verbundenen Möglichkeiten und Einschränkungen zu betrachten. Pointiert ausgedrückt: Türkischstämmige junge Männer erfahren Diskriminierungen und Stigmatisierungen, die insbesondere entlang der Kategorien Geschlecht, Ethnizität und Klasse verlaufen. In den Mittelpunkt der Betrachtung sind somit die Verschränkungen von Geschlecht mit diesen und weiteren Machtverhältnissen zu stellen sowie die Einbindung der Jungen in Hierarchien.

Bei einem derartigen Versuch der theoretischen Grundlegung stellen wir fest, dass wir an die Grenzen der deutschsprachigen Literatur stoßen. Wenn wir aber nicht den gängigen Zuschreibungen im öffentlichen Diskurs über Männlichkeit und Gewalt aufsitzen und nach der Tiefendimension dieser Beziehung fragen wollen, erscheint der Blick über die Grenzen hinaus notwendig zu sein. Um die Komplexität der Kategorie Geschlecht bzw. Männlichkeit in ihrer Korrespondenz mit Gewalt aufzuschlüsseln, sind die folgenden Ausführungen daher in die Gender-Debatte, insbesondere in die Men's Studies aus dem angloamerikanischen Raum eingebettet worden. Diese Forschungen sind wesentlich etablierter als in der Bundesrepublik und greifen stärker die Verschränkung von Geschlecht mit anderen Faktoren auf (dazu Spindler 2006: 45 ff.). Im Kern beziehe ich mich dabei auf Raewyn Connells Konzept der *hegemonic masculinities*.

3.1 Männlichkeit als soziale Konstruktion

Der zentrale Ausgangspunkt der zeitgenössischen Männlichkeitsforschung ist die Annahme, dass Männlichkeit ein soziales Konstrukt darstellt, das in und durch alltägliche Interaktion hergestellt wird:

„Dass das soziale Geschlecht nicht von vornherein festgelegt ist, sondern erst durch soziale Interaktion entsteht, ist ein wichtiger Aspekt der modernen Soziologie vom sozialen Geschlecht" (Connell 2006: 54).

Die Geschlechtszugehörigkeit ist demnach nicht ein gleichbleibend relevantes Merkmal, sondern wird situationsspezifisch zum Ausdruck gebracht. Mit anderen Worten, ein Geschlecht hat man nur, indem man es tut. In der Beherrschung der entsprechenden Praktiken erweist sich die (geschlechtsbezogene) Handlungskompetenz der Gesellschaftsmitglieder. Folglich sind Gegenstand der Analyse nicht individuelle Handlungsvollzüge, sondern Interaktionsverhältnisse und institutionelle Arrangements (Meuser 2009: 164 f.). Daher ist diese als *doing gender* bezeichnete soziale Praxis nicht der völligen Beliebigkeit der Individuen überlassen. Althergebrachte Geschlechterzuschreibungen, wirtschaftliche und institutionelle Strukturen und sozialer *Commonsense* stellen Einschränkungen dar. Durch soziale Rangordnung und Herkunft, die eng mit spezifischen Zuschreibungen an Geschlechtlichkeit verbunden sind und sich auf die Positionierung jedes Einzelnen auswirken, wird die Gesellschaft gespalten (Spindler 2006: 12).

Da sich die Kategorien „*race*", *class* und *gender* dabei verschiedentlich überschneiden können, kann es keine allumfassende Geschlechterlage geben, d. h., „nicht *die* Männlichkeit oder *die* Weiblichkeit, sondern vielmehr Männlichkei*ten* und Weiblichkei*ten*" (vgl. Connell 2006: 54; zitiert n. Spindler 2006: 12). Gesellschaftliche Strukturen sind somit eng mit dem sozialen Geschlecht verwoben und dieses Gefüge wird in alltäglichen Situationen immer wieder neu bestätigt. Unter *doing gender* wird mithin eine situations- und kontextbezogene Vielfalt von Interaktionen verstanden, in denen Individuen und Gruppen ihre Geschlechterkonstruktionen und ihre soziale Wirklichkeit fortwährend neu „bewerkstelligen". Auf diese Kontextabhängigkeit von Geschlecht bzw. die Verknüpfung mit anderen sozialen Strukturen verweist auch Connell (2006):

„Um das soziale Geschlecht zu verstehen, müssen wir auch ständig darüber hinausgehen. Und umgekehrt verhält es sich genauso. Wir können Fragen der Klasse, der Rasse oder der globalen Ungleichheit nicht ohne einen permanenten Rückgriff auf das soziale Geschlecht begreifen. Die Beziehungen zwischen den Geschlechtern sind ein wesentlicher Bestandteil der sozialen Strukturen (ebd.: 96 f.).

Durch das Wechselspiel unterschiedlicher sozialer Strukturen fallen somit verschiedene Formen von Männlichkeit offenkundig ins Auge. Um diese unterschiedlichen Männlichkeiten zu ergründen, müssen folglich sowohl die Lebensumstände der Betroffenen als auch die gesellschaftlichen Bedingungen und Machtverhältnisse unter denen sie leben, analysiert werden (vgl. Spindler 2006). Das Konzept des *doing gender* hilft dabei, den prozessualen Charakter der Ungleichheitsverhältnisse herauszuschälen und schärft zugleich u. a. den Blick für die Bedeutung von Praktiken der Geschlechts*darstellung* (Meuser 1999: 54).

Um derartige Zusammenhänge entschlüsseln zu können, beziehe ich mich im Wesentlichen auf die australische Soziologin Raewyn Connell und ihr Konzept der *hegemonic masculinities*. Diesen von Carrigan, Lee und Connell (1985, vgl. auch Connell 1987, 2006) erarbeiteten Ansatz entwickelte vor allem Raewyn Connell auf der theoretischen Grundlage der sozialen Konstruktion von Geschlecht weiter. Dieses Konzept ist erstmals in einem breit angelegten theoretischen Kontext 1987 präsentiert wurden (in: „Gender and Power).[92] Das Werk auf das ich mich konzentriere, „Der gemachte Mann" (i. O. „Masculinities"),[93] bietet eine komprimierte Einführung in Connells theoretisches Konzept und zugleich eine Weiterführung.

---

[92] Für die angloamerikanischen Men's Studies ist *Gender and Power* der einflussreichere Text als das acht Jahre später publizierte *Masculinities*, das in der deutschen Übersetzung die Rezeption des Connellschen Ansatzes hierzulande bestimmt.
[93] Ich habe mit der inhaltlich unverändert gebliebenen 3. Auflage gearbeitet (2006).

3.2 Connells Konzept der *hegemonic masculinities*

Männlichkeiten werden von Connell definiert als Handlungsmuster, deren vier wesentliche Ausformungen die hegemoniale, komplizenhafte, untergeordnete und die marginalisierte Männlichkeit sind (weitere Formen werden von diesen dominiert). Das jeweils dominante Männlichkeitsbild wird dabei als „hegemoniale Männlichkeit" bezeichnet. Die verschiedenen Formen sind wiederum zu verstehen als flexible Orientierungsmodi im Sinne von Idealbildern, die im Kontext der jeweiligen sozialen und historischen Situation präzisiert werden müssen. Gemein sei den verschiedenen Männlichkeiten der „patriarchale Profit", den Männer durch ihre vorherrschende Position in einer patriarchalisch strukturierten Gesellschaft erzielen. Im Folgenden sollen diese Typen in ihren wesentlichen Zügen dargestellt werden.

Nach Connell stellt hegemoniale Männlichkeit *keine feste Charaktereigenschaft* dar, sondern sie ist *kulturelles Ideal* sowie *Orientierungsmuster*, ein Ideal, an das sich Männer durch ihre Darstellung von Geschlecht immer wieder versuchen anzunähern (vgl. Meuser 2006: 101). Hegemoniale Männlichkeit bezeichnet die Reproduktion solcher ökonomischen, rechtlichen und kulturellen Makro- und Mikrostrukturen, die bis in den Arbeits- und Beziehungsalltag hinein die Vorherrschaft des männlichen Geschlechts in einer grundsätzlich geschlechterungleichen Kultur gewährleistet.[94] In die Reproduktion von hegemonialer Männlichkeit wird von nahezu allen männlichen und weiblichen Mitgliedern der Gesellschaft investiert: durch Erziehung und Beziehung, durch Vorteilserwirtschaftung, Statusabsicherung und Abgrenzung gegenüber anderen. Das in kulturellen Deutungsmustern verankerte, implizite Einverständnis in die Unterordnung[95] ist demnach der Kern des Begriffes der Hegemonie,

---

[94] Die *Machtrelation* ist eines der zentralen Momente im Connellschen Modell. Sie unterscheidet drei fundamentale Strukturen, in denen Geschlechterverhältnisse organisiert sind: Machtbeziehungen (Dominanz von Männern, Patriarchat), Produktionsbeziehungen (ungleiche Verteilung der Löhne und des Kapitals zu Lasten der Frauen) und die emotionale Bindungsstruktur. Jede einzelne Ebene ist Krisen und Veränderungen ausgesetzt, die dazu führen können, dass sie zueinander in Widerspruch geraten. Dieses dreistufige Modell wird detailliert in *Gender and power* (1987) dargestellt.
[95] Demzufolge zeichnet sich männliche Hegemonie „weniger durch direkte Gewalt aus, sondern durch ihren erfolgreich erhobenen Anspruch auf Autorität" (Connell 2006: 98). Connell weist jedoch darauf hin, dass diese Ordnung durchaus hinterfragt werde und nicht mehr so reibungslos funktioniere wie früher: „Eine vollkommen legitimierte Herrschaft hätte Einschüchterung weniger nötig" (ebd.: 105). Physische Gewalt kommt dann ins Spiel, wenn die kulturelle Hegemonie unter gesellschaftlichen Legitimationsdruck gerät.

den Connell von Antonio Gramsci (1991-2000) übernimmt (vgl. Meuser 2006: 101). Hegemoniale Männlichkeit nimmt damit „in einer gegebenen Struktur des Geschlechterverhältnisses die bestimmende Position" ein, diese Position kann jedoch „jederzeit in Frage gestellt werden kann" (Connell 2006: 97). Sie sei daher nicht für alle Zeiten fixiert, sondern eine „historisch bewegliche Relation" (ebd.: 98). Ältere Formen von hegemonialer Männlichkeit können durch neuere ersetzt werden (vgl. auch Connell & Messerschmidt 2005: 832f.). Connells inhaltliche Explizierung hegemonialer Männlichkeit lautet: „jene Konfiguration geschlechtsbezogener Praxis (...), welche die *momentan akzeptierte Antwort* auf das Legitimitätsproblem des Patriarchats verkörpert und die Dominanz der Männer sowie die Unterordnung der Frauen gewährleistet (oder gewährleisten soll)" (ebd.: 98, Hervorh. d. Verf.).[96]

Obwohl der Fokus der Öffentlichkeit zumeist auf die Individuen gerichtet ist, weist Connell darauf hin, dass institutionelle Vereinbarungen eine zentrale Rolle spielen können, bei der Aufrechterhaltung hegemonialer Männlichkeit (vgl. auch Carrigan & Connell 2001: 64 f.). Männlichkeit als soziales Konstrukt ist tief in Organisationen eingeschrieben, die ein hierarchisches und hierarchiesierendes Ensemble unterschiedlicher Männlichkeiten ausdifferenzieren. Handeln von Organisationen ist demnach als komplexe Interaktion unterschiedlicher Männlichkeiten und Apparate zu verstehen (Jösting 2005: 29).[97] Insofern ist das Konzept der Hegemonialen Männlichkeit als eine in sozialen Interaktionen (re-) produzierte und in Institutionen verfestigte Handlungspraxis zu verstehen (Meuser 2006: 105). Der Zusam-

---

[96] Seit längerem wird in der Wissenschaft diskutiert, was genau hegemoniale Männlichkeit innerhalb einer bestimmten Gesellschaft und zu einer bestimmten Zeit bedeutet (vgl. z. B. Hearn 2004: 58), bzw. wie viele hegemoniale Männlichkeiten es in einer Gesellschaft geben könne (vgl. Meuser & Scholz 2005: 216; Scholz 2004: 43ff.; s. a. Meuser 2006: 131f.). Meuser & Scholz (2005) argumentieren hierzu, dass es in modernen Gesellschaften durchaus mehrere hegemoniale Männlichkeiten geben könne, jedoch nicht unendlich viele. Der Begriff „hegemonial" mache letztlich nur dann Sinn, wenn mit der in dieser Weise bezeichneten Männlichkeit ein *Anspruch auf normative Gültigkeit* milieuübergreifend über das jeweilige soziale Feld hinaus verbunden sei. In der bürgerlichen Gesellschaft sei dies gegeben, weshalb deren männliche Protagonisten Idealtypen hegemonialer Männlichkeit seien (ebd.: 215). Sie beziehen sich auf ihr männliches Geschlecht und weitere Merkmale, wie beispielsweise weiß und heterosexuell zu sein, mächtig und beruflich erfolgreich. Zur weiteren Konkretisierung vgl. auch Kap. 3.2.2.
[97] „Die Führungsebenen von Politik, Militär, Medien oder Wirtschaft stellen eine recht überzeugende kooperative Inszenierung von Männlichkeit zur Schau" und sichern dadurch die Vorherrschaft von Werten, die mit Männlichkeit verknüpft sind (Connell 2006: 98). Vgl. hierzu auch Sauter (2002: 89 ff.), die von einem „maskulinistisches Herrschaftsverhältnis" des Staates spricht.

menhang zwischen Männlichkeit und Gewalt lässt sich demzufolge sowohl auf der individuellen als auch auf der institutionellen Ebene herstellen.

3.2.1 Die Konstitution hegemonialer Männlichkeit

Als Hauptachse männlicher Macht begreift Connell die *heterosoziale*, also die Dominanz bzw. Gewalt von Männern über Frauen (ebd.: 74). Diese Achse wird aber von einer zweiten, *homosozialen* Dimension sozialer Hierarchie entscheidend überlagert: von den hegemonialen Strukturen zwischen verschiedenen Ausprägungen von Männlichkeiten. Hegemoniale Männlichkeit ist somit eine in zweifacher Hinsicht relationale Kategorie. Sie steht in Relation zu untergeordneter Weiblichkeit und zu anderen, nicht hegemonialen Ausprägungen von Männlichkeit (Bereswill et. al. 2007: 10f.):

„Hegemonic masculinity is always constructed in relation to various subordinated masculinities as well as in relation to woman" (Connell 1987: 183).

Connell geht also nicht nur davon aus, dass die derzeitige westliche Gesellschaft patriarchal strukturiert ist, sondern auch davon, das neben Frauen auch „andere Männer" marginalisiert und ausgegrenzt werden, die vom (derzeitig gültigen) Ideal der hegemonialen Männlichkeit abweichen. Zu diesen untergeordneten Männern zählen insbesondere homosexuelle Männer,[98] aber auch jene, die nach anderen als sexuellen Aspekten „anders" sind, beispielsweise Männer aus ärmeren Milieus (die dem Ideal des „Familienernährers" nicht entsprechen), aus ethnischen Minderheiten, oder einfach Feinde aller Art.[99]

---

[98] Homosexuelle Männer werden mit einer Reihe von Praktiken untergeordnet. Diese Praktiken reichen über kulturellen und politischen Ausschluss, wirtschaftliche Diskriminierung, staatliche Gewalt, Gewalt im öffentlichen Raum bis hin zur Boykottierung der Person (Connell 2006: 99).
[99] Der Connellsche Ansatz ist deshalb so interessant, da er voraussetzt, dass unterschiedliche Männlichkeiten in einem hierarchischen Verhältnis zueinander stehen. Dadurch können Dominanzverhältnisse unter Männer nun systematisch untersucht werden. Das Patriarchatskonzept war dafür nicht geeignet, da Männer und Frauen dort als homogene Genusgruppen betrachtet werden (vgl. Scholz 2004: 37).

1. Ein zentrales Element der Herstellung von hegemonialer Männlichkeit liegt für Connell demnach in der Herrschaftsunterworfenheit von spezifischen *subordinated masculinities*. Die hegemoniale Männlichkeit, also „richtige" Männlichkeit, definiert, wer zu der Gruppe der „nicht richtigen" Männer zählt. Diese untergeordneten Männer benötigt sie zugleich, um sich selbst durch Abgrenzung von ihnen eine Form zu geben. Sie bilden insofern die Kehrseite der hegemonialen Männlichkeit und können wie Meuser betont, nur mit ihr zusammengedacht werden. Er schlägt deshalb vor,

> „(…) hegemoniale Männlichkeit als *generatives Prinzip* der Konstruktion von Männlichkeit zu begreifen, das sich gleichermaßen, wenn auch in unterschiedlicher Ausprägung, sowohl in perfekten Verkörperungen hegemonialer Männlichkeit (so es diese überhaupt gibt) als auch in den sehr viel häufiger verbreiteten untergeordneten Männlichkeiten auffinden lässt" (ebd.: 2009: 161, Hervorh. d. Verf.).

Nach Meuser ist hegemoniale Männlichkeit somit Orientierungsfolie des *doing masculinity*, sowohl für die Herstellung hegemonialer als auch untergeordneter Männlichkeiten. Dabei kritisiert er, dass Connell dieser Herstellungslogik zu wenig Aufmerksamkeit schenke (vgl. ebd.: 2006: 126f.; Meuser & Scholz 2005). Auch die *kompetitive Logik* bei der Konstruktion von Männlichkeit wird in den Arbeiten von Meuser viel schärfer herausgestellt, der sich dabei auf Bourdieus (1997) Überlegungen zur männlichen Herrschaft bezieht. „Männlichkeit hat demzufolge eine kompetitive, auch intern hierarchisch geordnete und auf soziale Schließung[100] hin angelegte Struktur" (Döge & Meuser 2001: 15f.). Auf diese Akzentuierung hatte bereits Joachim Kersten (1997b) mit Bezug auf Connell hingewiesen. Nach Kersten (1997b) bezieht „die Bewerkstelligung von männlichem Geschlecht (…) aus der Auseinandersetzung mit anderen Männern ihren eigentlichen Sinn" (ebd.: 122). Der Ausschluss und die Marginalisierung von kulturell diskreditierten Männern bedeutet somit auch nach Kersten eine Stabilisierung dominanter Männlichkeit. Bezogen auf *homosoziale* Interaktionen lässt ist folglich der „Wettbewerb" bzw. „Kampf" als generatives Prinzip der Konstruktion von Männlichkeit begreifen. Entsprechend

---

[100] Über den Zutritt entscheidet eine im Einzelnen wie auch immer bestimmte soziale Ähnlichkeit.

fechten Jungen und Männer untereinander zwei Arten von Kämpfen aus: welche Männlichkeitsvorstellungen hegemonial sind und wer in diesem System der Über- und Unterordnung welchen Rang einnimmt (Meuser & Scholz 2005).[101] Gemäß diesem „doppelten Herrschaftsverhältnis" (Döge 2003) hegemonialer Männlichkeit begreift Connell die gegen andere Männer gerichtete Gewalt ebenfalls als einen Ausdruck hegemonialer Männlichkeit. Sie diene u. a. dazu, „sich der eigenen Männlichkeit zu versichern oder diese zu demonstrieren" (Connell 2006: 105, zitiert n. Meuser 2002: 58).

Gewalt ist demnach ein häufig mit der Darstellung von Männlichkeit verbundener Vorgang, speziell geht es dabei um die Frage, wer wen unterordnen kann und wer nicht.

2. Als weitere Kategorie der Konstitution hegemonialer Männlichkeit nennt Connell die *Komplizenschaft*, die als ein Konzept zur Erhaltung der Machtnähe verstanden werden kann: Komplizenhafte Männlichkeit ist ein Handlungsmuster, das von der hegemonialen Männlichkeit profitiert, aber nicht die Ressourcen für die Umsetzung dieses Leitbildes hat und damit nicht deren normativen Ansprüchen genügt. Indem sie jedoch die Privilegien des eigenen Geschlechts nicht in Frage stellt, stützt sie in besonderer Weise das hegemoniale Modell durch solidarische Aktionen (vgl. hierzu auch Carrigan & Connell 2001: 63). Die hegemoniale Männlichkeit bedient sich dieser komplizenhaften Männlichkeitskonzepte und grenzt sich gegenüber unterdrückten Männlichkeitsentwürfen ab. Damit tragen komplizenhafte Männer zur Reproduktion männlicher Hegemonie bei, mögen sie sie auch nur unzureichend verkörpern. Eine entscheidende institutionelle Stütze solcher Konstruktionen sind in erster Linie homosoziale „männerbündische Zusammenschlüsse", wie beispielsweise Stammtische, Vereine oder Burschenschaften. Sie verschaffen den Männern Gelegenheit, sich wechselseitig der Differenz zu und der Überlegenheit über Frauen zu vergewissern. „Sie ist damit ein kollektiver Akteur der Konstruktion der Differenz" (Meuser 1999: 56). Auf diese Weise profitieren komplizenhafte Männer

---

[101] Die Jungensozialisation richtet sich auch heute noch immer an einem Bild von Männlichkeit aus, in dem Dominanz, Überlegenheit und Stärke eine zentrale Rolle spielen (zahlreiche Hinweise bei Böhnisch 2004; vgl. auch Hollstein 2007: 40 sowie Heiliger & Engelfried 1995). Dabei wird Gewaltausübung als Mittel des Aggressionsabbau und der Problembewältigung von Jungen und Männern betrachtet (dazu Heiliger 2001). Dadurch wird den Jungen schon früh das anzustrebende Männlichkeitsbild vorgezeigt.

zugleich von der „patriarchalen Dividende", dem allgemeinen Vorteil, der den Männer aus der Unterdrückung der Frauen erwächst (Connell 2006: 100). Nach Connell sind die meisten Männer als Komplizen zu sehen.

3. Mit der Hinzuziehung anderer sozialer Strukturen, wie der ethnischen Zugehörigkeit, dem sozialen Bildungsmilieu oder der wirtschaftlichen Position im globalen Modernisierungsprozess lassen sich weitere Beziehungsmuster zwischen verschiedenen Formen von Männlichkeit ausdifferenzieren. Hierzu führt Connell (2006) Folgendes aus:

> „Das Ausmaß an Gewalt zwischen schwarzen Männern in den USA kann nur verstanden werden, wenn man den gesunkenen Stellenwert schwarzer Arbeitskraft im amerikanischen Kapitalismus berücksichtigt und auch die gewaltsamen Mittel, um sie zu kontrollieren. Massenarbeitslosigkeit und Armut in den Großstädten stehen in Wechselwirkung mit dem institutionalisierten Rassismus und prägen die schwarze Männlichkeit" (ebd.: 101).

Dieses spezifische Beziehungsmuster zwischen Männlichkeiten dominanter und untergeordneter Gruppen entlang der Kategorien Ethnizität und sozialer Randständigkeit beschreibt Connell mit dem Typus der *marginalisierten Männlichkeit*. Marginalisierte Männlichkeit ist im Gegensatz zu den drei zuvor genannten Männlichkeiten (hegemonial, unterdrückt und komplizenhaft) keine interne Relation in der Geschlechterordnung. Als marginalisiert werden die Männlichkeiten aus untergeordneten Klassen oder ethnischen Verhältnissen bezeichnet. Hier strukturieren institutioneller Rassismus und Armut die internen Relationen der Genusgruppe. Insofern kommt hier die bereits des Öfteren erwähnte Interaktion des sozialen Geschlechts mit anderen Differenzkategorien zum Tragen, die Connell als marginalisierte Männlichkeit definiert (ebd.: 101). Diese Relation geht jedoch nicht in einfachen Konstruktionen wie etwa eine „bürgerliche Männlichkeit" oder eine „schwarze Männlichkeit" auf. Im Gegenteil, Connell legt in ihren empirischen Analysen dar, dass sich beispielsweise innerhalb von Milieus unterschiedliche Männlichkeiten konstituieren, die wiederum in einem hierarchischen Verhältnis stehen (vgl. Scholz 2004: 39).

Interessant für den vorliegenden Forschungskontext und damit zu fokussieren ist der Typ der *protestierenden Männlichkeit* (vgl. Connell 2006: 132 ff.; s. a. Connell & Messerschmidt 2005: 847ff.), der eine marginalisierte Form der Männlichkeit darstellt.[102]

Als protestierende Männlichkeit schildert Connell im Rahmen ihrer empirischen Untersuchungen das Lebenskonzept einer Gruppe von meist arbeitslosen Outlaws,[103] die ihre virile Identität über Motorräder, Drogen, Tattoos und Gewalt herstellen (ebd.: 138 ff.). „Diese (protestierende Männlichkeit, Anmerk. d. Verf.) entwickelt sich in einer randständigen Klassenlage, wo der für hegemoniale Männlichkeit essentielle Machtanspruch permanent durch wirtschaftliche und kulturelle Schwäche in Frage gestellt wird" (ebd.: 138). Ihre Kultur zwingt zu Trotzgebaren gegenüber den „Anständigen" und zum dauernden Aufrechterhalten einer Fassade von maskuliner Stärke innerhalb der *Peer-group*, der Bezugsgruppe. Eine nähere Beschäftigung mit diesem Männlichkeitstyp, der in ständiger Interaktion mit der Staatsgewalt steht, könnte für eine theoretische Annäherung an unsere Untersuchungsgruppe sehr fruchtbar sein.

3.2.1.1 Gewalthandeln als „Bewerkstelligung hegemonialer Männlichkeit"

Nach Connell (2006: 134), der sich hier auf den ehemaligen Schüler Freuds Alfred Adler (1927) bezieht, ist „Protestmännlichkeit" häufig verbunden mit frühkindlichen Erfahrungen der Machtlosigkeit. Hieraus speist sich eine Motivstruktur, die ein übertriebenes Machtstreben zur Folge hat, das in der westlichen Kultur mit männlichem Verhalten verbunden wird. Diese jungen Männer erheben Anspruch auf einen Teil der Macht und erleben diesen Machtanspruch als durch ihr Geschlecht legitimiert. Sie treiben „männliche" Gepflogenheiten ins Extreme (physische Gewalt gegen Schwule, rücksichtsloses Motorradfahren, Aufsuchen von risikobehafteten Situation etc.) und zwar in Form kollektiven Verhaltens, beispielsweise in Jugend-

---

[102] Spindler (2006) verwendete bereits das Konzept der „protestierenden Männlichkeit" zur Interpretation ihrer biografischen Interviews mit inhaftierten jugendlichen Migranten.
[103] Connell nennt das Kapitel „Live Fast and Die Young".

banden. In Interaktion mit einem Milieu, das Armut und ein gewalttätiges Umfeld hervorbringt, erheben diese jungen Männer einen Machtanspruch, für den jedoch letztlich alle Grundlagen fehlen (ebd.: 134; vgl. auch Connell & Messerschmidt 2005: 847 ff.):

„Aufgrund ihrer Klassensituation und ihrer Praxis (z. B. in der Schule) haben diese Männer den Großteil ihrer patriarchalen Dividende eingebüßt.[104] (...). Wenn sie diese Niederlage akzeptieren, billigen sie auch ihre soziale Benachteiligung. Wenn sie direkt dagegen vorgehen wollen, stellt sich ihnen die Staatsmacht in den Weg" (Connell 2006: 139).

Um dieses Problem zu bewältigen, greifen die jungen Männer Inhalte hegemonialer Männlichkeit auf und modifizieren sie im Kontext von Armut. Sie nehmen also ihre Randständigkeit und Stigmatisierung an und richten sich darin ein (Spindler 2006: 47). Connell illustriert dies durch die Bedeutung von *front* und *display* im Rahmen der Risikosuche junger Männer. Diese Muster, auf die ich noch zu sprechen kommen werde, bleiben in der deutschsprachigen Gewaltdebatte vielfach unberücksichtigt.[105] „Auf der Ebene der Person hat das eine ständige Beschäftigung mit Wirkung und Glaubwürdigkeit zur Folge" (Connell 2006: 139). Nach außen hin muss jedem potentiellen Angreifer glaubhaft gemacht werden, dass man bis zum Äußersten gehen wird. Schließlich wird der Männlichkeitsbeweis gerade dort bedeutsam, wo der Ausschluss von den männlich besetzten Sphären von Macht, Kontrolle, Status und gesellschaftlich anerkannten Tätigkeiten am stärksten erfolgt: in der Männlichkeitskultur sozialer Randschichten. Obwohl ihnen ihre Lage durchaus bewusst ist, steckt in ihnen Widerstands - und Veränderungsbereitschaft. Die protestierende Männlichkeit ist damit eine *aktive* Reaktion auf eine Lage, die nur sehr beschränkte Handlungsoptionen zur Verfügung stellt (Spindler 2006: 47 f.).

---

[104] Obwohl die Männer also qua Geburt Anteil an der patriarchalen Dividende haben, können soziale Bedingungen wie etwa Ausgrenzung und Marginalisierung die patriarchale Dividende entwerten. Connell zeigt damit auf, wie wichtig es ist, das Zusammenwirken verschiedener Differenzlinien zu untersuchen, um ihren Einfluss auf Positionierung und Handlungsweisen von Männern sichtbar zu machen.
[105] Einer, der diese Verhaltensmuster schon früh für den deutschsprachigen Raum herausstellte und für eine Analyse der Jugendgewalt fruchtbar machte, ist Joachim Kersten (1997a; 1998) gewesen.

Allerdings zeigt sich ihr Aufbegehren darin, dass sie diese Situation oft gewalttätig ausgestaltet. Aus Connells Interviews geht hervor, dass im Verständnis der jungen Männer einerseits die Grenzlinie zwischen „männlichem" und strafbarem Handeln verschwimmt (z. B. im Umgang mit Kfz; siehe hierzu Connell 2006: 122) und andererseits eine „Ethik der Konfrontation" (*front*) entsteht. Letztere erfordert, dass auf (auch vermeintliche) Provokation mit Gewalt geantwortet werden muss, um männlichen Selbstwert aufrecht zu erhalten bzw. herzustellen (vgl. ebd.: 123). Für diese jungen Männer geht es letztlich darum, in der Öffentlichkeit überzeugend nachzuweisen, dass man über den Willen und die Mittel verfügt, den eigenen Status gegenüber anderen zu verteidigen oder ihn sich zu erkämpfen. Nur so kann sich die Protestmaskulinität zeigen, ohne ihre Sichtbarkeit ist sie nichts wert (vgl. dazu auch Findeisen & Kersten 1999: 37). Mit Blick auf großstädtische Jugendbanden, wie beispielsweise die weiter oben dargestellten „Turkish Power Boys", sieht Connell in männlichem Gewalthandeln den Versuch einer marginalisierten Männlichkeit, sich gegen mächtigere Männer zu behaupten. Ihre gewalttätige Männlichkeit ist damit zugleich eine Reaktion auf strukturelle Formen der erlebten Gewalt. Deshalb betrachten diejenigen Männer, die in dieser Weise handeln, ihr Verhalten kaum als Deviant (dazu Meuser 2002). Gewalt – und zwar in erster Linie direkte, körperliche – erscheint vielmehr als eine Möglichkeit, sich dem Ideal und der Norm hegemonialer Männlichkeit anzunähern. Ohne Aussicht auf andere Ressourcen haben marginalisierte junge Männer wenig mehr als ihren Körper und die Gemeinschaft der sozial gleichermaßen Benachteiligten zur sozialen Darstellung von Geschlechtszugehörigkeit (Connell 2006; vgl. auch Kersten 1999: 84). Diese kollektive Männlichkeitspraxis erscheint wie eine Art Inszenierung (*display*):

> „Was immer man von ihrem Skript halten mag, man muss anerkennen, dass sie es sehr gekonnt darstellen. (...) Das tragische an ihrer Männlichkeitsinszenierung ist, dass sie zu nichts führt (Connell 2006: 139).

Darüber hinaus wird in der Auseinandersetzung mit der an öffentlichen Plätzen zur Schau gestellten Hypermaskulinität deutlich, dass ein zwanghaftes Aufrechterhalten einer männlichen Fassade auf die darunter liegende Fragilität[106] verweist.

3.2.1.2 Stellungnahme

Nach dem bisher dargelegten zur Protestmaskulinität i. S. Connells ist Folgendes zu konstatieren: die Gesellschaftsstrukturen sind dermaßen von hegemonialer Männlichkeit geprägt, so dass die männliche Vorherrschaft auch ohne tatsächliche Gewaltanwendung feststeht. Ist die ökonomische und gesellschaftliche Situation junger Männer jedoch schwierig, ermöglicht sie ihnen nicht, ihre männlichen Machtambitionen beispielsweise durch bezahlte Arbeit, sondern nur durch Protestmaskulinität auszudrücken, kann die männliche Vorherrschaft auch in manifeste Gewaltanwendungen umschlagen. Dabei scheint es so zu sein, das die Konzeption von Männlichkeit heute mehr vom Arbeits*markt* als vom Arbeits*platz* abhängt. Da junge Männer mit beruflichen Schwierigkeiten und der angespannten Lage des Arbeitsmarktes zu kämpfen haben, erweist sich die Konstruktion von Männlichkeit für viele als ausgesprochen schwierig. Zugleich wird von ihnen erwartet, das „Ideal des männlichen Erwerbsarbeiters" (Bereswill 2007a: 93; s. a. Scholz 2007) anzustreben. Dabei müsste allerdings berücksichtigt werden, dass, auch wenn Erwerbsarbeit für viele junge Männer weiterhin sehr wichtig ist, weil sie einen zentralen Bestandteil männlicher Identität bildet (dazu Döge 2000: 21 f.),[107] immer weniger junge Männern mit und ohne Hauptschulabschluss in einem Arbeitsverhältnis stehen, weil gerade Arbeitsplätze für gering Qualifizierte weniger werden. Jugendliche empfinden sich dann als wertlos, weil sie keinen Arbeitsplatz erhalten, und betrachten die staatliche

---

[106] Auf die inhärente Fragilität in der Herstellung von Männlichkeit verwies bereits Alfred Adler, der auf die potentielle Gefahr für die Gesellschaft aufmerksam machte, die einer solchen Konstruktion innewohnt (Connell 2006: 34). Zur These einer grundlegenden „Fragilität von Männlichkeit", vgl. auch Kaufmann (2001). Siehe hierzu auch die empirischen Befunde in Kap. 3.2, Teil II.

[107] Dabei dient insbesondere *körperliche* Arbeit der Verkörperung männlicher Macht. Hierzu führt Paul Willis (1979) im Rahmen einer Untersuchung über männliche Jugendliche aus der Arbeiterklasse in Großbritannien Folgendes aus: „Körperliche Arbeit ist erfüllt von männlichen Qualitäten und gewissen lustvollen Empfindungen für ‚die Kerle'. Die Rauheit und Unannehmlichkeit körperlicher Arbeit und Anstrengung (…) nimmt männliche Höhen und Tiefen an und gewinnt eine Bedeutung jenseits ihrer selbst" (ebd.: 150, Hervorh. i. O.). Zu Erwerbsarbeit und männlicher Identität, s. a. Gesterkamp (2004: 13f.).

Unterstützung als „entmännlichend". Gerade in Industrienationen mit hoher Arbeitslosigkeit fühlen sich unzählig junge Männer sozial und geschlechtsbezogen „entwertet". Viele Jugendliche scheinen daher Sicherheit in dieser Frage nur über den Rekurs auf „Männlichkeit" im Sinne einer patriarchalen Struktur als eine der letzten feststehenden Identitätskonstruktionen zu finden.[108] Folglich wird unter diesen prekären Bedingungen außerhalb der Domäne physischer Arbeit der Körper (gewaltsam) zum Einsatz gebracht. Das vermeintlich anomische Verhalten orientiert sich, wie Kersten (1998: 127) hervorhebt, „an verbindlichen Leitbildern und Normen, die für hegemoniale Maskulinität konstitutiv sind", kann eine Teilhabe an dieser aber nur „kurzfristig und situativ darstellen".

Dies verweist zugleich auf ein zentrales Merkmal männlicher Gewalt: Sie verschafft nämlich demjenigen, der sie ausübt, nur eine zeitlich und örtlich begrenzte Dominanz über sein Opfer. Die von Willis (1979, zitiert n. Meuser 2006: 127 f.) untersuchten männlichen Jugendlichen können zwar beispielsweise Schüler aus der Mittelschicht in Schlägereien situativ demütigen, die soziale Vorherrschaft der Mittelklasse über die Arbeiterklasse bleibt davon jedoch unberührt. Ähnliches gilt auch für ethnisch konnotierte Konflikte zwischen türkischen und deutschen Jugendlichen. Anhand des Beispiels der „Turkish Power Boys" konnte gezeigt werden, dass durch die gewaltsame Demütigung des deutschen Opfers die „Turkish Power Boys" lediglich eine zeitweise Dominanz und Überlegenheit über Angehörige der vorherrschenden Kultur ausüben konnten. Obwohl ihre Aktionen dabei durchaus auf der Herstellungslogik hegemonialer Männlichkeit beruhten, konnten sie nur eine untergeordnete bzw. marginalisierte Männlichkeit i. S. Connells bilden, keine hegemoniale. Die für hegemoniale Männlichkeit typische Forderung nach Macht wurde zwar durch die „Turkish Power Boys" in Form eines Strebens nach Dominanz verkörpert, dennoch fehlten ihr die ökonomischen Ressourcen und institutionellen Autoritäten, mit denen dieser Hegemonieanspruch auch hätte umgesetzt werden können (Meuser 2006: 127 f.).

Im Ergebnis reduziert die gesellschaftliche Verweigerung einer anerkannten Männlichkeit marginalisierte Jugendliche auf ihren Körper (so bereits Spindler

---

[108] „Wo Männlichkeitsdarstellungen mangels anderer Möglichkeiten zur letzten Ressource von sozialer Identität werden, muss Machismo zwangsläufig in Reinform auftreten und bedarf keiner weiteren Legitimationsübungen" (Kersten 1993a: 235).

2006),[109] was verheerende Folgen hat. Denn körperliche Gewalt als männliches Handlungsmuster mit dem Ziel, dem männlichen Überlegenheitsimperativ zu entsprechen – verstanden als eine aktive Auseinandersetzung mit der sozialen Unterprivilegierung – wirkt wie eine Sackgasse (Connell 2006: 140; vgl. auch Weber 2007: 320).

---

[109] Dies soll keineswegs implizieren, dass alternative Männlichkeitskonstruktionen im Zusammenhang mit Diskriminierungs- und Marginalisierungserfahrungen nicht denkbar sind. Siehe den letzten Absatz in Kap. 6, Teil II.

3.2.2 Zusammenfassung und Präzisierung des Connellschen Ansatzes

In ihrem Werk „Der gemachte Mann" untersucht Connell bestimmte Männlichkeitsformen und ihre untereinander bestehenden Beziehungen in Abhängigkeit von sozialen Ressourcen. Damit macht sie deutlich, dass im Rahmen von Untersuchungen zu Männlichkeitskonstruktionen die Verknüpfung von Geschlecht mit gesellschaftlichen Machtverhältnissen in den Fokus gerückt werden müssen. Faktoren wie Klasse, Ethnizität, Alter, Bildungsstand, aber z.B. auch Religion sind entscheidend darüber, ob der Zugang zur hegemonialen Männlichkeit erreicht werden kann (vgl. Spindler 2007b: 121). Erst im Zusammenspiel mit diesen und weiteren Faktoren, formt das Geschlecht das Handeln, denn Männlichkeit und Macht bzw. Gewalt, können nicht automatisch gleichgesetzt werden (vgl. ebd.). Erst ein solcher Fokus auf Männlichkeit schärft den Blick auf die Opfer sozialer Ungleichheit und legt Marginalisierung und Hierarchisierung offen.

In diesen Differenzierungs- und Klassifikationsprozessen entdeckt Connell vielfältige Männlichkeitsentwürfe, die aufeinander einwirken: die hegemoniale, die komplizenhafte, die untergeordnete und die marginalisierte Männlichkeit. Diese Unterscheidung stellt den begrifflichen Rahmen zur Erfassung von Ungleichheitsverhältnissen innerhalb einer Genusgruppe sowie von Disparitäten zwischen Männern und Frauen im Geschlechterverhältnis dar (Meuser 2002: 57). Da das Konzept der hegemonialen Männlichkeit verschiedene, hierarchisch angeordnete Männlichkeiten unterscheidet, kann man der komplexen Bedeutungsstruktur männlichen Handelns (türkischstämmiger Jugendlicher) gerecht werden. In diesem Zusammenhang thematisiert Connell auch männliches Gewalthandeln, das sie als ein Mittel zur Herstellung männlicher Hegemonie betrachtet.

Nach Meuser bleiben die Ausführungen Connells zu männlicher Gewalt jedoch lückenhaft: Zwar betone sie, dass diese Gewalt der Logik hegemonialer Männlichkeit entspreche, sie erkläre aber nicht, in welcher Hinsicht das der Fall sei (ebd.: 2002: 58ff.; ders. 2006a: 108, 125 ff.). Das beträfe vor allem die Erläuterung der konkreten hegemonialen Orientierungs- und Handlungsmuster, Rituale sowie Alltagspraktiken.

Auf Schwierigkeiten bei der begrifflichen Präzisierung der hegemonialen Männlichkeit machte Anfang der 1990er Jahre bereits Donaldson (1993) aufmerksam.[110] Auch Holger Brandes (2002) kritisiert, dass es Connell an einer theoretischen Begrifflichkeit fehle, die den Zusammenhang von sozialer Praxis und Handlungs-, Denk- und Gefühlsmustern erfasse, also die subjektive emotionale Seite der sozialen Praxis (ebd.: 22). Connells Kategorisierung bezeichne *kollektive* Muster und beziehe sich auf den Zusammenhang von objektiven sozialen Strukturen und kollektiven Praxisformen. Insofern seien sie nicht unmittelbar auf die personale und persönliche Dimension des Geschlechterverhältnisses und das situative Handeln von Individuen übertragbar (ebd.). Insofern bedürfe es konkreter inhaltlicher Bestimmungen derjenigen Eigenschaften und Merkmale, welche die hegemoniale Männlichkeit der gegenwärtigen Geschlechterordnung westlicher Gesellschaften ausmache (Meuser 2006: 108). Oder als Frage formuliert:

Welchen konkreten männlichen Idealen bzw. Leitbildern versuchen sich junge Männer kulturübergreifend notfalls mit Gewalt durch ihr tägliches *doing gender* anzunähern?

Die gesellschafts- bzw. machttheoretische Fundierung des Konzepts der hegemonialen Männlichkeit bedarf somit der Erweiterung um eine handlungstheoretische Perspektive. Hierfür erschien mir Joachim Kerstens Betrachtungen von Jugendgewalt sehr hilfreich zu sein. Es ist vor allem Kersten gewesen, der im deutschsprachigen Kontext die Connellsche Analyse der protestierenden Männlichkeit auf Jugendliche der *underclass*[111] angewendet hat. Seine empirisch gewonnenen Erkenntnisse könnten auch gewinnbringend für die Theoretisierung der vorliegenden Studie sein, ich werde sie im Folgenden darstellen. Dabei geht es zentral darum, an das Geschlecht gekoppelte Kriterien zu entwickeln, um die Geschlechts- bzw. Handlungslogik von Gewalt zu entschlüsseln.

---

[110] In einem gemeinsam mit James Messerschmidt verfassten Aufsatz ist Connell unlängst auf die Kritiken und Kommentare eingegangen, die das Konzept der hegemonialen Männlichkeit erfahren hat (vgl. Connell & Messerschmidt 2005).

[111] Findeisen & Kersten (1999) schlagen vor, die soziale Lage von marginalisierten Männern mit dem US-amerikanischen Konzept der *underclass* zu erfassen. Dieser sei „gut geeignet, einen Großteil dieser Jugendlichen zu charakterisieren". Der deutsche Ausdruck „Unterschicht" sei hingegen zu unpräzise. Das Konzept der *underclass* verstehe „Deprivation als relative und relationale Größe. Angepeilt wird vorrangig ein Identitätsproblem und erst in zweiter Linie eine ökonomische Zuordnung. Zur *underclass* zählt so nicht nur der Jugendliche aus schwierigen wirtschaftlichen Verhältnissen, sondern auch der, der seine an sich geordneten Lebensumstände als prekär erfährt" (ebd.: 29, Hervorh. i. O.).

3.2.2.1 Legitimationsquellen hegemonialer Männlichkeit: Nachwuchs zeugen, beschützen, versorgen

Mit Bezug auf das Konzept der hegemonialen Männlichkeit und Gilmores (1991) kulturvergleichende Studie „Mythos Mann" (engl. *Manhood in the making*) [112] geht Kersten (1995) davon aus, dass es männliche Gemeinschaftsfunktionen – *Nachwuchs zeugen, beschützen, versorgen* – gibt. Sie dienen als Interpretationsbasis für männliche Rituale, Praxen und Abgrenzungsformen. Dabei sei die „Auseinandersetzung um „Männlichkeit" (…) immer eine Auseinandersetzung, die durch Hierarchien bestimmt ist" (ebd.: 1995: 24, Hervorh. i. O., zitiert n. Bereswill & Neuber 2010: 312). Ausgehend von der Annahme einer Auseinandersetzung zwischen hegemonialen und marginalisierten Männlichkeiten in Bezug auf Leitbilder „richtiger Männlichkeit" entwickelt Kersten seine Theorie zum Zusammenhang von Gewalt und Männlichkeit. Abweichung bewertet er in diesem Kontext als „(…) Herausforderung der hauptamtlichen Ernährer und Beschützer (…)" (ebd.). Der Einsatz körperlicher Gewalt stellt laut Kersten somit eine Möglichkeit für marginalisierte junge Männer dar, „männlich zu erscheinen".

---

[112] Der US-amerikanische Anthropologe und Männerforscher David Gilmore ist in seinen Untersuchungen einem Kontinuum von Männlichkeitsbildern und -systemen begegnet, indem Machismo nur *ein* Extrem darstellt (ebd.: 244). In seinem Buch beschreibt er detailliert, wie Leitbilder und Rituale von Jungen und Männer in einer Vielzahl von Ländern eingeübt werden. Er belegt, dass überall auf der Erde und zu allen Zeiten Männer „gemacht" worden sind, durch repressive Erziehungspraktiken, die auf kulturellen Konzepten des Mannseins gründen. Zum einen nennt er Beispiele, die zeigen sollen, dass auch in hochindustriellen Gesellschaften immer noch Formen des Initiationsrituals existieren wie die Erziehung in Eliteinternaten in England oder der Drill bei den US-Marines. Und wo solche Formen nicht mehr existieren, wird auf informelle Männlichkeitsprüfungen zurückgegriffen. Mannsein als Produkt kultureller Praktiken wird nach Gilmore folglich durch Rituale erzeugt. Der Junge muss sich patriarchalen Instanzen unterwerfen und Prüfungen als Beweis seiner Männlichkeit bestehen, um in die Gemeinschaft der initiierten Männer aufgenommen zu werden (ebd.: 12 ff., 62 f.). Gilmores Untersuchung macht deutlich, dass für die Herausbildung von Männlichkeitskultur Funktionen für die jeweilige Gemeinschaft ausschlaggebend sind (*procreation, protection* und *provision*). Aus diesen Gemeinschaftsfunktionen entsteht und reproduziert sich die Bedeutung dessen, was Gilmore jeweils als „Leitbilder" von Männlichkeit beschreibt, die öffentlichen Bewertungsmaßstäben der einzelnen Gemeinschaft unterliegen (soziale Kontrolle). Junge Männer müssen sich dem jeweiligen Leitbild fügen, „ob sie es nun psychologisch kongenial finden oder nicht" (ebd.: 5). Männlichkeit wird so zur Errungenschaft und Verpflichtung, diese innerhalb festgelegter Regeln *öffentlich* darzustellen. Durch andauernde Praktiken dieser Art muss so der jeweils vorherrschenden Definition von hegemonialer Männlichkeit entsprochen werden. Auch die amerikanische Anthropologin Margaret Mead (1974) kommt bezüglich der Abhängigkeit männlicher Geschlechtsidentität von spezifischen sozialen Leistungen und Nachweisen zu ganz ähnlichen Ergebnissen wie Gilmore.

Kersten zufolge geht es somit bei der Bewerkstelligung von Männlichkeit nicht vorwiegend um Gewalt, sondern um die Beanspruchung der legitimen Ausübung von unverzichtbaren Funktionen für das Gemeinwesen durch nur ein Geschlecht, das männliche:

> „Gelingt eine geschlechtsspezifische Beanspruchung der Ausübung von Funktionen für das Gemeinwesen, so gewinnt die Position des Geschlechts zunehmend einen hegemonialen Status, d. h.: die Dominanz muss nicht andauernd und alltäglich durch gewalttätige Unterdrückung und durchgesetzten Machtanspruch errungen werden. Sie erscheint „normal", „natürlich" und selbstverständlich, und somit eben „richtig männlich"" (Kersten 2002a: 75, Hervorh. i. O.).

Kersten verdeutlicht damit ebenso wie Connell, dass die Bewerkstelligung von Männlichkeit in Abhängigkeit vom Zugang zu materiellen, sozialen und kulturellen Ressourcen in unterschiedlichen Ausdrucksformen realisiert wird. Die Orientierung junger Männer der *underclass* an Gewaltritualen und gewaltförmigen Konfliktlösungen deutet er somit ähnlich wie Connell „als Ausdruck Positionierung im System hegemonialer Männlichkeit" (vgl. auch Spindler 2006: 101) und damit als einen Versuch, zumindest situativ und kontextbezogen zu Teilhabern an hegemonialer Männlichkeit zu werden. Dies erscheine zwar als Besonderheit der „Unterschichtskultur" oder männlich dominierter Subkultur, weil der Hegemonialdiskurs dort in Form von Sensationspresse, Reality-TV oder Gewalt-Krimis stärker sichtbar und genussvoll konsumierbar sei. Eine solche Macho-Männlichkeit müsse aber auch als Identifikationsmittel für die Mehrzahl der Männer und männlichen Jugendlichen aus unterschiedlichen Kulturen oder Schichten angesehen werden (Kersten 1993b: 53):

> „Ihre soziale und kulturelle Verbindlichkeit bezieht hegemoniale Männlichkeit aus dem beharrlichen Rekurrieren von Männern nahezu jeden Alters, jeder Schicht, jeden Glaubens, inklusive Nicht-Glaubens in jeder modernen Gesellschaft auf diese ehemals als unzweifelhaft ‚männlich' geltende Domäne gemeinschaftlichen Handelns" (Kersten 2002a: 81, Hervorh. i. O.).

Der Rückgriff auf problematische Männlichkeitsbilder, den türkische Migrantenjugendliche freilich oft tätigen, zeigt sich auch bei männlichen Jugendlichen jeglicher Herkunft in schwierigen Situationen, da das „Prinzip Mann" kulturübergreifend ist (vgl. Kap. 2.4.2). Die Praktiken, Rituale und Abgrenzungsformen mögen sich zwar von Kultur zu Kultur unterscheiden, sie beziehen sich aber kulturübergreifend auf die genannten, durch Männer auszuübenden Gemeinschaftsfunktionen (Kersten 1997a: 53).[113]

3.2.2.2 Gewalthandeln als Bestandteil der Geschlechter- bzw. Gesellschaftsordnung

Betrachtet man die bisherigen Ausführungen zu Connell und Kersten wird deutlich, dass männliches Gewalthandeln zwar der geltenden Rechtsordnung widerspricht und somit unter der Beobachtung der Instanzen sozialer Kontrolle steht, sich aber aufgrund der Distinktions- und Dominanzlogik innerhalb der Geschlechterordnung bewegt und deshalb nicht selten von anderen männlichen Personen toleriert wird (Meuser 2002: 70). Ihr Gewalthandeln stimmt also mit tradierten Männlichkeitsbildern überein und folgt dabei der Logik hegemonialer Männlichkeit (ebd.). Männliches Gewalthandeln ist demzufolge Ausdruck der Konformität mit den festgeschriebenen Geschlechterrollen. So schreibt etwa Kersten (1997b):

„Die Beschaffung statushoher Güter und das Zurschaustellen der Risikobereitschaft (kämpfen und beschützen) wird zum öffentlich sichtbaren Beweis für die Ersatzfertigkeiten des Versorgers" (ebd.: 107).

In dieser Hinsicht ergibt ihr Gewaltverhalten auch durchaus Sinn, ist identitätsstiftend und Bestandteil der Geschlechterordnung. Auch wenn die Mehrheitsgesellschaft sie als abweichende und gefährliche Männlichkeiten wahrnimmt. Durch ihr

---

[113] Diese Gemeinschaftsfunktionen stellen kulturelle Leitbilder für die Herstellung von Männlichkeit dar, die in der Tat unterschiedliche Verbindlichkeit in Abhängigkeit von Alter und sozialer Schicht haben. Ein reicher Mann mit hohem Status muss diese Funktionen von Männlichkeit nicht mehr öffentlich darstellen. Rituelle und symbolische Hinweise sind völlig ausreichend. Von hoher Bedeutung ist die Verbindlichkeit dieser Leitbilder jedoch bei statusniederen jungen Männern. Darauf wird in Teil II dieser Arbeit noch genauer eingegangen.

(gewalttätiges) Verhalten wollen sie letztlich an anerkannter Männlichkeit teilhaben und sich dadurch integrieren. Wichtig ist daher die Einsicht, dass der „Kampf" abweichender Männlichkeiten und ihr Hegemonialanspruch, je nach Interpretation und moralischer Bewertung, legitim erscheinen kann. Insofern könnte dieser im Prinzip in kultureller Hinsicht legitimations- und konsensfähige Männlichkeitsentwurf auch nach einer episodischen Orientierung am rebellischen und gefährlichen Entwurf über graduelle Ausfüllung der Erzeuger, Beschützer- und Versorgerfunktion in einer privaten Beziehung zu einem allmählichen Ausstieg aus der öffentlichen Darstellung führen und somit helfen, das Kriminalisierungsrisiko zu vermindern (Kersten 1997b: 110).[114]

Damit sind die Handlungen der jungen Männer auch Spiegel- oder Gegenbilder der Mehrheitsgesellschaft. Insofern lassen sich die Bilder aus der „Münchner U-Bahn"[115] in gewisser Hinsicht mit Bildern vergleichen, in denen mit Schlagstöcken bewaffnete Spezialeinsatzkräfte Demonstranten verfolgen, oder verdächtige Personen auf dem Boden knebeln, treten und abtransportieren. Da lernt der Nachwuchs, dass Gewalt nur für den verboten ist, der nicht über die überlegene Gewalt verfügt (dazu ausf. Huisken 1996). Zugleich lernen sie Gewalt als Methode kennen, mit der die Gesellschaft selbst für die Aufrechterhaltung ihrer Rechtsordnung sorgt, und das merken sie sich. Auf der Verhaltensebene ist Männergewalt gegen andere Männer somit überall in der Gesellschaft sichtbar. Es gibt direkte Ausdrucksformen[116] und subtilere Formen, wie verbale Erniedrigungen, oder, mit ökonomischen

---

[114] Hier ist etwa das Phänomen des „Maturing out" zu nennen (Helfferich 2001), das sich ebenfalls wieder unter Geschlechteraspekten analysieren lässt: Die Risikoaffinität bzw. die Gewaltbereitschaft junger Männer nimmt ab, wenn sie eine feste Freundin haben oder wenn sie eine Familie gegründet haben. Dies lässt sich konsequent dahingehend interpretieren, dass der Druck zur öffentlichen Inszenierung von Männlichkeit abnimmt, wenn andere Formen der Inszenierung (als beschützender Freund, als versorgender Familienvater) zugänglich werden (ebd.: 343).
[115] Der Fall schreckte Deutschland auf und wurde von Wahlkämpfern im Jahre 2008 ausgeschlachtet: Ein 17-jähriger Grieche und ein 20-jähriger Türke hatten in einer Münchner U-Bahnhof-Station einen 76 Jahre alten Rentner brutal zusammengeschlagen und ihrem Opfer durch heftige Tritte gegen den Kopf schwerste Verletzungen zugefügt. Siehe hierzu den Artikel bei SpiegelOnline vom 23.06.2008: http://www.spiegel.de/panorama/justiz/0,1518,561492,00.html (letzter Aufruf: 21.11. 2010).
[116] Insbesondere der Kampfsport zählt hierzu, der sich dadurch auszeichnet, dass „ (...) Gewalttätigkeiten nicht nur vorkommen, sondern sogar zum Wesen des Wettkampfes gehören" (Neidhardt 1986: 120), ohne dass unsere Rechtsordnung das verbietet.

und anderen Faktoren kombiniert, die Konkurrenz in der gesellschaftlichen oder politischen Welt:

„Es findet manchmal gegenseitig, manchmal einseitig, eine Entladung von Aggression und Feindseligkeit statt. Aber in dem Maße, in dem in ihnen Aggression entladen wird, reproduzieren diese Gewalttaten und das immer primär präsente Potential von Männergewalt gegen andere Männer jene Realität, *die alle Beziehungen zwischen Männern (...) zu Machtbeziehungen macht*" (Kaufmann 2001: 158, Hervorh. d. Verf.).

Demnach ist männliche Gewalt keine jugendspezifische Eigenschaft, sondern konstitutiv für die Konkurrenzgesellschaft, wie Militär, Polizei, Gerichte und psychiatrische Anstalten deutlich machen (vgl. dazu auch Huisken 2007). Daher darf nicht verkannt werden, dass auch im institutionalisierten *legalen* Gewalthandeln *doing gender* stattfindet (Messerschmidt 1993: 174 ff.). Kersten (1997b: 107) versteht „Jugendgewalt und ihre Kontrolle" als „state of play zwischen Männlichkeiten", freilich mit schlechteren Karten auf der untergeordneten Seite. Denn wie bereits ausgeführt wurde (vgl. 3.2.1.2), wiederholt jugendliches Gewalthandeln zwar Grundmuster der hegemonialen Männlichkeit, jedoch mit Mitteln, die keinen Zugang zu den Bereichen verschaffen, in denen tatsächlich über die Verteilung von gesellschaftlichen Machtpositionen entschieden wird. Situative und kurzfristige Teilhabe an angesehener Männlichkeit kann folglich nicht darüber hinwegtäuschen, dass diese Jugendlichen mit ihren (verzweifelten) Bemühungen nur eine untergeordnete Männlichkeit konstituieren („Perpetuierung der eigenen Marginalisierung") (Meuser 1999: 61).[117]

So verstoßen die Jugendlichen durch ihr Gewalthandeln bei dem immerwährenden Versuch, zu den Überlegenen, zu den „Siegern" zu gehören, gegen juristische Normen und laufen auf. Ihr Gewaltverhalten fußt eben auf dem Standpunkt des unbedingten Rechts auf Erfolg. Sie erleben nämlich, dass Überlegsein, über Macht zu verfügen, gesellschaftlich hoch gehandelte Werte sind und so wollen sie „ganz abstrakt" auch zu den Überlegenen, zu den „Siegern" gehören (siehe hierzu die

---

[117] Diese Form der Männlichkeit ist deshalb untergeordnet, weil sie auf Mittel zurückgreift, die von einer Gesellschaft, in der legitime Gewaltanwendung bestimmten Institutionen vorbehalten ist, zumindest von der hegemonialen bürgerlichen Kultur abgelehnt wird (ebd.: 61f.).

Überlegungen von Huisken 1996: 16 f.). Folglich geht es um Anerkennungskämpfe insbesondere unter Männern und als Vorbild dient ihnen die Erwachsenenwelt. Wesentliche Merkmale ihrer jugendlichen *Gewaltkultur* korrespondieren insofern mit Männlichkeitsentwürfen eben des gesellschaftlichen *Mainstreams*, der sie ablehnt (dazu Findeisen & Kersten 1999: 85). Somit ergibt es auch wenig Sinn, eine Abgrenzung in *gute* Erwachsenenwelt und *böse* Jugend vorzunehmen, wie wir sie im öffentlichen Diskurs ständig vorfinden können. Gewalthandeln ist in dieser Hinsicht vielmehr zu verstehen als eine Interaktionsform von Jugendlichen mit der Gesellschaft. Als eine mögliche Antwort oder Reaktion auf alltägliche, unverstandene und demütigende Erfahrungen.

In der breiten Medienöffentlichkeit jedoch werden Gewalttäter häufig dämonisiert und die Gründe des Gewalthandelns in den Besonderheiten der beteiligten Personen gesucht, hervorgehoben wird das Alter, ihr Geschlecht. Gewalttätige Jungen werden auf diese Weise zum Sündenbock *gemacht*. Täter mit Migrationshintergrund erfahren eine zusätzliche Benachteiligung, da hier die Ethnizität als weitere kriminogene Kategorie ins Feld geführt wird. Dabei gerät der gesamtgesellschaftliche Kontext, die Erwachsenengewalt, völlig aus dem Blick, sodass festgestellt werden kann, dass die immer wiederkehrende Thematisierung der Jugendgewalt insbesondere der Gewalt türkischer Migrantenkinder mit einer *kollektiven Verdrängung* bzw. einer Abwehr zu tun hat.

Eigene Ängste und Aggressionen der Erwachsenenwelt werden im Interesse der Systemstabilisierung auf dafür „sich eignende Individuen und Gruppen delegiert bzw. verschoben" (Böllinger 1998: 52). Gleichzeitig werden Feindbilder aufgebaut und auf Minderheiten, eben türkische Jugendliche projiziert. Sie werden damit zur Projektionsfläche einer Gesellschaft, die ihre eigenen Krisen nicht lösen kann. Die Gründe und Begründungen für solche Entwicklungen liegen folglich „im Zentrum der Gesellschaft", in ihrer Verfasstheit, ihren Strukturen, Prozessen und ungelösten Problemen. Die Funktion dieses Vorganges, dieser Verschleierung tatsächlicher Nicht-Aktivität, liegt auf der Hand. Sie dient der „Ablenkung von realen und kaum lösbaren sozialen Problemen" (ebd.: 54). Gleichzeitig leisten sie ihren eigenen Beitrag zum Gewaltprozess, obwohl das Ziel der Abbau sein sollte.

Eine solche Abwehrreaktion kann folglich nicht ohne negative Folgen in Gestalt von Problemverschiebungen weg von uns und zu Lasten von Kindern und Jugendlichen (mit Migrationshintergrund) bleiben. Dabei ist das Phänomen der Jugendgewalt in seiner Ganzheit zu erfassen. Denn, so führt Auchter (2002) zutreffend aus:

„Die gesellschaftliche Phantasie, durch eine Ausgrenzung von Gewalttätern und damit verbunden das projektive Unterbringen des eigenen Bösen bei diesen Anderen, die Gewalt bei sich selbst übersehen oder eliminieren zu können, ist eine Illusion" (ebd.: 609).

Vor diesem Hintergrund ist es sinnvoll, *körperliche Gewalt*, sei es, dass sie von Erwachsenen an Jungen, oder von Jungen untereinander oder an Erwachsenen verübt wird, in diesem Zusammenhang als *Symptom der Abwehr von Konflikten* bzw. tiefer liegenden Problemen zu betrachten. Wir dürfen uns deshalb nicht fragen, ob junge Männer einzeln oder in der Gruppe „geil auf Gewalt" (Streeck-Fischer 1992; Buford 1992) sind oder ob es sich um „ehrgeleitete Gewalttäter" (Pfeiffer & Wetzels 2000; Kelek 2006) handelt, sondern, welche Konflikte sie mit sich, den Erwachsenen ihrer Gesellschaft und ihrer Gruppe austragen. Denn insgesamt gesehen erscheinen diese Gewalttaten wie ein „ritualisiertes Ausagieren unter sozialen Machtverhältnissen" (Kaufmann 2001: 138). All dies erfordert ein Freilegen des gesellschaftlichen Nährbodens von Gewalt: Rassismus, Sexismus, autoritäre Klassengesellschaften. Männergewalt und Gesellschaften, in denen sie gedeihen, reproduzieren sich schließlich gegenseitig:

„Die Gewalt unserer sozialen Ordnung nähert eine Psychologie der Gewalt, die ihrerseits die sozialen, ökonomischen und politischen Gewaltstrukturen verstärkt. Die fortwährend wachsenden Anforderungen der Zivilisation und das stetige Aufbauen auf den ererbten Gewaltstrukturen deuten darauf hin, dass die Zivilisationsentwicklung untrennbar mit einem kontinuierlichen Anwachsen der Gewalt gegen Menschen und gegen unsere natürliche Umwelt verbunden ist" (ebd.: 144).

Männergewalt generell zu verteufeln, kann daher keine Lösung sein. Es darf *nicht allein* um die Bekämpfung von *individuellen Gewalttaten* gehen, die *Handlungen* müssen vielmehr selbst zum Gegenstand kritischer Betrachtung gemacht werden. Auf die notwendige Verschiebung der Fragestellung hat Huisken (2002) bereits aufmerksam gemacht. An die Stelle von „Was hat er da gemacht?" tritt die Frage „Warum hat gerade er das gemacht?" Also eine Perspektive des Verstehens.

3.3 Der Sinn männlicher Gewalt und Konsequenzen für die Arbeit

Die Kriminalpolitik versteht gewalttätige Männlichkeitsinszenierungen als individuell abweichendes Verhalten. Auf diese Weise werden Jugendliche von vornherein als Kriminelle eingestuft, da an den Vorfällen hauptsächlich der Rechtsbruch interessiert. Daran schließt sich auch die Debatte an, wie diese Kriminellen aus der Gesellschaft ausgeschlossen werden können: ausweisen, wegsperren, in „Erziehungs-Camps" kasernieren (vgl. Huisken 2007: 55 ff.).[118] Wenn wir gewinnbringende und nachhaltige Konzepte für eine Arbeit mit jungen Gewalttätern anstreben, müssen wir einen Schritt zurück gehen und hinter die Gewalttat und damit auf das Bedingungsgefüge schauen, das letztlich zu der Gewalttat geführt hat. Dabei ist davon auszugehen, dass gewalttätige Männlichkeitsinszenierungen nicht irrational, absurd oder sinnlos sind. So konnte etwa am Beispiel der „Turkish Power Boys" aufgezeigt werden, das auch in extrem gewaltbereiten Cliquen, so paradox das auch klingen mag, *soziale Botschaften* versteckt sind, die man differenziert entschlüsseln kann und muss, will man mit den Jugendlichen ins Gespräch kommen und sinnvolle sowie tiefgreifende gewaltpräventive Maßnahmen einleiten. Wir müssen uns folglich die Frage nach dem *sozialen Sinn* männlichen Gewalthandelns stellen.

Der erste notwendige Schritt hierfür dürfte darin liegen, das Gewalthandeln junger Menschen nicht generell zu verteufeln, und stattdessen eine Perspektive des Verstehens einzunehmen, das die Basis jeder kritischen Analyse ist. Dabei geht es um den Versuch, die „Logik" der Gewalt, die Systeme von Bedeutungen und Relationen, in die sie eingeschrieben ist, herauszuarbeiten. Die Einnahme einer solchen Perspektive erfordert gewiss einen weitläufigen Blick auf das Phänomen. Dabei ist dann auch die Frage der Männlichkeit zur Erklärung von Jugendgewalt einer kritischen Betrachtung zu unterziehen:

Ich habe mit Connell (2006) darauf hingewiesen, dass Männlichkeit keine universelle Kategorie darstellt, sondern in Verschränkungen steht mit weiteren Herr-

---

[118] Ein lesenswerter Aufsatz zur Diskussion um sog. *Boot Camps* wurde von Amos (2008) vorgelegt.

schaftskategorien. Konsequenterweise ist dann auch männliches Gewalthandeln stets in seiner Komplexität und der Einbindung in die jeweiligen Kontexte zu betrachten. Der Rückgriff auf Männlichkeit zur Erklärung einer Tat, ohne Bezug auf mögliche Differenzierungskriterien, reduziert Komplexität und ist wiederum nur ein Teil der Stigmatisierung (Spindler 2006: 48). Insofern erscheint es wenig sinnvoll, jedes Gewalthandeln eines Jungen - gleichsam automatisch - als „doing masculinity" zu begreifen, wie Meuser (1999: 63) zu Recht anmerkt. Er schlägt daher vor, „stärker darauf zu achten, welche kriminelle Aktivität in welchen Situationen in welcher Hinsicht und mit welchen Auswirkungen auf die Geschlechterordnung zugleich „doing gender" ist" (ebd., Hervorh. i. O.).

Ferner müssen wir genauestens darauf achten, eine starke Betonung von Körperlichkeit und das Ausüben von Gewalt seitens der Jugendlichen nicht automatisch als marginalisierte Männlichkeit zu deuten. Anderenfalls tappen wir in dieselbe Falle wie viele Subkulturtheoretiker, die *die* Unterschichtskultur, als *das* männliche Milieu begreifen, das Kriminalität und Gewalt produziert. Die soziale Realität zeigt uns vielmehr, dass keineswegs nur soziale Verlierer wie arbeitslose Jugendliche, Schulabbrecher oder Jugendliche aus zerrütteten Familien zu Gewalttätern werden, um ihre männliche Identität zu stabilisieren, sondern auch solche, aus sogenannten „intakten sozialen Verhältnissen". Offensichtlich hält das gewalttätige Verhalten Jugendlicher auch für Angehörige mittlerer und sogar gehobener Schichten genügend Attraktivität bereit (vgl. Gloël 1998; Huisken 1996, 2007). Zu nennen sind hier beispielsweise das Mensurschlagen in Studentenverbindungen (dazu Meuser 2002: 66), der Amoklauf von Robert Steinhäuser in einer Erfurter Schule (dazu Huisken 1996, 2002) oder der Kampfrausch von Mittelschicht-Hooligans (siehe hierzu Böttger 1999 und Bohnsack 1995). Männliches Gewalthandeln hat eine lange Tradition und ist in seinen spezifischen Ausprägungen nur lose an soziale Lage gekoppelt. Die Verteidigung der eigenen (männlichen) Ehre ist weder typisch für eine besondere Ethnie noch erklärt es sich aus der Benachteiligung unterer Schichten.

Eine zeitgemäße kritische Analyse gewalttätigen Verhaltens muss demnach über die Auflistung negativer sozialer Bedingungen hinausgehen und Gewalt nicht ausschließlich in ihrer Schichtgebundenheit wie von Cohen (1974) und Miller (1974) hervorgehoben betrachten, sondern nach dem *subjektiven Sinn* gewalttätigen Handelns fragen. Sie muss danach fragen, was die Attraktivität dieses Verhaltens für die jugendlichen Täter ausmacht. Was sind die subjektiven Motive, die gewalttätigem Verhalten zugrunde liegen. Worin besteht – anders gefragt – der „psychosoziale Gebrauchswert" (dazu Gloël 1998: 34) dieses Verhaltens für die Jugendlichen? Für unseren Forschungskontext bedeutet das ganz konkret, dass es darum gehen muss, die individuelle und subjektive Bedeutung von Gewalt ernst zu nehmen. Die konkrete Frage, die sich hierbei stellt, lautet: Welcher *inneren Logik* folgt männliches Gewalthandeln?

Hierzu müssen wir die internen Strukturen und Prozesse gewalttätigen Handelns sowie die Bedeutung und den Stellenwert, die es für die Jugendlichen selbst hat, aufdecken und danach fragen, inwieweit dieses Gewalthandeln ggf. auch zur Normalität des untersuchten Milieus gehört. Entsprechend diesem Anliegen, etwas von dieser Binnenperspektive zu vermitteln, müssen wir auch unser theoretisch-methodisches Vorgehen anpassen. Denn Forschungen auf diesem Gebiet sollten eher mit qualitativen Methoden arbeiten. Diese ermöglichen einen adäquaten Einblick in die persönliche und soziale Befindlichkeit der jungen Männer und erlauben uns, etwas über ihre lebensweltlichen Risiken in Erfahrung zu bringen, die letztlich das Phänomen der Jugendgewalt in entscheidender Weise determinieren.

Eine kritische Gewaltanalyse muss dementsprechend in Abgrenzung zum *Mainstream* ihr Hauptaugenmerk nicht nur auf solche Gewalt richten, die von den Jugendlichen selbst begangen wird. Eine solche Herangehensweise verstellt oftmals den Blick darauf, dass gewalttätige Jugendliche in der Regel auch diejenigen sind, die selbst die meiste Gewalt zu spüren bekommen. Dabei geht es nicht nur um die körperliche Gewalt, sondern in erster Linie um das ganze unbestimmte Umfeld, in dem jedoch andere Gewaltformen zur Realität gehören: z. B. Verachtung, Rassismus, Arbeitslosigkeit (bzw. Lehrstellenmangel) oder ein Klima der Gewalt in schulischen Einrichtungen.[119] Ich spreche hier von *struktureller* Gewalt im Sinne Galtungs (1971, 1975), der insbesondere Migrantenjugendliche ausgesetzt sind.

Gewiss ist im Gegensatz zu gut sichtbarer *direkter* Gewalt die *strukturelle* Gewalt empirisch deutlich schwieriger zu fassen: „hier tritt niemand in Erscheinung, der einem anderen direkt Schaden zufügen könnte; diese Gewalt ist in das System eingebaut und äußert sich in *ungleichen Machtverhältnissen* und folglich ungleichen Lebenschancen" (Galtung 1975: 12, 17, Anmerk. d. Verf.). Sie ist weniger Resultat

---

[119] Zu Gewalt in schulischen Einrichtungen siehe den Fall „Gökhan" in Kap. 5, Teil II.

persönlicher Willkür als vielmehr die logische Konsequenz von soziopolitischen wie sozioökonomischen Systemen, Ideologien, Ordnungen und Gesetzen (etwa Ausländer- und Zuwanderungsgesetze). Sie ist durch Ungerechtigkeit, Ausbeutung, Unterdrückung, Diskriminierung, Ausgrenzung etc. gekennzeichnet und ihre Opfer sind in der Regel nicht Einzelpersonen, sondern Volksgruppen oder Gesellschaftsgruppen (z. B. ethnische oder religiöse Minderheiten). Die Auswirkungen struktureller Gewalt werden zudem von den Betroffenen oft gar nicht als Gewaltakte wahrgenommen, sondern als Strukturzwänge hingenommen, der sie aufgrund ihres Status ausgesetzt sind. Das Gefühl der Missachtung aber bleibt. Es geht hier um die Demütigung von Menschen, die sich willkürlich zurückgesetzt, marginalisiert, ausgestoßen und deklassiert fühlen. Die Opfer dieser Gewalt sind dann wiederum die Jugendlichen, die auf diese ihnen zugefügte Gewalt ebenfalls mit Gewalt antworten.

Eine solche Reaktion der Jugendlichen sieht Dubet (1997: 220) als Ausdrucksform der sozialen Wut, die ihre Wurzeln im Ausschluss der Jugendlichen von der Teilhabe am sozialen, politischen, kulturellen und ökonomischen Leben hat. Es handelt sich um eine „infra-politische" Gewalt (ebd.: 224). Damit meint Dubet, dass diese Gewalt eine sozialkritische Bedeutung hat. Sie wehrt sich gegen Herrschaft und Ausschließung. Aber sie ist mit keinem politischen Projekt, Diskurs oder irgendeiner politischen Organisation verbunden, wie sie Heitmeyer und seine Forschergruppe (1997: 140 f.) türkischen Jugendlichen mit dem Hinweis auf die Milli Görüş und die „Grauen Wölfe" unterstellen.

Aus kriminologischer Perspektive stellen folglich Situationen, in denen Konflikte zu Gewalt eskalieren und in denen eine Dynamik der Gewalt entsteht, keine isolierten Wahrheiten dar. Sie sind vielmehr aus ihrem sozialen Zusammenhang heraus zu verstehen, verweisen also letztlich auf die Gesellschaft zurück. Deshalb müssen den strukturellen Gewalttätigkeiten, denen Jugendliche ausgesetzt sind, und damit ihrer gelebten Realität bei einer Analyse jugendlicher Gewalt Rechnung getragen werden. Denn, so Dubet (1997):

„Die Entwicklung der Jugendgewalt wirft nicht nur Probleme der Integration und Moral auf, sondern auch der Gerechtigkeit und der Demokratie" (ebd.: 234).

Das Phänomen der Jugendgewalt ist daher stets in seiner wechselseitigen Verschränkung mit gesellschaftliche Machtstrukturen bzw. Herrschaftskategorien zu sehen. Gerade türkischstämmige junge Männer wachsen innerhalb eines sozialen Umfelds auf, das von Pluralität und ungleichen Machtverhältnissen gleichermaßen geprägt ist. Dieser Kontext muss daher bei einer Untersuchung ihres Gewalthandelns stets berücksichtigt werden. Ferner hat in diesem Zusammenhang die ständige Thematisierung der „Kultur der Ehre" zur Verfestigung dieser Konstruktion geführt. Das Ziel muss deshalb darin bestehen, diese Konstruktionen aufzulösen. Dabei müssen wir freilich darauf achten, dass wir mit unserem eingenommenen Labeling-Blickwinkel die Jugendlichen nicht erneut zu *Opfern* machen,[120] diesmal jedoch zu Opfern von Stigmatisierungs- und Kontrollprozessen. Die subjektive Seite des Handelns der Akteure, ihre Handlungs- und Deutungsmuster, Erfahrungen sowie die Gruppenbeziehungen, in die sie eingebettet sind, müssen in unsere Analyse der Gewalt einbezogen werden. Die Vernachlässigung dieser Perspektive würde leicht zu einem sentimentalisierten Bild des Abweichlers führen, die Opferperspektive völlig ausklammern und die Analysen der Kritik einer ideologischen Unterfütterung aussetzen. Um folglich eine Dichotomie von Makro- und Mikroebene, Struktur und Akteuren zu unterlaufen, müssen wir die subjektive Lebenswelt der Jugendlichen, ihre Orientierungen und ihre Handlungsressourcen in Abhängigkeit von sozialstrukturellen Kräften fokussieren. Das Gewalthandeln ist daher in zwei Richtungen zu untersuchen: Zum einen müssen die aktiven Gewalthandlungen der Jungen selbst diskutiert werden. Zum anderen geht es um die strukturellen Gewalterfahrungen, die die Jugendlichen erlitten haben, und ihren jeweiligen Umgang damit.

Im nachfolgenden zweiten Teil dieser Arbeit soll auf Grundlage empirischen Materials dieser zentralen Schlussfolgerung weiter nachgegangen werden. Dabei ist das Ziel, das zum Teil noch theoretische Wissen auf empirisch abgesicherte Füße zu stellen.

---

[120] Ich habe ausführlich darauf hingewiesen, dass Kulturkonflikttheoretiker türkische Jugendliche zu Opfern bzw. Marionetten einer Ehrkultur machen und sie damit ihrer Subjektivität berauben (vgl. Kap. 2.4.1).

Teil II: Empirische Analyse

Die Fokussierung in Teil I der Arbeit auf objektive Lebensbedingungen türkischstämmiger männlicher Jugendlicher sowie deren Umgang damit, also auch die subjektive Wahrnehmung ihrer meist prekären Lage, sollte einen Aufschluss darüber geben, welche zahlreichen Faktoren zu ihren Gewalthandlungen führen können und unter welchen Bedingungen sie diese einsetzen. Damit sollte zugleich ein Kontrapunkt gesetzt werden gegen den herrschenden Diskurs, der nach wie vor die Gewalt dieser Jungen mit kulturellen Spezifika zu erklären versucht.

Auf der Grundlage aller theoretischer Vorüberlegungen sowie der einschlägigen, bereits vorliegenden empirischen Forschungsergebnisse zu den Bereichen Jugendgewalt, Männlichkeit und Ethnizität ist es nun möglich, spezifische Fragestellungen herauszuarbeiten, die im Anschluss am empirischen Material zu beantworten sein werden.

1 Ablauf der zweiten Forschungsphase

1.1 Die subjektive Sicht einfangen

Mit Blick auf die Zielsetzung der vorliegenden Studie soll im Folgenden eine Betrachtung eingenommen werden, die von der Wahrnehmung der Jugendlichen ausgeht; denn nur eine solche Betrachtung wird uns einen adäquaten Einblick in ihre persönliche und soziale Befindlichkeit ermöglichen. Die Jugendlichen sollen daher die Möglichkeit erhalten, selbst zu Wort zu kommen. Entscheidend ist es, eine differenziertere Sicht einzunehmen, um an der Erlebnisdimension der Jungen teilzuhaben; das geschieht, indem man die Jungen ihre Geschichte erzählen lässt. Damit gewähren sie zugleich einen Einblick in ihren lebensweltlichen Alltag bzw. in ihre Handlungs- und Deutungsmuster und damit in die Auseinandersetzungen um die Konstruktionsprozesse von Männlichkeit in ihrer Interdependenz mit anderen gesellschaftlichen Machtfaktoren.

In der vorliegenden Studie wurde daher der Versuch unternommen, die subjektiven Erlebnisdimensionen, die subjektiven Sichtweisen, Reflexionen und Sinnkonstruktionen türkischstämmiger Jugendlicher zu erfassen. Es wurde nach lebensweltlichen Risiken gefragt, mit denen diese Jugendlichen konfrontiert sind und nach subjektiven Bewältigungsstrategien, welche sie angesichts der Herausforderungen in ihren Alltagswelten entwickeln. Als grundlegende Disposition individuellen (abweichenden) Verhaltens sind neben den in der Person liegenden Bedingungen somit auch objektive Lebensbedingungen und soziale Beziehungen zu beachten. Ziel ist es, sowohl die Interaktionsdynamiken als auch die Verarbeitungs- und Deutungsmuster der Situationen durch die Jugendlichen sichtbar zu machen. Konsequenterweise wurden hierfür persönliche und mehrstündige Gespräche mit Jugendlichen geführt, in denen das Subjekt in den Mittelpunkt der Betrachtung gerückt wurde. Die Gespräche erfolgten vor dem Hintergrund meiner Tätigkeit als Konfliktschlichter im Verein Täter-Opfer-Ausgleich Bremen e. V., einer Schlichtungsstelle, die so-wohl das Opfer als auch den Täter darin unterstützt, zu einer außergerichtlichen Regelung des Umgangs mit einer Straftat zu gelangen. Der Täter-Opfer-Ausgleich[121] gemäß § 10 I Nr. 7 JGG dient dem Zweck, bei dem Verletzten den imma-

---

[121] Im Folgenden mit TOA abgekürzt.

teriellen und materiellen Schaden auszugleichen und legitimiert sich mit dem Anspruch, bei dem jugendlichen Verurteilten einen Lernprozess einzuleiten, damit zukünftig Straftaten unterlassen werden.[122] Der TOA in Bremen zeichnet sich dabei in Abgrenzung zu ähnlichen Einrichtungen durch eine analytisch orientierte Sichtweise und Herangehensweise an die Schlichtungsfälle aus und beschäftigt überwiegend psychologisch ausgebildete Mediatoren. Beachtenswert ist ferner, dass sich ein wesentlicher Teil der Mitarbeiter in einer Ausbildung zum analytisch psychologischen Psychotherapeuten befindet. Diese analytisch-psychologisch orientierte Sichtweise auf eine ansonsten überwiegend von Kriminologen und Sozialarbeitern dominierte Materie bereichert die Diskussionen im Rahmen der wöchentlichen Fallbesprechungen ungemein. Diese werden schließlich flankiert durch die kontinuierliche berufsbegleitende Institutionsberatung und Supervision durch einen erfahrenen Psychoanalytiker auf diesem Gebiet.

1.2 Zugang zum Feld: das empirische Material

Das Forschungsfeld der vorliegenden Studie ist klar abgegrenzt: Ihr gehören männliche türkischstämmige Jugendliche an, die mit Gewalttaten strafrechtlich in Erscheinung getreten sind. Für den Zugang zum Feld ergeben sich demnach zwei Fragen:

1. An welchen Orten sind diese jungen Menschen anzutreffen und
2. Wie kann man ggf. an sie herantreten?

Durch meine Tätigkeit im TOA Bremen befinde ich mich in der Lage, einen nahezu optimalen Zugang zum Feld zu haben. Insofern wurde unter Zugrundelegung der drei zentralen Kriterien Geschlecht, ethnische Herkunft und Tat die Datenbank des TOA Bremen nach in Frage kommenden Fällen sondiert. Einbezogen wurden letztlich vier männliche türkischstämmige Beschuldigte, die auf Grund einer Gewalttat zwischen 2006 und 2008 im Bremer TOA an einem Mediationsverfahren teilgenommen haben.

---

[122] Richtlinien zum Jugendgerichtsgesetz Nr. 4, S. 4.; abgedruckt in Eisenberg (2010), Anhang 2.

Das Herantreten an die Jugendlichen erfolgte also nach dem gewöhnlichen Ablauf eines von außen angeregten[123] TOA:[124]

Die Gespräche, die in unseren Schlichtungsstellen geführt wurden, wurden durch Protokollantinnen (zumeist Psychologiestudentinnen) festgehalten, die im Gespräch eine „passive" Rolle innehatten. Ihre Aufgabe bestand ausschließlich darin, relevante Punkte des Falles zu notieren, während ich das Gespräch führte und für den Verlauf der gesamten Schlichtung verantwortlich war. Im Anschluss an das Gespräch erfolgte eine 5- bis 10-minütige Besprechung mit der Protokollantin, um den Fall zu rekapitulieren. Dabei wurden die zentralen Aussagen des Jugendlichen sowie aussagekräftige Zitate notiert und der wesentliche Verlauf des Falles noch einmal nachgezeichnet. All dies fand Eingang in ein mehrseitiges Gesprächsprotokoll, das von der Protokollantin angefertigt und im Anschluss von mir durchgesehen wurde. Diese Protokolle – basierend auf mehreren Einzelgesprächen mit den Jugendlichen[125] – bilden das empirische Material dieser Studie.

Die Anonymisierung der in diese Studie eingeflossen Fälle sowie die vertrauliche Behandlung der Daten ist eine Selbstverständlichkeit, auf die genauestens geachtet wurde.

1.3 Die eigene Rolle während der Gespräche/Datengewinnung

Deutungs- und Handlungsmuster, um die es hier vornehmlich geht, werden von den Jugendlichen im Alltagsdiskurs verhandelt. Diese werden somit nur zugänglich, wenn man selbst am Diskurs teilnimmt. So wie im Alltag die Konstitution und Definition von Wirklichkeit prozesshaft erfolgt, geschieht dieser Vorgang im Prozess eines (TOA-)Gesprächs ganz analog. Die zu einem bestimmten Zeitpunkt gegebenen Antworten der Jugendlichen sind nicht einfach Produkt einer unabänderlichen Auffassung, Meinung oder Verhaltensweise, sondern sie sind „prozesshaft gene-

---

[123] Durch das Gericht bzw. einen Jugendgerichtshelfer, einen Staatsanwalt, direkt durch die Polizei, durch die Schulleitung, ein Jugendhaus oder in einigen Fällen auch durch Selbstmelder.
[124] Auf eine ausführlichere Darstellung wird hier verzichtet, siehe hiefür Taubner (2008). Die TOA-Standards sind ferner abrufbar unter: www.konfliktschlichtung.de/TOAStanda.pdf. Vgl. auch speziell die Richtlinien zur Förderung des TOA im Land Bremen: http://www.toa-bremen.de/Richt.htm (beide Seiten zuletzt abgerufen am 28.11.2010).
[125] Ein Gespräch dauerte in etwa 50 Minuten.

rierte Ausschnitte der Konstruktion und Reproduktion von sozialer Realität" (dazu Lamnek 1995: 62). Es gilt demnach, in einen *kommunikativen Prozess* mit den Jugendlichen zu treten. Freilich muss man sich dabei im Klaren darüber sein, dass man dadurch selbst Element der Gesprächssituation wird und mithin an der Konstruktion von Wirklichkeit mitwirkt und damit an der Aushandlung von Situationen.

Eine eigene angemessene Rolle während der Gespräche/Datengewinnung zu finden, ist somit eine äußerst schwierige, aber auch spannende Aufgabe. Es gilt einerseits in einen kommunikativen Prozess mit den Jugendlichen zu treten und dabei jedoch gleichzeitig sensibel darauf zu achten, wie man selbst in diesem Diskurs *wirkt*. Das erfordert, die eigene Rolle in den Gesprächen immer wieder aufs Neue auszuloten und zu reflektieren. Es muss klar sein, dass man selbst ein Teil des Diskurses ist: Denn schließlich fließt in einen Kommunikationsprozess auch viel von dem mit ein, was man als Person mitbringt, etwa der eigene Migrationshintergrund, das Geschlecht, die eigenen sozialen Bindungen, individuelle Eigenschaften, theoretisches Vorwissen, soziale Ressourcen etc. Da dies aus einem Kommunikationsprozess grundsätzlich nicht ausgeklammert werden kann, muss es im Prozess des Gesprächs reflektiert werden.

Wenn die Grenzen zwischen Arbeitsbeziehung und persönlicher Beziehung verschwimmen, läuft man u. a. Gefahr, gegen andere Erwachsene ausgespielt zu werden, z. B. gegen die „böse" Lehrerin. Dieses Spaltungsphänomen bzw. dieser Abwehrmechanismus ist bekannt (dazu Böllinger 1998: 51).

Gerade weil solche Phänomene im Rahmen von TOA-Gesprächen immer wieder auftauchen, ist es umso wichtiger, während der Gespräche nicht nur den „Anderen", sondern auch sich selbst zu beobachten und Veränderungen der eigenen Position zu protokollieren (vgl. hierzu auch die nützlichen Hinweise bei Przyborski & Wohlrab-Sahr 2008: 60 f.). So schwer diese Trennung auch sein mag, gehört es zu einer professionellen Handhabung der Schlichterrolle bzw. Forscherrolle, Privatleben und Arbeit auseinander zu halten. In diesem Spannungsfeld von möglichen Übertragungs- und Abwehrprozessen spricht sich Böllinger (2001) dafür aus, ein „(…) reflektiertes Gleichgewicht von Nähe und Distanz zu finden" (ebd.: 237). Dabei warnt er zugleich vor „destruktiven Aufschaukelungen", die ihrerseits zu „Gewaltprozessen" beitragen können (ders. 1998: 56). Als Implikation für die Praxis empfiehlt er deshalb eine „konstruktive Differenzierung und die Bewusstmachung von bisher unbewusstem" (ebd.).

Das Entschlüsseln derartiger Prozesse ist freilich auch für die Analyse des empirischen Materials von entscheidender Bedeutung, da man bei der Interpretation in einer Weise frei sein muss, wie man es beispielsweise gegenüber nahestehenden Personen nicht sein kann. Daher gilt es, seine Rolle und sein Verhältnis zu den Jugendlichen im Hinblick auf diese Problematiken immer wieder aufs Neue zu reflektieren.

1.4 Analyse des empirischen Materials

Die Analyse des empirischen Materials ist das Herzstück der zweiten Forschungsphase. Unter Zugrundelegung der bisher genannten Kriterien wurde der Fokus darauf gerichtet, den subjektiv gemeinten Sinn der Aussagen so genau wie möglich zu erfassen.

Dies wird allerdings dadurch erschwert, dass der Sinn einer Handlung keine individuelle, sondern eine soziale und oft kollektive Angelegenheit ist. Nicht nur unsere persönliche Absicht oder Persönlichkeit kommt in unserem Handeln zum Ausdruck: Wir handeln auch als Frau oder Mann, als Mitglied einer bestimmten Gesellschaftsgruppe und ethnischen Minderheit, als Kind bestimmter Eltern mit bestimmten Erfahrungen etc. „Daher verwirklicht sich sozialer Sinn vielfach durch uns hindurch, sodass ein Einzelner darüber nicht ohne Weiteres im Sinne eines Experten für sein Handeln Auskunft geben kann" (Przyborski & Wohlrab-Sahr 2008: 32). In vielen Fällen können gerade nicht die expliziten Erklärungen für das handlungsleitende Wissen der Akteure herangezogen werden. Vielmehr sollte auf die Beschreibungen und Erzählungen ihrer Handlungspraxis zurückgegriffen werden. Zu untersuchen wäre dann, wie ein inhaltlich bestimmtes Verhalten und eine inhaltlich bestimmte Kommunikation (z. B. Vater und Sohn) zusammenhängen. Auf diese Weise gelangen wir zu den „sozialen Regeln sowie zur sinnstrukturierten Auseinandersetzung mit sozialen Regeln", die dem zu untersuchenden Phänomen zugrunde liegen und die in gewisser Weise auch zu dessen Entstehung beitragen (vgl. ebd.: 33). Untersuchungsgegenstand ist also nicht das, was jemand meint oder sagen will, sondern der Sinn, der sich hinter seinem Handeln verbirgt. Im Mittelpunkt des Forschungsinteresses stehen also die „Prozessstrukturen der Herstellung" (ebd.: 34), das praktische Handeln bestimmter Äußerungen und das Einbeziehen der jeweiligen Lebenssituation. Die untersuchte Zielgruppe handelt also sinnstrukturiert und dieser Sinn soll in dieser Arbeit rekonstruiert werden.

Abschließend möchte ich in diesem Zusammenhang noch auf ein ganz spezifisches Problem zu sprechen kommen, dass die Beschäftigung mit Männlichkeit und/oder Ethnizität als Forschungsgegenstand mit sich bringt:

Der Forscher muss jede Thematisierung oder Dethematisierung von Männlichkeit bzw. Ethnizität bestmöglich kontrollieren bzw. reflektieren können, da keine Beschreibung einer Konstruktion vor Missbrauch geschützt ist und der Forscher selbst „bestimmt", was „männliches Verhalten" ist, und wie es sich interpretieren lässt. Er läuft also Gefahr, stereotype Rollenverteilungen zu verfestigen, statt zur Überwindung der Ungleichheiten beizutragen (vgl. Spindler 2006: 50 f.). Analog dazu kann die Berücksichtigung ethnischer Zugehörigkeit im Rahmen von Studien auch zu einer Kulturalisierung und Ethnisierung sozialer Probleme und sozialer Ungleichheiten führen. Doch aus diesem Zwiespalt kommen wir nicht heraus: Die Dekonstruktion setzt nun einmal die Konstruktion voraus; es ist nicht möglich über „die Anderen" zu sprechen und gleichzeitig auch nicht (vgl. ebd.: 51). Forschungen auf diesem Gebiet erfordern daher die Etablierung eines „doppelten Blicks" (Hagemann-White 1993), der erlaubt, die eigenen Unterstellungen zu reflektieren.

Mit dem Phänomen ist daher „sensibel" umzugehen, wie Spindler zu Recht feststellt. Und weiter schreibt sie:

> „Die Jugendlichen sollen weder hinsichtlich einer geschlechtlichen noch einer ethnischen Identität festgelegt werden, sondern ihre spezifischen Konstruktionen als Bearbeitungen im Rahmen der gesellschaftlichen Positionierung analysiert werden (ebd.: 51).

Eine solche Analyseeinstellung bewegt sich somit in einem Spannungsfeld von Konstruktion und permanentem *doing gender* der Individuen, Machtverhältnissen in denen sie leben sowie den ganz konkreten Lebensumständen der Einzelperson und stell damit eine Schwierigkeit, aber auch eine Herausforderung für das Thema dar (ebd.).

1.5 Reichweite und Aussagekraft der Ergebnisse

Was die Verallgemeinerbarkeit meiner Ergebnisse anbelangt, so gilt zunächst, dass diese bei einem derart angelegten Forschungsprojekt natürlich nicht im statistischen Sinne repräsentativ sind. Dies gilt umso mehr, da ich gezielt und ausschließlich auffällige bzw. gewalttätige türkische Jugendliche in die Studie einbezogen habe. Ich kann also im statistischen Sinne keine Aussagen über die Häufigkeit und die Verbreitung gewalttätigen Handelns von Jugendlichen treffen. Worüber ich allerdings berichten kann, sind die interne Strukturen und Prozesse männlichen Gewalthandelns und über die Bedeutung und den Stellenwert, die dieses Handeln für die jungen Menschen selbst hat, sowie eine Aussage darüber treffen, inwiefern es ggf. zur Normalität des untersuchten Milieus gehört. Bezüglich dieser Binnenperspektive möchte ich behaupten, dass mein Vorgehen gegenstandsadäquater ist als im statistischen Sinne repräsentative Untersuchungen.

Entsprechend diesem Anliegen, etwas von dieser Binnenperspektive zu vermitteln, sind auch die folgenden Fragestellungen herausgearbeitet worden.

2 Fragestellungen und Analyseebenen

Auf Grundlage der Erkenntnisse des ersten Teils der Arbeit, erstreckt sich die Struktur der einzelnen Fragestellungen auf zwei Analyseebenen.

Erste Analyseebene:

Zur ersten Analyseebene zählen verschiedene Sozialisationsinstanzen und andere gesellschaftliche Einflüsse, die das (Gewalt-)Handeln der Jugendlichen maßgeblich prägen können. Ziel war, generelle Zusammenhänge zwischen bestimmten Sozialisationsbedingungen einerseits und der Gewaltentwicklung bzw. Gewalthandlung andererseits zu identifizieren, mit einem deutlichen Fokus auf die Kategorie Männlichkeit und Ethnizität.

Als erster Teilbereich dieser Analyseebene steht die Herkunftsfamilie der Jugendlichen im Vordergrund des Erkenntnisinteresses. Unabhängig vom Migrationskontext konnte die Forschung recht übereinstimmend die große Bedeutung familiärer Einflussfaktoren für jugendliches Gewaltverhalten herausarbeiten. Im angloamerikanischen Raum zeigten etwa prospektive Studien, dass jugendliche und heranwachsende Straftäter bereits in ihrer Kindheit mit vielfältigen familiären und sozialen Belastungen konfrontiert waren, die ihre delinquente Entwicklung förderten (Überblick bei Moffitt et. al. 2002). Lay et. al. (2001) konnten diese Ergebnisse für den deutschsprachigen Raum bestätigen und darüber hinaus Risikofaktoren identifizieren, die bereits in der frühen Kindheit auftraten und das Risiko späterer Delinquenz erhöhten. Die zeitlich und sozial intensive Beziehung zwischen Eltern und Kind gewährleistet folglich nicht nur die elementare Versorgung und die Vermittlung basaler Kenntnisse und Fertigkeiten, sondern prägt auch grundlegende Werthaltungen und Einstellungen sowie konkrete Verhaltensweisen. Eltern üben über konkrete Erziehungspraktiken mehr oder weniger bewusst Einfluss auf die Kinder aus und etablieren Umgangsformen und Regeln zwischen den Familienmitgliedern im Umgang mit Konflikten und Problemen. Frühkindliche Erfahrungen mit Gewalt gelten dabei als prädisponierend für die Übernahme von Opfer- wie Täterrollen (vgl. Walter 2005: Rn. 329a ff.). Kinder und Jugendliche können aus Gewaltanwendung in der Familie (Eltern-Kind-Gewalt, beobachtete Partnergewalt) lernen, Gewalt als subjektiv sinnvolle und legitime Handlungsalternative zur Bewältigung von Konfliktsituationen zu sehen (Strauss 1990). Körperstrafen erhöhen sowohl das Risiko, zum Gewaltopfer Gleichaltriger zu werden, als auch die Bereitschaft, selbst Gewalt anzuwenden (Mansel 2001). Auch die „harmlose" Ohrfeige kann demütigend und zum Stressor werden, der produktiv verarbeitet werden muss (ebd.). Gelingt dies nicht, leidet das Selbstwertgefühl und die Wahrscheinlichkeit, Gewalttäter zu werden, steigt (Fuchs & Luedtke 2003: 169).[126]

Vor diesem Hintergrund und unter Berücksichtigung einschlägiger Befunde der KFN-Schülerbefragungen soll innerhalb dieser Analyseebene der Schwerpunkt neben der soziökonomischen Lage und dem Bildungshintergrund der Eltern in erster Linie auf den familiären Erziehungsstil als Prädiktor von Gewaltbereitschaft bei Jugendlichen gerichtet werden. Im Fokus steht dabei der Erziehungsstil der Väter, denen ein großer Einfluss auf die Gewaltbereitschaft der Kinder nachgesagt wird (vgl. Kap. 2.4, Teil I). Dabei geht es jedoch nicht darum, nach allen in Betracht kommenden Gründen zu forschen, die einem gewalttätigen Erziehungsstil zugrunde liegen könnten. Mit Blick auf die Macho-These ist für unseren Forschungskontext vielmehr entscheidend danach zu fragen, ob einem etwaigen gewalttätigen Erziehungsstil eines türkischen Vaters kulturelle Spezifika zugrunde liegen, als Ausfluss einer importierten Kultur der Ehre.

Im zweiten Teilbereich dieser Analyseebene geht es um die Gleichaltrigengruppe bzw. um die Freundschaftsbeziehungen innerhalb dieser.

Die Jugendphase ist gekennzeichnet durch die „Identitätssuche" (dazu Baacke 1993: 185). Für die männlichen Jugendlichen kommt es zur Auseinandersetzung mit unterschiedlichen sozialen Konstruktionen von Männlichkeiten. Weiterhin müssen sie einen Standpunkt gewinnen bezüglich der für sie handlungsleitenden Werte; Welchen „Regeln" wollen sie folgen? Was ist für ihr Leben wichtig? Die Gleichaltrigengruppe bietet hier Orientierung.

---

[126] Ein unmittelbarer Zusammenhang ist jedoch in seltenen Fällen anzunehmen, was auf die multifaktoriellen Einflüsse auf die Gewalt hinweist. Gewalt in der Erziehung wirkt viel stärker *indirekt* auf das Gewalthandeln ein, indem sie gewaltbegünstigende *Einstellungen* fördert (vgl. Walter 2005: Rn. 393a).

Gerade junge Menschen, die sich in Krisensituationen befinden, die z. B. in Familie oder Schule Frustration und mangelnde Anerkennung erfahren, das dort aufoktroyierte Werte- und Normensystem teilweise oder ganz ablehnen, werden sich besonders intensiv der Clique und ihren alternativen Wertorientierungen[127] zuwenden (vgl. dazu Tillmann et. al. 1999: 39). Die Jungenclique verschafft soziale Anerkennung und Geltung und hat damit zugleich auch psychisch stabilisierende und sozial integrierende Wirkung. Die Gruppe der Gleichaltrigen hat demnach enormen Einfluss auf die Identitätsentwicklung und damit auf die Ausgestaltung von Männlichkeit. Die Clique ist der Ort für junge Männer, an dem sie mittels verschiedener Praxen vielfältige Facetten ihrer Männlichkeit erproben und herstellen. Damit zusammenhängend gehört es zu den gesicherten Erkenntnissen der Kriminologie (vgl. bspw. Baier et. al. 2010: 163 ff.), dass sich delinquentes Verhalten in der Jugendzeit, vor allem Körperverletzungen und Raub, in Gruppen abspielt. Auf diesen kollektiven Prozess, die Gruppendynamik von männlichen Gleichaltrigengruppen, verweist auch Messerschmidt (1993):

„Similarly, there is a strong relationship between youth group activities and youth crime (…), and youth groups are an important social settings for the accomplishment of gender" (ebd.: 87).

Ferner gilt: Je häufiger bzw. intensiver der Kontakt zu gewaltorientierten männlichen Gruppen ist, desto stärker sind auch die eigenen gewaltbezogenen Einstellungen (siehe hierzu die Befunde bei Baier et. al. 2009: 81 ff.; s. a. Windzio & Baier 2007: 188, 190 ff.; sowie Fuchs et. al. 2005: 37). Diese Gruppen entfalten ihre eigenen spezifischen Verhaltensnormen, zu denen oft eine aggressive Herausforderung der Erwachsenenwelt gehört. Sie schaffen sich eine eigene Erlebniswelt, entwickeln einen eigenen Habitus. Die Grenzen zu Antisozialität und Delinquenz sind dabei bekanntlich fließend. Je nach Gruppe kann hier manches entgleiten. Jugendliche loten dabei durch Grenzüberschreitungen und radikale Provokationen aus, wie weit sie gehen können. Die Wertschätzung von Gewalthandlungen und brutaler Männ-

---

[127] Dieses eigene Werte- und Normensystem ist dabei keineswegs völlig unabhängig von den kulturellen Prägungen des sozialen Herkunftsmilieus; so korrespondieren Einstellungs- und Verhaltensmuster der Cliquenmitglieder in der Regel mit den soziokulturellen Mustern der schichtspezifischen und ethnischen Herkunft (vgl. Tillmann et. al. 1999).

lichkeit kann dann zur Gruppennorm werden und dient der Schaffung von Macht und Ansehen (Bohleber 2002: 559, vgl. auch Hurrelmann 1990: 367).

Auf dieser Grundlage stellt sich nachdrücklich die Frage nach der besonderen Bedeutung des Gruppenkontextes für männliches Gewalthandeln: Welchen konkreten Stellenwert hat die Gleichaltrigengruppe für junge Männer, sowohl im positiven als auch im negativen Sinne?

Ich konzentriere mich hier erneut auf konfliktreiche und gewaltbereite Cliquen: Was sind typische Risikofaktoren für den Anschluss an diese Gruppen und welche „Extremisierungsprozesse" können ggf. in manchen dieser Cliquen stattfinden? Ein zentrales Anliegen ist hierbei das Verständnis von „Freundschaft", oder genauer gesagt, „Männerfreundschaft". Ferner: Welches Männerbild herrscht in der Gruppe? Wie vollzieht sich das *doing gender* in Freundschaften?

In der Analyse der Freundschaftsbeziehungen richtet sich mein Blick mit Connell insofern abermals auf die Bedeutung des Geschlechts der Interaktionspartner. So stellt sich die Frage, inwieweit Konkurrenz und Hierarchie die Beziehungen der jungen Männer prägen und welche Auswirkungen das auf ihr Gewalthandeln hat? Exemplarisch soll aufgezeigt werden, welche destruktiven, gewalttätigen Rituale unter männlichen Jugendlichen ausgeübt werden können und welchen Regeln diese folgen. Damit zusammenhängend ist auch die Frage der Bewertung und Bedeutung entsprechender Handlungen sehr wichtig. Eine weitere interessante Frage in diesem Kontext ist ferner, welche Rolle strukturelle und soziale Ausgrenzungsprozesse für die Einbindung in gewaltbereite Gruppen spielen? Welche Handlungsstrategien bzw. Positionierungsprozesse seitens der Jugendlichen sind in diesem Kontext zu beobachten? Und inwiefern wird hier ggf. von Ethnizität Gebrauch gemacht?

Türkischen Jugendlichen wird in diesem Zusammenhang nachgesagt, dass sie aufgrund ihrer bedingungslosen Solidarität einem Freund gegenüber sich für diesen einsetzen, auch auf die Gefahr hin, dass einer Straftat eine Haftstrafe folge. Loyalität und Solidarität gegenüber den Freunden, sich vor diesen zu bewähren, seien die obersten Prinzipien dieser jungen Männer (Toprak 2005: 76). Insofern komme man eher mit der Staatsgewalt in Konflikt, als einem Freund die *Solidarität* bzw. *Loyalität* zu verweigern. Das Verhalten vieler türkischer Jugendlicher scheint diese These m. E. auch zu bestätigen. Mir geht es in diesem Zusammenhang jedoch weniger um die Richtigkeit dieser These, sondern darum, was der tiefere Sinn einer etwaigen solidarischen Gewaltaktion sein könnte. Mit welchen Konsequenzen innerhalb der männlichen Gleichaltrigengruppe müsste ein Junge rechnen, wenn er bei einer drohenden Schlägerei wegrennt und die Freunde stehen lässt? Wieso müssen sich diese Jungen überhaupt ständig beweisen, „Kämpfen", sich dem „Wettbewerb" stellen, sowohl innerhalb als auch außerhalb der Gruppe? Inwiefern könnte darin ein etwaiges ethnisch-spezifisches Verhalten zum Tragen kommen?

Zweite Analyseebene:

Die Fragestellungen der zweiten Analyseebene behandeln das Thema Ethnisierung und Kriminalisierung als Aspekte von jugendlicher Gewalt. Ein deutlicher Schwerpunkt liegt hier auf der Erfahrung derart belastender Erlebnisse im Schulkontext.

Ich habe den Fokus auf den Schulalltag gelegt, weil der lebensweltliche Alltag junger Menschen zu einem großen Teil in schulischen Einrichtungen stattfindet. Was in der Schule passiert, ist deshalb äußerst wichtig für die gesamte persönliche Entwicklung. Hier werden die Weichen für später gestellt. Es ist ein Ort, an dem die Jungen mit vielen wichtigen sozialen, emotionalen und psychologischen Problemen kämpften müssen. Im Hinblick auf die Entwicklung, Festigung oder Korrektur von Männlichkeitsmustern hat die Schule als Sozialisationsinstitution für Kinder und Jugendliche einen prägenden Einfluss (Lehner 2007: 107). Hier wird ein Grundstein für die Identitätsbildung des jungen Menschen gelegt.

Hier müssen sie sich auch – und das gilt im Besonderen für türkische Jungen – mit Niederlagen, Misserfolgen und Versagen beschäftigen, die Spuren hinterlassen. Türkischstämmige Jungen machen darüber hinaus auch entscheidende Erfahrungen mit ethnisch vergeschlechtlichten Zuschreibungen und Stigmatisierungen im Schulkontext, wie u. a. mit Bezug auf die Studie Webers (2003) dargelegt werden konnte (vgl. Kap. 1.1, Teil I). Aufgrund dieser herausragenden Rolle, die der Schule gerade im Leben eines türkischen Jungen zukommt, muss dieser schulische Kontext in unsere Gewaltanalyse miteinbezogen werden. Ich werde zeigen, dass die Schule wirkungsvolle Einschätzungen vornimmt, gewissermaßen in Spiegelung der herrschenden Diskurse, und damit an Bedingungen beteiligt ist, die Gewalt bei den Jugendlichen hervorrufen kann.

Es geht mir hierbei weniger darum, etwaige gewaltbegünstigende strukturelle Zwänge in schulischen Institutionen aufzudecken. Zwar soll damit auch keineswegs die Relevanz solcher Einflüsse in Zweifel gezogen werden (siehe hierzu die Ergebnisse bei Baier & Pfeiffer 2008: 101 f.; s. a. Dubet 2002: 1190; Böttger 1998: 62ff.; Tillmann et. al. 2007: 42ff., 199 ff. sowie Fuchs et. al. 2005: 37 ff. m. w. N.). Jedoch möchte ich mich vielmehr konzentrieren auf *in Schulen ausgeübte Gewalt von Jungen*, die in den letzten Jahren zu einem brisanten Thema sowohl in der Wissenschaft als auch im öffentlichen Diskurs geworden ist.[128] Wie sind diese Gewalthandlungen zu verstehen, gerade vor dem Hintergrund einer höheren sozialen Kontrolle an Schulen im Vergleich zu der Freizeit? Die Schuluntersuchung von Tillmann et. al. (1999) kommt beispielsweise zu dem bemerkenswerten Ergebnis, dass die größten Einflussfaktoren für gewaltaffines Verhalten in der Schule u. a. in einem etikettierenden Lehrerverhalten sowie in einer subjektiv empfundenen Außenseiterpositionen liegen.[129] Vor diesem Hintergrund sollen ethnische Zuschreibung und Kriminalisierung im schulischen Alltag als Folge der Entstehung gewalttätiger Identität diskutiert werden.

---

[128] Hierzu zählt bspw. der Diskurs um die Rütli-Schule in Berlin-Neukölln, die überwiegend von jungen Migranten besucht wird. Diese wurde bundesweit bekannt, als Lehrer im März 2006 in einem Brief an die Senatsverwaltung Berlin angeblich die Auflösung der Schule in dieser Zusammensetzung verlangten, weil sie der Gewalt durch Schüler nicht mehr standhalten könnten, was sich später aber als unwahr herausstellte. Die Lehrer wollten v. a. auf die soziale Situation hinweisen. Jedenfalls führte dies zu einer innenpolitischen Debatte über das Schulsystem in Deutschland, der Gewalt an Schulen und der Integration von Kindern mit Migrationshintergrund.
[129] Als weitere Faktoren benennt Tillmann et. al. (1999) die Zugehörigkeit zu gewalttätigen Cliquen und den Konsum besonders gewalthaltiger Videos- und Filmproduktionen.

3 Familiäre Sozialisationsbedingungen und Gewalt

3.1 Die Vater-Sohn-Beziehungen in türkischen Familien

Der gängige Diskurs attestiert (türkischen) Migrantenfamilien ein von kulturellen Spezifika geprägtes Familienleben.[130] Darüber hinaus wird den Vätern ein großer Einfluss auf die Gewaltbereitschaft ihrer Söhne nachgesagt wird. Die Studie von Pfeiffer & Wetzels (2000) ist beispielhaft dafür:

> „Die Familie wird so zum Austragungsort von wachsenden Konflikten, in denen ein Teil der Väter unter Einsatz körperlicher Gewalt versucht, eine traditionelle Ordnung aufrecht zu erhalten. Die besonders hohe Gewaltrate männlicher Jugendlicher erscheint damit auch als Ausdruck eines Männlichkeitskonzeptes, das unter den sozialen Rahmenbedingungen unseres Landes mit wachsender Aufenthaltsdauer in eine tiefe Legitimationskrise gerät" (Pfeiffer & Wetzels 2000: 22).

Die körperliche Bestrafung von Kindern sei für viele türkische Väter oft ein gängiges kulturelles Erziehungsmittel (dazu Toprak 2005: 135 ff.). Strafe diene in diesem Normgefüge zum einen der Verhaltenskorrektur und sei zum anderen ein Akt, um die Loyalität den Eltern und Erwachsenen gegenüber wieder herzustellen. So sei den meisten Vätern nicht einmal bewusst, dass sie Gewalt anwenden würden, wenn sie ihre Kinder bestrafen (ebd.).

Im Folgenden soll diese Beziehung zwischen jungen türkischstämmigen Gewalttätern und ihren Vätern kritisch untersucht werden, um beurteilen zu können, inwiefern der Diskurs berechtigt ist (vgl. für diesen Zusammenhang auch die reichhaltigen Befunde bei Spindler 2006: 145ff.).

---

[130] Vgl. Kap. 1 sowie Kap. 2.3.1, Teil I.

3.1.1 Der prügelnde Tyrann

Es geht zunächst um einen 15-jährigen Jungen, den ich Bülent nennen möchte. Bülent erschien über einen Zeitraum von vier Monaten sehr zuverlässig zu Gesprächen und sprach sehr offen über das, was ihn bewegte. Wir führten fünf Einzelgespräche mit ihm.

Bülents Eltern haben nur wenig Schulbildung, bis heute sprechen sie kaum Deutsch. Wie alle in diese Studie einbezogenen Jugendlichen stammt auch Bülent aus ökonomisch benachteiligten Verhältnissen.[131] Sein Vater ist arbeitslos, die Mutter Hausfrau. Bülent ist Einzelkind, in Deutschland geboren und besucht die Hauptschule. Er ist mehrmals mit Körperverletzungsdelikten sowie Raubüberfällen strafrechtlich in Erscheinung getreten. Einen Anti-Gewalt-Kurs nach § 10 I JGG sowie einige Gerichtstermine vor dem Jugendrichter hat er bereits hinter sich. Der Fall wurde durch einen Jugendgerichtshelfer angeregt.

Im Folgenden werden aus dem empirischen Material in erster Linie die Daten zur Diskussion gestellt, die das Verhältnis von Bülent zum Vater und allgemein zur Familie erhellen können. Für diese Schwerpunktsetzung ist der konkrete Sachverhalt, der zur Strafanzeige geführt hat, nicht relevant. Ich werde ihn daher nicht darstellen. So verfahre ich auch im nächsten Fall, „Der abwesende Ernährer", in dem der konkrete Sachverhalt, der zur Strafanzeige geführt hat, für den hier relevanten Zusammenhang ebenfalls keine Rolle spielt.

In beiden Fällen konzentriert sich die Frage darauf, ob in Bülents bzw. Alis Familie, in Übereinstimmung mit der These von Pfeiffer & Wetzels (2000), GLMN vermittelt werden, die Ausgangspunkt und damit eine mögliche Erklärung für Gewalthandlungen der Jugendlichen sein könnten.

Bülents Bereitschaft über die Verhältnisse in seinem Elternhaus zu sprechen war eher ungewöhnlich und deutete ganz stark auf ein Bedürfnis hin. Die türkischstämmigen Jugendlichen reden i. d. R. nie über die Familie. Eine Kritik am Vater, mag sie noch so berechtigt sein, wird nicht geäußert. Doch Bülent übte Kritik, eine sehr

---

[131] Die ökonomische Situation der Eltern war *kein* Kriterium für die Auswahl der Befragten. Dass alle Jungen aus prekären Verhältnissen kommen, ist also „Zufall", wenngleich aufgrund der allgemein schlechten ökonomischen Situation vieler Zuwandererfamilien in Deutschland leider nicht verwunderlich.

offene sogar. Vor allem die harte und unterkühlte Sprache die er benutzte, wenn er von seinem Vater sprach, überraschte mich sehr. Folgende Sequenz soll das verdeutlichen:

> O.Y.: Du bekommst gerade in letzter Zeit sehr oft Post von der Polizei oder der Staatsanwaltschaft. Wie reagieren eigentlich deine Eltern darauf?
> Bülent: (...) eigentlich redet er nicht viel, meistens krieg' ich dann eine. (Pause)
> O.Y.: Wirst Du oft geschlagen?
> Bülent: Also, wenn ich Scheiße baue, dann schon. Aber früher war es viel schlimmer.
> O.Y.: Wie schlägt er dich?
> Bülent: Wie er Bock drauf hat. Früher hat er mich auch mal mit einem Gürtel geschlagen, manchmal auch mit „oklava".[132]

Ich knüpfte unmittelbar an seine Aussagen an und bat ihn von „früher" zu erzählen. Bülent berichtete uns daraufhin von einem Vorfall, der geschah, als er neun Jahre alt war. Der Marktleiter eines Supermarktes habe ihn beim Klauen erwischt und daraufhin seinen Vater benachrichtigt. Als der Vater schließlich im Markt eintraf, habe dieser ohne Vorwarnung Bülent vor den Augen des Marktleiters mit der flachen Hand ins Gesicht geschlagen. Er habe so fest zugeschlagen, dass er rückwärts in die Regale gefallen sei. Das sei ihm unendlich peinlich gewesen. Zum Glück sei der Marktleiter dazwischen gegangen und es sei daher im Markt nur bei diesem einem Schlag geblieben. Zu Hause jedoch habe der Vater ihn im Kinderzimmer mit einem Gürtel ausgepeitscht. Obwohl er mehrmals versprochen habe, so etwas nie wieder zu tun, habe der Vater immer wieder zugeschlagen und ihn schließlich ins Zimmer eingesperrt. Bülent erzählte davon, wie seine Mutter die ganze Nacht weinend an seiner Tür stand, weil der Vater ihr den Zutritt ins Zimmer verweigerte.

Nach einer Weile des Schweigens merkte er an, dass dies ein sehr einschneidendes Erlebnis gewesen sei. Zuvor habe er auch Schläge bekommen, aber das sei „ganz normal" gewesen, nicht so heftig wie das Auspeitschen. Auch danach habe er

---

[132] Türkisch für Nudelholz.

oft derartige Schläge bekommen und könne sich schon nicht mehr daran erinnern, wie oft und aus welchem Grund. Aber an diesen Tag im Kinderzimmer werde er sich immer erinnern. Nicht weil es so wehgetan habe, sondern weil er eine so große Angst vor dem Vater gehabt habe. Noch lange danach habe er Albträume gehabt und sei nachts aufgewacht, aus Angst, der Vater könne ihn wieder einsperren. Seitdem fühle er sich in seinem Zimmer nicht mehr wohl und deshalb sei er auch so oft draußen, auf der Straße. Er versuche dieses Erlebnis aus seinem Leben zu verdrängen.

Bülent sprach sehr offen auch über seine eigene zukünftige Familienplanung und darüber, dass er vieles anders machen werde. Vor allem betonte er, dass er seine Kinder niemals schlagen und immer für sie da sein werde. Es sei ein kaum zu ertragendes Gefühl, dass der eigene Vater einen nicht liebe. „Das ist so, als wenn man keine Luft zum Atmen bekommt", sagte er.

Bülent kann das Verhalten des Vaters nicht nachvollziehen. Der Vater habe sich nie um ihn gekümmert und Bülent könne sich auch nicht daran erinnern, dass der Vater ihn jemals in den Arm genommen habe. Seine Mutter hingegen, mit der er über vieles reden könne und mit der er oft auch gemeinsam weine, sei sein emotionaler Anker. Obwohl beide über die Situation zu Hause sehr unglücklich seien, könnten sie nichts dagegen unternehmen. Meine Frage, ob sich die Gewalt des Vaters ausschließlich gegen ihn oder auch gegen die Mutter richte, wurde nicht eindeutig beantwortet. Sie würden sich zwar oft streiten, vor allem wenn der Vater Bülent schlage, ob sie dabei jedoch selbst physische Gewalt erleidet, ist offen geblieben. Bülent fügte jedoch später hinzu, dass die Mutter ebenfalls Angst vor dem Vater habe.

Ich fragte Bülent, welche Gründe seiner Ansicht nach dieses autoritäre Verhalten des Vaters und dessen gewalttätige Erziehung determinieren könnten und ob in seinem Freundeskreis möglicherweise ähnliche Erfahrungen gemacht würden.

Daraufhin berichtete er mir, dass seine Freunde völlig andere Erfahrungen mit ihren Vätern machen würden. Sie seien nie bzw. kaum geschlagen worden. Deren Mütter hätten sogar oftmals „die Hosen zu Hause an". Er sei sich insofern im Klaren darüber, dass es auch andere türkische Väter gebe:

Bülent: Das hat nix mit türkisch zu tun. Sonst würden ja alle ihre Kinder schlagen.

Zum Schluss fragte ich Bülent, wie er sein eigenes Gewalthandeln einschätze und ob möglicherweise die erlebte Vatergewalt, gerade in seiner frühen Kindheit, eine Erklärung für seine eigene Entwicklung sein könnte. Daraufhin erzählte er:

Bülent: Ja, vielleicht, kann sein. (...). Ich glaub', manchmal ziehe ich auch irgendwie Stress an. Keine Ahnung, dann gehst du auf eine andere Schule, Freunde besuchen. Auf einmal gibt's Stress. Keine Ahnung, weil irgendeiner cooler sein will als der andere oder so. Ich hasse das. Aber ich lass mich nicht einfach von irgendeinem dumm anmachen. (...). Wenn man mich nicht respektiert, dann dreh' ich durch.
O.Y.: Glaubst du, dass dein Vater dich respektiert?
Bülent: Keine Ahnung, interessiert mich nicht. Ich bin auf jeden Fall kein Kind mehr. Einfach so schlägt er mich schon lange nicht mehr. Ich muck' jetzt auch richtig auf, wenn er zu Hause meine Mutter anschreit.

Einen direkten Zusammenhang zwischen Gewalterlebnissen im Elternhaus und der eigenen Gewaltbereitschaft möchte Bülent wohl nicht ohne Weiteres herstellen. Er weist vielmehr auch auf andere Faktoren hin, insbesondere auf den „Anspruch auf Respekt" (vgl. dazu Findeinsen & Kersten 1999).

Interpretation

Die Reflektionsfähigkeit, die Offenheit und das Vertrauen, dass mir Bülent entgegenbrachte, beeindruckten mich sehr. Er schilderte unmissverständlich, dass die Schläge mit dem Gürtel eine seelische Narbe bei ihm hinterlassen hatten. Dieses Erlebnis scheint so etwas wie der Beginn einer langen Leidenszeit zu sein, denn bis heute wohnt er in diesem Kinderzimmer. Aus seinen Berichten geht außerdem hervor, dass er eigentlich keine positiv emotionale Bindung zum Vater hat. Vielmehr beschreibt er ihn als einen gewalttätigen und unberechenbaren Menschen, der jederzeit unkontrolliert zuschlagen könnte. Hatte er ihn vor diesem Tag noch als einen „normalen" Vater erlebt, der „ab und an mal schlägt", scheint er ihm ab diesem Zeitpunkt etwaige Vatergefühle nicht mehr abzunehmen. Aufgrund der Unberechenbarkeit des Vaters lebte Bülent in ständiger Angst, irgendetwas falsch zu machen. Er lernte schnell, sich eher still in seinem Zimmer aufzuhalten und kaum Wünsche zu äußern. Der enorme Druck der auf ihm lastete, entlud sich schließlich gewaltvoll auf der Straße.

Die zahlreichen Schlägereien helfen ihm dabei, sich stark zu fühlen und stellen für Bülent daher ein wirksames Mittel dar, um eigene Ohnmachtserfahrungen zu verarbeiten. Dabei erhebt er wie selbstverständlich einen Anspruch auf *Respekt*. Verweigerter Respekt wird als Kränkung seines ohnehin schwachen Selbstwertgefühls empfunden und muss geahndet werden. Der gewalttätig erzwungene Respekt stellt für Bülent somit ein Gegengewicht zu seinem strukturell schwachen Selbstwertgefühl dar. Er inszeniert in den Schlägereien ein Selbstbild, das sich durch Stärke, Autonomie und Machtvollkommenheit auszeichnet. Schmerzhafte Ambivalenzen im Umgang mit der eigenen Hilflosigkeit und Enttäuschung können so in Richtung einer „unverletzlichen Variante von Männlichkeit" aufgelöst werden (Bereswill 2006: 244).

Der Einsatz von Körpergewalt scheint seiner Ansicht nach auch beim Vater Eindruck zu hinterlassen. Jedenfalls geht er davon aus, dass dieser ihn nicht mehr ohne Weiteres schlagen kann. Dies führt Bülent jedoch immer weiter in eine Spirale der Gewalt.

Auch seiner Mutter meint er heute schützend zur Seite stehen zu können. Diese selbst auferlegte Beschützerrolle steht darüber hinaus in engem Zusammenhang mit den Raubüberfällen, die Bülent begangen hat. Laut Messerschmidt (1993) dient der Raubüberfall nicht nur der Beschaffung von Geld, ist nicht nur ökonomisch motiviert, sondern bedeutet in hohem Maße *doing gender*, weil er die Gelegenheit bietet, männliche Härte zu demonstrieren. Zudem wird die „Beschaffung" von Gütern, die hohen Status gewährleisten (z. B. teure Handys) zum öffentlich sichtbaren Beweis dafür, den Versorgers bzw. Brötchenverdieners, i. S. v. Kersten (1997a) ersetzen zu können. Demnach handelt es sich beim Raubüberfall um genuin maskuline Darstellungsformen, aus denen Bülent ein geschlechtsspezifisches Selbstwertgefühl destilliert. Die Gewalttaten dienen ihm damit auch zur Sicherung einer fragilen männlichen Identität.

Fraglich ist, ob ein derartiger Rückgriff auf Männlichkeit, der mit der Demonstration von Macht verbunden ist, ethnisch-spezifischen Regeln folgt, die über das Elternhaus vermittelt wurden. Auf den folgenden Seiten ist daher genauer auf das Vater-Sohn-Verhältnis einzugehen.

Die Aussagen Bülents deuten auf einen tyrannischen, rücksichtslosen und insbesondere gewalttätigen Vater hin. So ähnlich werden die türkischen Väter auch von Pfeiffer & Wetzels (2000) beschrieben. Zu klären ist daher, ob dem Verhalten des Vaters kulturspezifische Männlichkeitsvorstellungen zugrunde liegen, die dieser aus der Türkei importiert hat und die hier zum Ausgangspunkt für wachsende Konflikte innerhalb der Familie werden. Bülents Aussagen über den Vater und der eigene Bezug auf eine gewalttätige Männlichkeit, scheinen zunächst in der Tat für die These von Pfeiffer und Wetzels zu sprechen. Dies ist im Folgenden zu diskutieren.

Zunächst einmal ist festzuhalten, dass Bülent während der fünf Gespräche kein einziges Mal die sog. Kultur der Ehre als Erklärung für das Verhalten des Vaters heranzog. Im Gegenteil, er wehrt sich sogar gegen eine ethnisierende Sicht und betonte ausdrücklich, dass das Verhalten des Vaters nicht durch dessen Türkischsein erklärt werden könne. Gleichwohl müssen wir konstatieren, dass in Bülents Familie klare hierarchische Familienstrukturen herrschen. Der schlagende Vater, der möglicherweise auch die Mutter schlägt, unterdrückt beide mit enormer Gewalt. Gewalttätige Ausprägungen patriarchaler Strukturen sind somit deutlich erkennbar, insofern *erlebt* Bülent auch Gewalt durch den Vater. Dass er dabei dessen Gewaltmuster auf der Straße reproduziert, scheint möglich. Ob es sich dabei jedoch um ethnisch-spezifische Gewaltmuster als Ausfluss einer türkischen Ehrkultur handelt, ist fraglich. Unter Zugrundelegung der vorliegenden Aussagen ist eher davon auszugehen, dass die Gewalttätigkeit des Vaters und Bülents Probleme mit dem Vater keinen ethnisch-spezifischen Hintergrund haben. Vielmehr könnten hier die verminderte Erziehungsfähigkeit des Vaters und dessen emotionale Kälte ganz entscheidende Faktoren sein, die Bülents Gewalthandeln determinieren. Aber auch die Ohnmachtserfahrungen, die Beschämungen und Erniedrigungen, die Bülent gerade in der frühen Kindheit über lange Jahre erleiden musste, könnten in einem engem Zusammenhang mit dessen Gewaltbereitschaft stehen (siehe hierzu die Studie von Böttger 1998: 339). Ferner sollte aufgrund der Tatsache, dass es gewalttätige Ausprägungen patriarchaler Strukturen auch in westlichen Kulturen gibt und häusliche Gewalt in allen Nationen, Kulturen, Klassen und Ethnien vorkommt, davon abgesehen werden, hier einen „türkenspezifischen" Unterschied anzunehmen.[133] Nach Angaben der Weltgesundheitsorganisation (2002: 80) wurden weltweit zwischen 10 % und 69 % aller Frauen schon einmal Opfer von Gewalt (häuslich, körperlich oder psychisch) oder einer Vergewaltigung durch ihren Partner. Smaus (1994: 83) weist hier auf die „große Diskrepanz zwischen dem Ausmaß an putativen Gewalthandlungen an Frauen und den offiziellen Kriminalitätsstatistiken" hin. Ferner kommt es in Deutschland nach Angaben des Kinderschutzbundes 2008 jährlich etwa zu 15.000 Kindesmisshandlungen innerhalb der eigenen Familien, die Dunkelziffer wird auch hier auf das 20-fache geschätzt.[134] Geschlechtsspezifische Gewalt kann somit kein kulturell bedingtes Phänomen sein.

Zu der Verknüpfung des Zusammenhangs von kindlicher Viktimisierung und späterer Jugendgewalt mit ethnischen Fragestellungen äußert sich auch Walter (2005: 393b f.) äußerst kritisch. Nach seiner Ansicht liegen die von Pfeiffer & Wetzels (2000) vorgelegten Befunde im allgemeinen Trend und gelten nicht spezifisch für türkischstämmige Menschen. Vielmehr träfen sie auch auf rigide und emotional verarmte Erziehungsstile bei Deutschen zu.[135] Insofern teilen auch deutsche Jungen,

---

[133] Sehr detaillierte Daten zum Thema Kindesmisshandlung werden in den USA erhoben. Das Children's Bureau, eine Einrichtung des „Department of Health and Human Services" (Gesundheitsministerium), erfasst und publiziert die aus den Kinderschutzeinrichtungen (55,8 %) sowie direkt aus der Bevölkerung (44,2 %) stammenden Daten seit 1995 (Child Abuse & Neglect Research). Fakten aus dem letzten Bericht „Child Maltreatment 2004" sind über die Internetseite erhältlich: http://www.acf.hhs.gov/programs/cb/pubs/cm04/index.htm (zuletzt abgerufen am 27.11.2010). Demnach wurden im Jahr 2005 872.000 Kinder misshandelt (basierend auf der Auswertung von ca. 3 Millionen gemeldeten Fällen).
[134] Der bei der Kinder- und Jugendhilfe vorhandene Kenntnisstand wird von der AKJStat (Dortmunder Arbeitsstelle Kinder- und Jugendhilfestatistik) zentral aufbereitet und zugänglich gemacht. In der Sonderausgabe ihrer Zeitschrift KomDat vom Oktober 2006, mit dem Titel „Kevin. Bremen. Und die Folgen", fasst die AKJStat die Sachlage zusammen:
http://www.akjstat.uni-dortmund.de/akj/komdat/inhalt_komdat.htm#Inhalt_Sonder (zuletzt abgerufen am 27.11.2010).
[135] Zu den wichtigsten gesetzgeberischen Maßnahmen, die in den letzten Jahren zur Bekämpfung der Gewalt gegen Kinder in Deutschland getroffen wurden, gehört das im November 2000 in Kraft getretene „Gesetz zur Ächtung der Gewalt in der Erziehung". Mit diesem Gesetz wurde ein „Recht des Kindes auf gewaltfreie Erziehung" im Bürgerlichen Gesetzbuch verankert (§ 1631 II BGB). Zur

die häufig geschlagen werden, die positive Haltung ihrer Eltern zum Einsatz körperlicher Gewalt. Ihr Selbstwertgefühl, ihre Konfliktlösungskompetenz und ihre Empathiefähigkeit sinken, ihre Aggressions- bzw. Gewaltbereitschaft steigt.[136]
Folglich kann davon ausgegangen werden, dass Bülents Gewalthandeln zwar in einem Zusammenhang mit seinen Gewalterfahrungen im Elternhaus stehen könnte, ohne dabei jedoch Vorgaben einer ethnisch-spezifischen Ehrkultur zu folgen. Berücksichtigt man die aus der Familientherapie (Bauriedl 2001) gewonnenen Erkenntnisse über die Weitergabe von Gewaltbeziehungsmustern und Gewaltstrukturen zwischen den Generationen, deutet dieser Befund darauf hin, dass bei Überlegungen zur Frage der Gewalt Jugendlicher immer auch die Gewalt Erwachsener untersucht werden muss.

Außerdem deuten die Aussagen Bülents darauf hin, dass das Verhältnis in dieser Familie auch noch durch andere soziale Faktoren bestimmt wird: Sowohl die sozioökonomische als auch die soziale Lage der Familie sind als randständig zu bezeichnen. Die hohe Konfliktbelastung in den Familien der unteren sozialen Schichten ist in zahlreichen empirischen Studien belegt worden (vgl. etwa Tillmann et. at. 1999: 174; s. a. Fuchs et. al. 2005: 36). Dort sind objektive Strukturmerkmale wie etwa die Arbeitslosigkeit des Vaters häufig mit einem restriktiven Erziehungsstil verknüpft, der nicht selten auch Schläge einschließt. Das Risiko, dass Heranwachsende aus solchen Familien gewalttätig werden, ist folglich überdurchschnittlich hoch.

Letztlich ist wohl von einer Gesamtdynamik und wechselseitigen Verstärkungen der Konflikte auszugehen, die mit dem zur Verfügung stehenden Material nur ansatzweise zu erfassen sind. Folgende Argumentation ist allerdings auf Grundlage des empirischen Materials als gesichert anzusehen.

Mit Blick auf die These von Pfeiffer & Wetzels (2000) sind die Erfahrungen von Bülent *nicht* als türkische Kulturspezifika zu bezeichnen. Zudem sehen wir an diesem Fall, dass die Machtverhältnisse innerhalb der Familie scheinbar auch von anderen Kategorien der Unterdrückung überlagert werden, sodass wir hier, wie in Teil I der Arbeit theoretisch herausgearbeitet, von einem komplexen Zusammenspiel ver-

---

Untersuchung der Rezeption und der Auswirkungen des Gesetzes hat die Bundesregierung umfangreiche Studien in Auftrag gegeben, siehe bspw. Bussmann (2003, 2005): „Die Verbreitung von Gewalt in der Erziehung nimmt zwar weiterhin allmählich ab, aber die Zahl gewaltbelasteter Familien und insbesondere misshandelter Kinder und Jugendlichen ist nahezu unverändert", so das Fazit (ebd.: 2005: 20).

[136] Vgl. auch Erster Periodischer Sicherheitsbericht der Bundesregierung (2001: 496ff.).

schiedenster Faktoren ausgehen müssen, die in ihrem Zusammenwirken die Bedingungen schaffen, die für Bülent das Gewalthandeln erst attraktiv werden lassen. Hierzu zählen auch Faktoren, die die psychodynamische Ebene ansprechen.

Angst und das Erleben von Gewalt durch den verhassten Vater prägten Bülents frühe Kindheit. Die Mutter versuchte zwar, ihn vor den Schlägen zu schützen, allerdings mit geringem Erfolg. Vermutlich bekam auch sie dabei physische Gewalt zu spüren. Aus Bülents Sicht war er dem Vater, der sich in einer absoluten Machtposition ihm und seiner Mutter gegenüber befand, physisch und psychisch völlig hilflos ausgeliefert. Der Vater war unnahbar und schien allmächtig zu sein. Jegliche Versuche, gegen ihn aufzubegehren, schienen aus seiner Sicht erfolglos. In den Gesprächen brachte Bülent ferner mehrmals zum Ausdruck, dass er das Verhalten des Vaters nie nachvollziehen konnte.

Wenn man sich neben dieser völligen Hilf- und Hoffnungslosigkeit die Äußerung Bülents, der Vaters habe ihm über all die Jahre die „Luft zum Atmen" genommen, als Todesangst interpretiert, könnte man vorsichtig gesprochen auch von traumatisierenden Ereignissen in seiner frühen Kindheit sprechen. Welche Auswirkungen traumatisierende Erfahrungen auf Gewalthandeln haben können, wurde durch die Wissenschaft hinreichend untersucht.

Die Ergebnisse der klinischen Bindungsforschung und kriminologischen Forschung stimmen dabei größtenteils mit den Auffassungen psychoanalytischer Autoren überein, dass gewalttätige Kriminalität als eine sozial unangepasste Form der Bewältigung von Trauma und Misshandlung angesehen werden kann (dazu Beauchaine & Hinshaw 2008). Bülents Verhalten könnte daher tiefenpsychologisch betrachtet als ein Versuch der psychischen Abwehr massiver Gewaltanmutungen gesehen werden. Eine solche Reaktion dient, wie Anna Freud (2000) herausgestellt hat, dem Schutz des eigenen psychischen Systems und hat den Charakter einer „letzten Notbremse" vor einem drohenden Zusammenbruch des Selbst, angesichts überwältigender und nicht integrierbarer Attacken. Es schützt somit das fragile, zerbrechliche Selbstbild Bülents und stellt eine Alternative zur Selbstzerstörung dar.

Neben den Schlägen, die Bülent seit frühester Kindheit zu spüren bekam, könnte auch das hohe Maß der erlebten Ohnmacht und Abhängigkeit sowie das Ausgeliefertsein an den autoritären Vater zur Ausbildung seiner gewalttätigen Reaktion geführt haben. Denn traumatisierend wirkt nach Winnicott (1984) neben der direkt erfahrenen Gewalt auch ein Mangel an hinreichender Zuwendung oder Bindung. Da solchen Kindern die „affektive Nahrung vorenthalten wurde, auf die sie Anspruch hatten, ist ihr einziges Hilfsmittel die Gewalt. (...). Das Kind wurde um die Liebe betrogen, dem Erwachsenen (oder in unserem Fall dem Jugendlichen, Anmerk. d. Verf.) bleibt nur der Hass", schreibt Spitz (1976: 311). In den Gewaltverhältnissen, in denen sie aufwachsen, wird nicht ihr *Subjektsein* gestärkt, sondern sie erfahren sich als *Objekt* übermächtiger Gewalt anderer. Sie werden später dazu neigen, in einer *Verkehrung ins Gegenteil* andere zum Objekt ihrer gewalttätigen Macht zu machen, um sich aktiv von ihrem Ohnmachtsgefühl zu befreien, ihr passives Ausgeliefertsein zu überwinden und womöglich dem anderen die Angst einzujagen, welche sie selbst quält (vgl. Auchter 2002: 600). Im Ergebnis könnte das Gewalthandeln Bülents demnach neben der Sicherung männlicher Identität auch der Abwehr spezifischer psychischer Konflikte dienen.

Freilich können erst im Zuge einer analytisch orientierten Psychotherapie derartige tiefenpsychologische Dynamiken aufgedeckt und ggf. aufgehoben werden. Es liegt auf der Hand, dass dies im Rahmen von TOA-Gesprächen nicht geleistet werden konnte. Daher wurde Bülent nach Rücksprache mit dem Team des TOA Bremen an den sozialpsychiatrischen Dienst vermittelt.

Ich werde im nächsten Kapitel mit der Geschichte von Ali aufzeigen, dass die Gewalterfahrungen Bülents keineswegs typisch sind für türkische Jugendliche. Alis Erzählungen zeigen ein gänzlich anderes Vater-Sohn-Verhältnis, geprägt von Aufopferungsbereitschaft und einer vor allem gewaltfreien Erziehung. Gleichwohl scheint auch hier die Figur des Vaters ein zentraler Faktor für das Gewalthandeln Alis zu sein. Welche möglichen Faktoren in diesem Fall dahingehend eine Rolle spielen und ob hier ggf. ein ethnisch-spezifisches Verhalten zum Tragen kommt, wird im Folgenden besprochen.

3.1.2 Der abwesende Ernährer

Ali wurde vom Jugendrichter an den TOA vermittelt, da er darin die möglicherweise letzte Chance für Ali sah, einer Haftstrafe zu entgehen. Zuletzt hatte Ali einige Raubüberfälle begangen und dabei seine Opfer zum Teil brutal zusammengeschlagen. Der 17-Jährige verfügt über ein Abgangszeugnis, hat jedoch kein Interesse an einer Lehrstelle. Vielmehr wolle er „richtig Geld machen". Ali ist Einzelkind und wohnt bei seiner Mutter, die Hausfrau ist und von Hartz IV lebt. Sechs Monate vor dem Gespräch haben sich seine Eltern getrennt.

Auf den ersten Blick entspricht Ali vermutlich dem in der deutschen Öffentlichkeit und den Medien vorherrschenden Bild über junge Türken in Deutschland. Er trug eine schwarze Bomberjacke, Goldketten mit Halbmond und Stern und hatte schwarze, lange, nach hinten gegelte Haare. Seine Jacke behielt er auch während der Gespräche immer an, da sie ihn vermutlich noch breiter und damit „männlicher" erscheinen lassen sollte. Keinesfalls wollte er wie ein 17-jähriger Junge wirken. Dabei hatte er die Jacke gar nicht nötig, sein Körper war aufgebläht wie der eines professionellen Bodybuilders. Ich vermutete bereits, dass er Muskelzuwachspräparate einnimmt, hielt mich aber mit einer dahingehenden Frage zurück. Doch Ali bestätigte meine Vermutungen, indem er sichtlich stolz von sich aus und gleich zu Beginn des Gesprächs damit prahlte, sich regelmäßig Anabolika zu spritzen. Das sei bereits seine zweite Kur, er habe durch die erste in acht Wochen knapp acht Kilo zugenommen. Er trainiere jeden Tag zwei bis drei Stunden. Auf diese Weise wolle er in sechs Monaten aussehen wie ein „Ochse", das sei momentan sein größtes Ziel. Ali hielt uns unaufgefordert einen kurzen Vortrag über Muskelzuwachspräparate und rechtfertigte, weshalb er sich letztlich für das Spritzen und gegen die Einnahme entsprechender Tabletten entschieden habe. Die Einnahme von Tabletten hätte heftige Akne zur Folge und dies würde schließlich seine Chancen bei den „chicas" deutlich mindern.

Alles in allem machte Ali „auf obercool", auf unnahbar, völlig abgeklärt und „verdammt stark". Es war anfangs nicht möglich, ein vernünftiges Gespräch mit ihm zu führen. Dieser junge Mann, der mit einem Bein bereits im Gefängnis stand, machte keinerlei Anstalten, auch nur irgendeine Form von Einsicht zu zeigen. So paradox das zunächst auch war, inszenierte er sich vielmehr als „Mega-Gangster".

Er erfüllte fast alle schlechten Macho-Klischees, sprach beispielsweise in einer sehr vulgären Sprache und machte abfällige Bemerkungen über Frauen. Zudem zeigte er sich sehr aggressiv.

Jung, männlich, türkisch, sexistisch und aggressiv: Haben wir damit unseren Täter dingfest gemacht? Der Fall würde an den Jugendrichter zurückgegeben, in der Haft hätte Ali dann genügend Zeit, um über sein Traditionsdenken und sein rückständiges Handeln nachzudenken, das ihn letztlich in diese Lage gebracht hat. Würden wir hier die Kriterien des herrschenden Diskurses zur Analyse der Jugendgewalt zugrunde legen, dann wäre dieser Schluss wohl naheliegend. Ob dem Gewalthandeln Alis tatsächlich kulturelle Spezifika zugrunde liegen, wie vielleicht anfangs vermutet, oder doch andere Faktoren zu beachten sind, kann nur festgestellt werden, wenn man Ali zumindest die Gelegenheit gibt, seine Geschichte zu erzählen:

So haben wir mit Ali drei sehr intensive Einzelgespräche geführt, die uns einen Einblick in das komplexe Bedingungsgefüge seiner Gewalttaten ermöglichten. Die Dynamiken, die darin zum Vorschein kommen, machen eine differenzierte Sicht auf sein Handeln erforderlich. Dabei konzentriert sich die Analyse erneut in erster Linie auf das Vater-Sohn-Verhältnis.

Ali machte im Gegensatz zu Bülent keinerlei Erfahrungen mit Gewalt in der Familie. Sein Vater habe vielmehr die Einstellung vertreten, dass alle Probleme gewaltfrei zu lösen seien. Die Sanktionsmittel des Vaters seien Stubenarrest und Taschengeldentzug gewesen. Er sei jedoch sehr streng und ernst gewesen, er könne sich kaum daran erinnern, dass er mal in den Arm genommen wurde. Der Vater habe immer wieder betont, dass Ali etwas aus seinem Leben mache solle, sonst würde er einst so enden wie er selbst und müsse ein Leben lang harte Arbeit verrichten. Daher habe es bei schlechten Noten in der Schule oftmals großen Stress zu Hause gegeben. Bei guten Noten sei er ausnahmsweise gelobt worden. Eine Anerkennung des Vaters schien somit nur über gute schulische Leistungen möglich zu sein.[137] So

---

[137] Einer der stabilsten Befunde in der Migrationsforschung ist das Phänomen, dass in Migrationsfamilien in der Regel hohe Bildungsaspirationen für Kinder existieren, die oft an unrealistische Erwartungen an die Kinder gekoppelt sind, wobei häufig aufgrund des Mangels an eigenen Kompetenzen die Unterstützung des Kindes gering ist (vgl. Uslucan 2008b: 169). Bei ausbleibendem oder geringem Erfolg der Kinder führt dies fast zwangsläufig zu Enttäuschungen auf Seiten der Eltern und psychischen Belastungen.

schloss sich Ali früh einer Gruppe von Jungen an, bei denen er den Respekt und die Anerkennung fand, die ihm zu Hause verwehrt wurde.

Die Eltern hätten sich getrennt, weil der Vater zu viel gearbeitet habe und deshalb keine Zeit mehr für die Familie aufbringen konnte. Er sei teilweise monatelang weg gewesen. In verschiedenen europäischen Ländern habe er gearbeitet, um noch mehr Geld zu verdienen. Zentral für das Vater-Sohn-Verhältnis scheint in diesem Zusammenhang jedoch der einjährige Aufenthalt des Vaters in den Vereinigten Staaten zu sein, als Ali sieben Jahre alt war.

Die Familie habe damals ein Haus gekauft und sei dann in Schwierigkeiten mit der Rückzahlung des Bankkredits geraten. Der Vater beschloss daraufhin, die Familie zu verlassen und für ein Jahr in die USA zu gehen, um dort auf Montage zu arbeiten. Er erhoffte sich durch den Aufenthalt, aus der finanziell schwierigen Lage herauszukommen. Ali konnte sich noch gut daran erinnern, wie der Vater ihm zum Abschied sagte, er solle ein guter Junge sein und der Mutter bloß keine Sorgen bereiten. Der Vater weinte beim Abschied und teilte Ali mit, dass er schon bald wieder zurückkehren werde. Die Tatsache, dass sie sich erst ein Jahr später wiedersehen würden, verschwieg er. Der einzige Kontakt, der in diesem Jahr zum Vater bestand, habe per Telefon stattgefunden. Regelmäßig hätten sie jedoch nicht gesprochen, da Telefonieren zu teuer gewesen sei. Die damalige Zeit fasste er so zusammen:

> Ali: Ich hab' schon geweint, das stimmt. Ich hab' auch Sachen im Haus kaputt gemacht, Kinder zusammengeschlagen. Keiner hatte mehr Lust, seine Kinder zu uns zu bringen. Ich hab' alle geschlagen.

Noch bis vor einem Jahr arbeitete der Vater auf Montage und sah seine Familie höchstens am Wochenende. Insofern hat Ali die letzten neun Jahre seines Lebens mehr oder weniger ohne Vater verbracht. Darauf deuten auch die folgenden Äußerungen:

> O.Y.: Wie war das eigentlich, wenn er an einem Wochenende mal zu Hause war? Was habt ihr zusammen unternommen?
> Ali: Nicht viel, er kam so freitagnachts und dann hat er so bis Samstagnachmittag geschlafen. Ich wollte ihn immer sofort sehen. Aber wir

mussten total leise sein. Daran kann ich mich noch sehr gut erinnern. Meine Mutter meinte immer, „Sei ruhig, dein Vater schläft". (...). Sonntags ist er dann immer wieder gefahren.

O.Y.: Habt ihr samstags etwas unternommen?

Ali: Eigentlich nie, mein Vater war immer total müde und kaputt. Er hatte immer Schmerzen. Er wollte immer nur Fernsehen gucken und wir mussten total leise sein. (...). Manchmal sind wir aber sonntags Fußballspielen gegangen, das war echt cool.

Meine Frage, ob er sich hilflos und alleingelassen fühlte, verunsicherte ihn sichtlich. Es fiel ihm schwer, die Fassung zu bewahren und über den Vater zu sprechen. Er schien irritiert darüber zu sein, dass er überhaupt über das Verhältnis zu seinem Vater sprach. Ich war froh, dass er es tat, denn in diesen wenigen Augenblicken reflektierte er wirklich über sich und damit auch über sein gewalttätiges Verhalten. Er ging zwar nicht näher auf meine Frage ein, bat jedoch um ein weiteres Einzelgespräch. Wir vereinbarten einen Termin, weil auch ich mich sehr für die Vater-Sohn-Beziehung interessierte.

Zu diesem Termin erschien Ali erneut als der große „Gangster". Wie bei unserer ersten Begegnung wirkte er sehr reserviert, ein vernünftiges Gespräch schien nicht möglich. Er nahm eine Abwehrhaltung ein und verschanzte sich hinter der Welt der „Gangster" (vgl. hierzu auch die Befunde bei Heinemann 2008). Es gehe um Macht und Respekt. Wenn man sich etwas gefallen ließe, verliere man den Respekt, man werde als schwach abgestempelt. Es gehe darum, keine Angst zu haben. Selbst wenn zehn Leute vor einem stehen, müsse man kämpfen, so sei nun mal das „Gesetz der Straße".

Ich sprach ihn auf seinen Vater an und versuchte, ihn dadurch in die Realität zurückzuholen. Darauf reagierte er jedoch sehr empfindlich, fühlte sich angegriffen und nahm den Vater in Schutz, der der beste der Welt sei. Er habe zuhause alles gehabt und stets genügend Taschengeld bekommen, damit er keine Dummheiten mache. Die Kriminalität habe er auf der Straße gelernt. Der Vater habe sich für die Familie aufgeopfert und dafür bewundere er ihn. Der Vater, der immer das Beste für sie gewollt und sie beschützt habe, und dies immer noch tue, könne nichts dafür, dass die Familie jetzt getrennt sei. Er liebe seinen Vater und wollte nie einen anderen.

Interpretation

Die Tatsache, dass Ali immer dann vor Freude strahlte, wenn er auf seine Kriminalität zu sprechen kam, zeigt sehr deutlich, dass er diese als sehr lustvoll erlebte. Sie sorgte dafür, dass er bewundert und anerkannt wurde und als *richtig männlich* galt. Er schien süchtig nach diesen Gewaltaktionen.[138] Er „kämpft" buchstäblich für die Anerkennung durch die Gleichaltrigen und es macht ihm auch nichts aus, wenn er sich dafür gegen zehn Personen gleichzeitig durchsetzen muss. Wichtiger als das Siegen ist ohnehin das Standhalten. So eine männliche Heldentat spricht sich schnell herum, in nur wenigen Tagen kennt „die Straße" alle Details des Kampfes und zollt einem Respekt. Selbst wenn man unter Umständen heftige Körperverletzungen erleidet, ist damit nicht zwingend eine Degradierung als Person verbunden. Die Verletzung kann sogar als demonstratives Zeichen der eigenen Männlichkeit bzw. *männlichen Ehre* präsentiert werden, sofern man sich *mannhaft* dem Kampf gestellt halt. Die Bezugnahme auf die Verletzung erfolgt schließlich im Rahmen der Wettbewerbs-Konstruktionslogik von Männlichkeit, so Meuser (2002: 68). Dieser maskuline Wettbewerb dient dazu, hegemoniale Männlichkeit bzw. angesehene Männlichkeit, durch das aggressive Einklagen von Respekt vor einem großen Publikum unter Beweis zu stellen. Der „Code of the Street" (Anderson 1999) dient somit auch der Stabilisierung traditioneller männlicher Identität.

Diese Interpretation ist meiner Meinung nach jedoch unzureichend im Hinblick auf Alis Situation. Seine Gewaltanwendungen hängen auch in hohem Maße von seiner psychosozialen Situation ab, seiner Enttäuschung und Einsamkeit nach dem Verlassenwerden durch seinen Vater. Neben Trauer und eine tiefer Verzweiflung spürte ich bei Ali aber auch Wut auf den Vater. Einerseits kann er die Position des enttäuschten Kindes nicht ertragen, andererseits jedoch verteidigt er seinen Vater

---

[138] In der Tat sind für nicht wenige Täter Gewaltakte ein Entspannungsakt, der entsprechende Lustgefühle – während des Gewaltaktes – produziert. Deshalb kann sich bei manchen Tätern direkt eine „Gewaltsucht" entwickeln, das Lustgefühl muss immer wieder gesucht werden. Das steckt dahinter, wenn manche Täter sagen, sie hätten es wieder einmal gebraucht (ausf. dazu Böhnisch 2010: 152 f.).

mit aller Vehemenz. Obwohl sich der Vater über all die Jahre emotional von ihm entfernt hat, idealisiert er ihn. Deshalb dürfen sich seine Aggressionen auch nicht gegen den Vater richten, sondern regelmäßig nach außen. Die zahllosen Schlägereien könnten insofern auch die *Wut* und die *Enttäuschung* auf den Vater widerspiegeln.

Vor diesem Hintergrund erscheint das Verhältnis zum Vater auch in keinem ethnisch-spezifischen Licht. Man kann insbesondere nicht argumentieren, dass zwischen Ali und seinem Vater eine schwache emotionale Bindung bestehen würde, und dass derartige Vater-Sohn-Verhältnisse vielmehr ein zentrales und typisches Moment in türkischen Familien zum Ausdruck bringen würden, so wie von Heitmeyer et. al. (1997: 74 f.) beschrieben. Danach werden selbst in Krisenzeiten die Autorität des Vaters und somit die Normen der Ehre nicht hinterfragt. Kritik am Vater sei ein Tabu, ganz gleich, wie emotional distanziert sich dieser dem Sohn gegenüber auch verhalte.

Für eine derartige Interpretation gibt es keinerlei Anhaltspunkte im Datenmaterial. Vielmehr bestätigt die Sozialisationstheoretikerin Carol Hagemann-White in ihrer Studie über männliche Sozialisation, dass das Vater-Sohn-Verhältnis oftmals von derartiger emotionaler Distanz geprägt sei (1984: 52). Der Junge sei gezwungen, eigene Bilder zu entwerfen, sich mit einem imaginierten Vaterbild zu identifizieren. Sie betont, dass viele Jungen realitätsferne Bilder ihrer Väter entwerfen, die die Person des Vaters idealisieren. Diese Idealisierung des Vaters, die der Junge vornehme, sei emotional aufgeladen. Der Vater, der sich ab und zu überreden ließe, mit dem Sohn zu spielen, oder wie im Falle von Ali auf den Bolzplatz zu gehen, stilisiere sich zum Besonderen („...das war echt cool"). In dieser Rolle werde er folglich von vielen Söhnen wahrgenommen. Nach Hagemann-White geht somit die Tatsache, dass der Vater (durch die Erwerbstätigkeit) oft physisch und psychisch abwesend ist, nicht einher mit einer schwachen emotionalen Bindung. Zu vermuten sei vielmehr, dass selbst dann, wenn sich eine emotionale Distanz zum Vater einstelle, dies nicht gleichzeitig bedeuten müsse, dass die emotionale Bedeutung seiner Person gering sei bzw. die Sehnsucht nach einer engeren, emotionalen Beziehung zur geliebten Bezugsperson nicht gewünscht sei (vgl. dazu auch Engelfried 1997: 80).

Im Ergebnis konstatiert Hagemann-White, dass mit der häufigen Abwesenheit des Vaters auch eine tiefe emotionale Bindung an den Vater einhergehe. Eine paradoxe Situation manifestiert sich: Distanz in der Vater-Sohn-Beziehung korrespondiert mit einer starken emotionalen Bindung des Sohnes an den Vater. Nach Shere Hite (1994) gehe diese emotionale Distanz schließlich Hand in Hand mit der schmerzlichen Sehnsucht nach dem Vater und dem Wunsch nach Nähe. Und weiter schreibt sie:

„Diese unvollständige Beziehung hat auf das Leben vieler Männer bleibenden Einfluss. Sie versuchen, den Vater zu erreichen, und kämpfen darum, dass er sie wahrnimmt und als Sohn anerkennt" (ebd.: 393 f.).

Um dieses Ziel zu erreichen, nämlich um jeden Preis vom Vater anerkannt zu werden, muss dieser idealisiert werden, selbst wenn er kaum Zeit für den Sohn hat:
Vor diesem Hintergrund ist anzunehmen, dass der emotional distanzierte Vater im Leben Alis und aus Alis Perspektive eine emotional bedeutsame Rolle einnimmt. Diese tiefe Beziehung zu ihm führt im Fall von Ali auch zu einer tiefen Enttäuschung. Aufgrund der Idealisierung lässt er jedoch keine Kritik an ihm zu. Für eine Argumentation, die die Bindung zum Vater ethnisch-spezifisch determiniert, fehlen die Anhaltspunkte im empirischen Material.

Interpretiert man folglich die Gewalthandlungen Alis als Stabilisierung einer traditionellen männlichen Identität, könnten seine überzogenen Pläne und Vorstellungen nach psychoanalytischem Verständnis auch als Kompensationsreaktionen auf zugrundeliegende Erfahrungen von Macht- und Hilflosigkeit und enormer Unsicherheit in seiner früher Kindheit gesehen werden. Dafür sprechen besonders Alis vergebliche Bemühungen, mit seinem Vater zumindest telefonisch in Kontakt zu bleiben, als dieser in den USA lebte. Aufgrund hoher Telefonkosten wurde ihm dieser Wunsch jedoch ständig abgeschlagen. Er wurde stattdessen immer wieder damit getröstet, dass der Vater bald wieder nach Hause käme. Doch was Ali auch tat, es hatte keine Außenwirkung, der Vater kam nicht zurück. So musste er früh lernen, dass er nicht in der Lage ist, durch eigenes Ausdrucksverhalten Einfluss auf das Geschehen zu nehmen. Die Folge ist ein tiefsitzendes Gefühl von Machtlosigkeit, Alleingelassen werden, Unsicherheit und Hilflosigkeit, innerer Leere und ein geringes Selbstwertgefühl, dass er heute durch dominantes Verhalten zu kompensieren versucht.

3.2 Fazit

Fassen wir beiden Fälle noch einmal mit Blick auf die am Anfang des Kapitels 3.1.1 aufgeworfene Fragestellung zusammen:

Im Fall von Bülent ist der Vater ein gewalttätiger und gefühlskalter Mann. Alis Vater ist nicht gewalttätig, jedoch ähnlich emotional distanziert. Bülent hasst seinen Vater, Ali hingegen liebt seinen Vater und idealisiert ihn. Doch in beiden Fällen hat das Vater-Sohn-Verhältnis einen wesentlichen Einfluss auf das eigene Gewalthandeln. Dabei scheint jedoch sicher zu sein, dass die Gewaltprobleme der Jungen nicht auf Grund *ethnisch-spezifischer Erziehungsstrategien* auftreten, sondern allgemein mit ihren Vätern bzw. deren wenig bewussten Erziehungsmethoden zusammenhängen (vgl. hierzu auch Gaitanides 2000: 123).

Die fehlende Kommunikation innerhalb der Familie, der emotionslose Erziehungsstil des Vaters sowie vor allem dessen Abwesenheit hatten zur Folge, dass sich Ali seine Vorbilder außerhalb der Familie bei kriminellen Freunden suchte. Der Rückhalt in Gruppen von Gleichaltrigen ersetzte die Unterstützung durch den Vater. Von diesen Freunden erhielt Ali die Anerkennung und Bewunderung, die er von seinem Vater nicht bekam. Durch die Gruppe wurde insbesondere aber auch die Sicherung männlicher Identität gewährleistet. Dort konnte Ali Stärke demonstrieren und Schwäche abwehren. Er verrannte sich dabei jedoch immer mehr in Größenphantasien und Tagträumen. Diese haben für Adoleszente eine wichtige Überleitungsfunktion, bis das Selbstwertgefühl durch reale Gratifikationen und Beziehungen zunehmend gefestigt wird. Die Einbindung in die Realität gesellschaftlicher Strukturen hat dann eine anti-narzisstische Funktion (vgl. Bohleber 2002: 558). Bei Ali scheint es so zu sein, dass sein Selbstwertgefühl vor allem durch die Erfahrung der Kränkung und langjährigen Missachtung in der Kindheit fragil geworden ist, sodass es zu einer kompensatorischen Fixierung auf die Tagträume und Größenphantasien gekommen ist, was letztlich aber die „Brückenfunktion des Narzissmus" überfordert (vgl. ebd.). Der Stütz- und Fluchtpunkt des Narzissmus führt bei ihm zu einer Sackgasse. Die Gefahr, die diese Dynamik birgt, liegt auf der Hand: Neben strafrechtlichen Konsequenzen befindet sich Ali selbst in einer spezifischen Gefahr. Seine Fixierung auf Größenphantasien kann dazu führen, dass er den inneren Kontakt mit dem eigenen Anteil vollständig zu verlieren droht. Dies hat nicht zuletzt auch eine Spirale der Gewalt zur Folge, wie wir sie bei ihm bereits sehen können. Eine vernünftige Arbeit mit Ali im Sinne einer nachhaltigen Gewaltprävention müsste daran ansetzen, diese Abwehr nicht zu stützen und ihm stattdessen die Realität vor Augen führen. Es müsste also darum gehen, ihn mit seinen Affekten zu konfrontieren: mit seiner Ohnmacht, Angst, Verletzlichkeit, aber auch der Wut und Enttäuschung dem Vater gegenüber, und seinem Versuch, vom Opfer zum Täter zu werden. Im Rahmen von TOA-Gesprächen ist dies leider nicht möglich, andere Stellen müssen hier die begonnene Arbeit weiterführen.[139] Und manchmal muss man eben auch einsehen, dass man nicht jeden „retten" kann. Ali kam zu drei Einzelgesprächen und brach den TOA abrupt ab, als wir ihm mitteilten, dass wir ihn an den sozialpsychiatrischen Dienst vermitteln möchten.

Die Analyse des Falles zeigt jedenfalls exemplarisch auf, dass Alis Gewalthandeln in erster Linie als Abwehr schmerzhafter Erfahrungen zu sehen ist und nicht kulturellen Spezifika folgt.

Auch Bülents Gewalthandeln lässt sich weder durch kulturell verbürgte Erziehungsstile erklären, die im Zusammenhang mit GLMN stehen, noch alleine durch eine sozioökonomisch deprivierte Lage oder anderweitige Exklusionserfahrungen. Vielmehr lässt das empirische Material erkennen, dass hier scheinbar spezifische biographische Gewalterfahrungen in der frühen Kindheit in traumatischer Form sein Gewaltverhalten enorm beeinflussen. Aufgrund der Gewalttätigkeit des Vaters und der nicht vorhandenen Übernahme väterlicher Funktionen scheinen ganz entscheidende Bedingungen dafür entstanden zu sein, dass sich Bülent heute zwischen Angst, Unsicherheit und Gewalt bewegt.

Als eine nicht unwesentliche, risikoerhöhende Bedingung eigener Gewaltbelastung ist hier die bereits vielfach belegte intergenerative Übertragung von Gewalt zu nennen (vgl. dazu Uslucan 2008a: 295; Wetzels 2007: 39). Das Erlernen gewalttätiger Muster findet demzufolge, lerntheoretisch begründbar, als Imitationslernen statt; es kann aber darüber hinaus, wie der Fall Bülent zeigt, auch auf kompensierende Impulse zurückgehen, die an traumatischen Situationen ansetzen.

---

[139] Siehe hierzu meine Empfehlungen in Kap. 2.3, Teil III.

4 Gleichaltrigengruppe und Gewalt

Ich habe mich mit familiären Aspekten der Gewalt differenziert auseinandergesetzt. Hierbei wurden neben sozialen auch psychosoziale Faktoren besonders augenfällig, die zur Erklärung von Jugendgewalt ebenfalls heranzuziehen sind. Darüber hinaus konnte bereits angedeutet werden, dass die Zugehörigkeit zu einer Gruppe von Gleichaltrigen keine unwesentliche Rolle bei der Inszenierung einer gewalttätigen Männlichkeit zu spielen scheint. Die Gruppe der Gleichaltrigen bildet scheinbar aber auch einen Ort der solidarischen Anerkennung, der Rückhalt und Stabilität gibt. Insofern werden auch in gewaltbereiten Jugendgruppen positive und identitätsstiftende Erfahrungen gemacht. Vor diesem Hintergrund erweist es sich als bedeutsam, nach dem konkreten Einfluss zu fragen, den soziale Erfahrungen in der *Peergroup* auf männliches Gewalthandeln haben.

Veli ist ein sehr aufgeweckter, sympathischer und reflektierender Junge und die drei Einzelgespräche mit ihm waren äußerst gewinnbringend in zweierlei Hinsicht: Sie führten einerseits zu einem Ausgleichsgespräch mit dem Opfer und einer damit zusammenhängenden Einstellung des Verfahrens durch die Staatsanwaltschaft. Zum anderen konnte ich durch die intensiven Gespräche mit ihm einen guten Einblick in die internen Strukturen seiner Clique gewinnen.

Bevor ich nun auf den konkreten Fall eingehe, möchte ich zunächst einen Überblick darüber geben, wie sich der lebensweltliche Alltag von Veli und seinen Freunde darstellt. Dabei geht es u. a. um die soziale Stellung der Familien, die Ressourcen, die zur Verfügung stehen, es geht um Interaktionen mit der Mehrheitsgesellschaft sowie um Merkmale, die für die Zugehörigkeit zu der Jugendclique konstituierend zu sein scheinen. Bei der Interpretation der Daten werden diese Punkte wiederaufgegriffen und systematisch analysiert.

Veli, Einzelkind eines ungelernten Hilfsarbeiters und einer Hausfrau, ist 16 Jahre alt und seit etwa drei Jahren festes Mitglied einer gewaltbereiten Jugendclique. Veli und seine Cliquenfreunde leben in einem ethnisch segregierten Stadtteil. Früher hätten hier viele deutsche Familien gewohnt, diese seien jedoch nach und nach weggezogen. Zu denen, die dageblieben sind, habe man keinen Kontakt. Veli bezeichnet seine Wohngegend als „Türkenviertel", mit dem er und seine Freunde sich stark identifizieren. Er berichtet von gewalttätigen Revierkämpfen gegen rivalisierende Jugendgruppen oder nächtlichem Patrouillieren im Viertel. Er erzählt von Graffitis, die sie an Stromkästen sprühen, um ihr Revier zu markieren. Man müsse stets wachsam sein und bereit, den sozialen Nahraum gegen jeglichen Angriff von außen notfalls mit Gewalt zu verteidigen: „Es gibt viele, die bei uns Stress machen wollen, und dann kriegen die Stress mit uns."

Die Clique besteht ausschließlich aus Jungen seines Stadtteils, die meisten seien bereits drei Jahre in dieser Gemeinschaft. Der Kern der Gruppe besteht aus acht türkischen Jungen, zwei bosnischen Brüdern und drei Jungen aus Kosovo Albanien. Diese Jungen verbindet zunächst ihre Religionszugehörigkeit zum Islam. So berichtete Veli von der Fastenzeit, die trotz der enormen körperlichen Belastung scheinbar auch eine hohe gemeinschaftsstiftende Funktion für die Gruppe hat. „Man fastet den ganzen Tag zusammen und später wird bei jemandem zu Hause gegessen."

Diese Jungen verbindet im Alltag vor allem aber eines, nämlich die Tatsache, dass sie „Ausländer" sind. Im Umgang mit den institutionellen Vertretern führt dieser festgeklopfte Ausländerstatus der Jugendlichen nicht selten zu Stigmatisierungs- und Diskriminierungserfahrungen. Seine Erfahrungen beispielsweise mit der Polizei beschreibt Veli so:

> Veli: Auch wenn wir nur zwei Leute sind, die halten uns trotzdem an, einfach so. Die schreiben unsere Namen auf und so. Die fragen immer wieder, „Woher kommt ihr?", als ob die das nicht wissen. Die wollen, dass man das immer wieder sagt. Dann sagst du „Türkei" zum Beispiel und man wird direkt abgestempelt als asozial. (…) dann werden wir auch gefragt, „Wer hat den Kiosk ausgeraubt?".
> O.Y.: Wie reagierst du darauf?
> Veli: Ja, wie wohl, ich sag' keine Ahnung. Die wollen immer provozieren. (…). Wir haben viele Probleme mit der Polizei.

Gleichaltrigengruppe und Gewalt 151

Diese Erfahrungen seien keine Besonderheit, sondern Alltag der Jungen. Zu diesem lebensweltlichen Alltag zählt auch ihre sozial prekäre Lage, die kaum Aussicht auf Aufstiegschancen bietet. Die meisten Eltern der Jungen sind auf staatliche Unterstützung angewiesen. Die Jungen besuchen ausnahmslos die Hauptschule und sind teilweise mehrmals nicht versetzt worden, sodass für sie sehr wahrscheinlich die Türen für eine Lehrstelle verschlossen bleiben werden und eine Jugendarbeitslosigkeit scheint damit vorprogrammiert zu sein. In einer solchen Lage, die wenig Optionen bietet, klammern sich die Jungen aneinander und verbringen sehr viel Zeit auf der Straße.

Die Jungen teilen eine gemeinsame Leidenschaft, den Fußballsport. Seit neun Jahren gehört Veli einer Vereinsmannschaft an. Er sei zwar nur Ergänzungsspieler, dennoch fühle er sich wie ein vollwertiges Mitglied dieser Gemeinschaft. Auffällig ist erneut, dass auch dieser Gemeinschaft ausschließlich „ausländische" Jungen angehören. Auch einige seiner Cliquenfreunde seien Mannschaftskameraden. Sie hätten alle Jugendmannschaften gemeinsam durchlaufen und einige hätten sogar lukrative Angebote zum Vereinswechsel abgeschlagen, nur um weiterhin mit den Freunden gemeinsam Fußball zu spielen: „Wir bleiben zusammen, bis zum Schluss, da haut keiner ab". Es wird später noch herausgestellt, dass die Motivation zu Gewalttaten eben in einem solchen Verständnis von „Freundschaft" innerhalb der Clique liegen kann.

Nach diesem Einblick möchte ich nun den zugrundeliegenden Fall vorstellen, der zur Strafanzeige führte. Er spielte sich an einem Tag und an zwei Tatorten ab.

Das Geschehen vor der Diskothek

Veli geht mit drei Freunden in eine Diskothek, um das spätere Opfer vor die Tür zu rufen. Dieser kommt ebenfalls mit drei Freunden heraus, um sich dem geforderten Kampf zu stellen. Zunächst findet ein Faustkampf „Mann gegen Mann" statt, ohne Waffen und somit ohne Beteiligung der Umstehenden. Die Schlägerei eskaliert, als sich einer der Jungen in den Kampf einmischt. Es kommt zu einer Massenschlägerei, bei der auch Waffen wie Totschläger, Schlagringe und Pfefferspray eingesetzt werden. Veli wird noch in derselben Nacht auf der Flucht von der Polizei gefasst, die anderen Tatbeteiligten können fliehen. Dieser Tathergang wurde uns so durch die StA mitgeteilt und von Veli bestätigt.

Es stellte sich im Rahmen der TOA-Gespräche jedoch schnell heraus, dass eine mögliche Erklärung dieser Tat an einem Konflikt ansetzen musste, der sich in den Mittagsstunden desselben Tages auf einem Fußballplatz abgespielt hatte. Dabei wurde ganz offensichtlich eine Dynamik in Gang gesetzt, die letztlich zu der Gewalttat vor der Diskothek geführt hat. Bei der vorliegenden Analyse des konkreten Falles soll daher in erster Linie der Konflikt auf dem Fußballplatz sowie die damit zusammenhängenden Gesichtspunkte zur Diskussion gestellt werden.

Die nachfolgenden Darstellungen werden exemplarisch aufzeigen, dass es sich für ein adäquates und weiterführendes Verständnis von Gewalt immer lohnt, hinter die Gewalttat zu schauen. Dann wird nämlich deutlich, dass Gewalt nicht im luftleeren Raum entsteht, sondern als ein Prozess zu verstehen ist, an dem die Anteile der Beteiligten kaum mehr differenziert auseinander zu halten sind. Zugleich bekommt man einen Einblick in die *Sinnstrukturen*, die der Gewalttat zugrunde liegen.

Das Geschehen auf dem Fußballplatz

Etwa acht Stunden vor der Massenschlägerei fand ein Punktspiel gegen eine Fußballmannschaft statt, mit der es in der Vergangenheit bereits des Öfteren Probleme gegeben haben soll. Dabei ging es um einen bestimmten Spieler dieser Mannschaft. Dieser sei ein überragender Fußballer und würde mit seinen Leistungen etablierte Spieler aus Velis Mannschaft in den Schatten stellen, was diesen extrem missfallen würde. Eskaliert sei der Streit letztlich, als dieser gegnerische Spieler zwei Spieler aus Velis Mannschaft hintereinander „getunnelt"[140] habe, um anschließend „hämisch" zu grinsen. Kurz darauf sei es zu einem heftigen Wortgefecht zwischen den Spielern gekommen, bei dem einer der „getunnelten" Spieler den gegnerischen Jungen ins Gesicht geschlagen habe. Dieses Verhalten wurde schließlich vom Schieds-

---

[140] Im Fußball gibt es viele verschiedene Möglichkeiten, den Gegner auszuspielen. Eine dieser Möglichkeiten ist der so genannte „Tunnel", der auch unter dem Namen „Beinschuss" bekannt ist. Dabei wird der Ball mit einem präzisen Schuss durch die Beine des Gegners befördert. In Spielerkreisen gilt der Tunnel als „Höchststrafe" für einen verteidigenden Akteur, da er die extreme Unaufmerksamkeit des Abwehrspielers verdeutlicht.

richter mit der roten Karte geahndet, was zu einer Rudelbildung auf dem Feld geführt habe. In diesem Tumult habe der disqualifizierte Spieler ferner Drohungen in Richtung des gegnerischen Spielers ausgesprochen. Nachdem sich die Gemüter ein wenig beruhigt hatten, sei das Spiel fortgesetzt worden. Letztlich habe man das Spiel verloren. Darüber hinaus habe der disqualifizierte Spieler eine mehrmonatige Sperre vom Schiedsgericht erhalten. Der Sündenbock für all dies wurde schnell ausfindig gemacht, es war der gegnerische Spieler, der zwei aus Velis Mannschaft „getunnelt" hatte. Ich fragte Veli, was ihn und seine Freunde an der Aktion des gegnerischen Spielers so sehr reizen konnte.

> Veli: Das war kein Fußball mehr. Das war zu persönlich und das wusste er auch.
> O.Y.: Was meinst du damit?
> Veli.: Sie wissen doch was das bedeutet, wenn man jemanden „tunnelt".
> O.Y.: Ich bin mir nicht sicher.
> Veli.: Das ist halt peinlich. //Pause// Das ist so, als wenn man dich nackt auszieht vor allen Leuten. (…). Das ist so, als wenn man dich von hinten rannimmt. Und alle gucken zu.

Scheinbar wird der Beinschuss von den Jugendlichen wie ein Angriff auf die heterosexuelle Männlichkeit gewertet. „Von hinten rangenommen werden" meint offensichtlich eine passive Rolle beim Analsex und dieser Denkweise folgend, eine Verweiblichung des (heterosexuellen) Mannes, da diese Sexualpraktik i. d. R. homosexuellen Männern zugeschrieben wird. Derartige Vorstellungen über Männlichkeit im Zusammenhang mit einem Fußballspiel erscheinen gewiss erklärungsbedürftig. Die Frage lautet: Was bedeutet diese Zuspitzung der Männlichkeit auf dem Fußballplatz und – genauer – die sexuelle Abwertung des Gegners, der zu einem „Mädchen" oder einem unterdrückten und gedemütigten Mann gemacht wird?

> 1. Zunächst einmal ist zu klären, woher ein solches Verständnis rühren kann, dass ein Beinschuss im Fußball die Männlichkeit bzw. das Schamgefühl des betroffenen Spielers tangiert. Damit zusammenhängend wäre zu klären, ob in dieser Hinsicht ggf. ein ethnisch-spezifisches Verständnis zum Ausdruck

kommt. Für ein solches Verständnis könnte der Umstand sprechen, dass es sich bei Veli und seiner gesamten Mannschaft ausschließlich um „ausländische" Spieler handelt. Daran anknüpfend könnte man dann argumentieren, dass die gewalttätigen Männlichkeitsinszenierungen vor der Diskothek als Racheakte zu werten sind, um angegriffene Männlichkeit wiederherzustellen, im Sinne eines tradierten Ehrkonzepts wie von Pfeiffer & Wetzels (2000) mit dem Bezug auf die Kultur der Ehre postuliert.

2. Daneben gilt es ferner der Frage nachzugehen, weshalb sich gerade Veli an der Schlägerei vor der Diskothek beteiligt hat. Dies erscheint besonders deshalb erklärungswürdig, weil Veli vom Beinschuss gar nicht unmittelbar tangiert war. Er stand lediglich als Ergänzungsspieler am Spielfeldrand, am Abend jedoch war er der Haupttäter. Welche Beweggründe könnten ihn also dazu veranlasst haben, vom Unbeteiligten zum Hauptakteur zu werden? Im ersten Moment erscheint auch hier naheliegend, dass sich Veli mit seinen Freunden solidarisch erklärt hat, möglicherweise im Sinne einer Verteidigung der Gruppenehre. Traditionell türkischem Verständnis zufolge steht und fällt die Ehre eines Mannes mit der Zugehörigkeit zu seiner sozialen Gruppe. Ehrverlust stellt sich somit als kollektive Wunde dar. Sie kann nur wiederhergestellt werden, wenn der Ehrverlust gerächt wird. Fordert der Mann keine Vergeltung, wird er als schwach angesehen und ist kein „richtiger Mann" mehr (vgl. Kap. 2.4.1.2, Teil I).

Die Beantwortung dieser komplexen Fragen scheint nur möglich, wenn wir, wie in Teil I dieser Studie herausgearbeitet, den gesamten Kontext zugrunde legen, der zu der Gewalttat geführt haben könnte. Hierzu zählen u. a. die Sozialisationsbedingungen der Jungen, ihre gesellschaftliche Stellung, die Dynamik der *Peer-group* bzw. ihre Regeln und Rituale etc. Dies soll im Folgenden herausgearbeitet werden:

Interpretation

Velis Familie und der Familien seiner Freunde ist eine randständige Lage zu attestieren. Die meisten Eltern arbeiten entweder unter Bedingungen, die sich durch unsichere Arbeitsverhältnisse auszeichnen, oder sind ganz auf staatliche Unterstützung angewiesen. Velis Vater etwa befindet sich z. Zt. in einem befristeten Arbeitsverhältnis als ungelernter Hilfsarbeiter. Eine Besserung der finanziellen Lage ist nicht zu erwarten, eher das Gegenteil. Ferner führt die zunehmende Segregation ihres Stadtteils nach Nationalitätskriterien zu einer steigenden Kluft zwischen Zugewanderten und Einheimischen. Dies dürfte neben der Eigendynamik des Migrationsprozesses insbesondere auch der nach wie vor diskriminierenden ethnisch selektiven Zuweisungspolitik sozialer Wohnungen geschuldet sein. Auf diese Weise entstehen in Velis Viertel ethnische Enklaven, die immer weniger in den Gesellschaftsvertrag moderner Gesellschaften eingebunden werden. Die sozialen Folgen dieser Entwicklung werden seit einigen Jahren unter dem Schlagwort „Exklusion" diskutiert. Damit ist über die Tatsache der materiellen Ungleichheit hinaus eine mangelnde gesellschaftliche Integration der Betroffenen in verschiedenen Bereichen wie Bildung, Kultur und Politik gemeint (vgl. Oberwittler 2010: 213). Kinder und Jugendliche, deren Sozialisation noch nicht abgeschlossen ist, sind davon vermutlich in besonderem Maße betroffen (Bien & Weidacher 2004). Diese „Räume der Isolation und Benachteiligung" (dazu Maschke 2003: 19 ff.) fördern letztlich delinquente Subkulturen und Bandenbildung.[141]

Die „Exklusion" der Familien ist demnach ein Grund für die schlechte Eingliederung der Söhne in das Schulsystem. Mit der Folge, dass alle die Hauptschule besuchen und dort in soziale Netzwerke von überdurchschnittlich problembelasteten Kindern und Jugendlichen hineinwachsen. Damit sind die schulischen Erfahrungen Velis und seiner Freunde auch repräsentativ für die meisten Kinder aus Migrantenfamilien, wie der PISA-Bericht zeigen konnte. Für unseren Forschungskontext ist von Bedeutung, dass der Besuch der Hauptschule unter den heutigen Rahmenbedingungen auch das Hineinwachsen in delinquente Gruppen und die Entwicklung von Gewaltkarrieren fördert (vgl. hierzu die Ergebnisse bei Baier & Pfeiffer 2008: 101 f.). Aufgrund dieser negativen schulischen Erfahrungen und den schlechten

---

[141] Die Tatsache, dass Kriminalität und Gewalt vor allem in den ärmeren Stadtteilen von Großstädten zu finden sind, wird schon seit dem 19. Jahrhundert wahrgenommen (dazu Albrecht 1982). Die aktuellen Forschungen belegen zwar, dass sich eine sozialräumliche Benachteiligung auf eine höhere Kriminalitätsrate bei Jugendlichen auswirken kann, allerdings sind individuelle Risikofaktoren sehr viel bedeutsamer. Eventuelle Auswirkungen des Sozialraums werden dabei hauptsächlich über Gleichaltrigengruppen vermittelt. Die Jugendkriminalität wird demnach insbesondere über subkulturelle Prozesse beeinflusst (zahlreiche Nachweise bei Oberwittler 2010: 222).

bzw. oft gar nicht vorhandenen Abschlüssen sind sich Veli und seine Freunde letztlich auch bewusst darüber, dass eine erfolgreiche Eingliederung in den Arbeitsmarkt sehr schwierig ist. Zugleich wissen sie jedoch, dass Arbeit für die Positionierung als Mann sehr wichtig ist, da Arbeit und männliche Identität eng miteinander verflochten sind.[142] Die Bedeutung der Arbeit für ihr *doing gender* entspricht schließlich gesellschaftlichen Vorgaben. Wer nicht arbeitet, kann nicht versorgen. Wer nicht versorgen kann, ist nicht heiratsfähig: Finden sie keinen guten Arbeitsplatz, laufen sie Gefahr, von der Gesellschaft nicht respektiert zu werden. Noch gravierender ist jedoch, dass dies auf geschlechtlicher Ebene als Männlichkeitskrise aufgefasst wird, die nach Vera King nicht selten „zu entsprechend kompensatorischen Inszenierungen von Männlichkeitsklischees" führt (King 2000: 104 f., zitiert n. Spindler 2006: 299).

Derartige Inszenierungen sind bei Veli und seinen Freunden deutlich erkennbar; das geschieht etwa durch die zum Teil gewalttätige Konfrontation mit rivalisierenden Jugendcliquen an öffentlichen Schauplätzen. Dabei geht es um öffentliche Männlichkeitsbeweise, darum, jedem potentiellen Angreifer zu zeigen, dass man Kampfesmut besitzt, nicht abhaut und risikofreudig ist. Es geht also um die Kontrolle des sozialen Nahraums und dessen Schutz vor äußeren Feinden, also um die genuin männliche Beschützerrolle. Demnach ist entscheidend, dass ein „Mann" sein Territorium zu verteidigen bereit ist. Die Beschützerfunktion wird hier übersetzt mit Territorium.

Durch riskante, öffentliche Inszenierungen können die Jugendlichen auch ohne direkte Gewaltanwendung den sozialen Außenseiterstatus zeitweilig vergessen machen. Durch diese gefährliche Fassade erzeugen sie Respekt, Angst oder zumindest Vorsicht. Aufgrund solcher Konfrontationen an öffentlichen Plätzen, wird zumindest ein situativer Anspruch auf hegemoniale Männlichkeit erlangt. Diese Handlungsweise führt jedoch auch dazu, dass diese jungen Männer anfälliger für polizeiliche Kontrollen und damit auch für Kriminalisierungsprozesse werden. Solche Kriminalisierungsprozesse, insbesondere verknüpft mit ihrer „ausländischen" Herkunft, gehören zum Alltag der Jungen: Ihr Aussehen reicht meist aus, um sie als Problemfälle einzuordnen und führt dazu, dass sie sich aufgrund ihrer Herkunft aus-

---

[142] Vgl. Kap. 3.2.1.2.

Gleichaltrigengruppe und Gewalt 157

gegrenzt fühlen. „Ausländer-Sein" und ethnische Etikettierung prägen somit das Leben der Jungen in ganz entscheidender Weise.

Eine Strategie, um mit diesem Stigma und den strukturellen Ausgrenzungsprozessen umzugehen, ist der Zusammenschluss der Jugendlichen zu einer Gruppe. Diese Gruppenbildung ist jedoch nicht wie so oft im Diskurs über türkische Jungen zum Ausdruck gebracht, eine Suche nach kultureller Identität (so z. B. Heitmeyer et. al. 1997). Velis Fall zeigt uns, dass das Merkmal, „Türke" oder „Ausländer" zu sein, keine zwingende Voraussetzung für die Mitgliedschaft in seiner Clique ist. Viel wichtiger scheinen hierbei *verbindende Gemeinschaftserlebnisse* zu sein sowie die *Geschlechtszugehörigkeit* (vgl. hierzu auch die Befunde bei Spindler 2006: 309 f.). Nach Veli komme es entscheidend darauf an, dass man aus der gleichen Gegend komme, von den gleichen Erfahrungen berichten könne, wie etwa von Ausgrenzungs- bzw. Diskriminierungserfahrungen im privaten wie öffentlichen Bereich oder von Rassismuserfahrungen auf dem Fußballplatz. In Bezug auf letzteres beklagte er sich vor allem über verbale Provokationen durch deutsche Gegner und deren Angehörige am Spielfeldrand sowie Benachteiligungen durch die Schiedsrichter und Spruchkammern, die härtere Strafen für ausländische Spieler verhängen würden;[143] dies stellte er schließlich in Zusammenhang mit Ausländerfeindlichkeit.

Diese tatsächlichen oder subjektiv empfundenen Benachteiligungen und Fremdheitserfahrungen der Jugendlichen haben seit einiger Zeit zur Folge, und das zeigt auch dieser vorliegende Fall, dass sich das von den Fußballverbänden am stärksten favorisierte Modell ethnisch gemischter Mannschaften in einem deutschen Verein in einem Transformationsprozess befindet (dazu Klein 2001: 32 f.). Verschiedene strukturelle, soziokulturelle und individuelle Einflussfaktoren bewirken, dass sich zurzeit die ethnische Segregation im Jugend- und Amateurfußball verstärkt. Damit einher gehen ein gestiegenes Konfliktpotential im Spielbetrieb[144] und veränderte Bedingungen für die soziale Integration in und über die Vereine. Schließlich ist die ethnische Selbstorganisation im Fußballsport in einen allgemein festzustellenden

---

[143] Diese Aussage Velis wird durch die Untersuchungsergebnisse von Pilz (2002) zu „ethnischen Konflikte im Jugendfußball" gestützt, der hierfür sämtliche Sportgerichtsverhandlungen im Bereich des Niedersächsischen Fußballverbandes der Saison 1998-99 ausgewertet hat.
[144] Siehe hierzu den Stern-Bericht (11/07) über den Bremer Kreisligaverein „SV Mardin": http://www.stern.de/sport/fussball/gewalt-im-fussball-der-bremer-bolz-boykott-602980.html (zuletzt abgerufen am 28.11.2010).

Prozess der Selbstethnisierung einzuordnen, d. h. eines gewollten und ungewollten Rückzuges von Teilen der ausländischen Bevölkerung auf die eigenethnische Gruppe.[145]

Vor diesem Hintergrund ist die Organisation in einer Jugendclique bzw. einem Fußballverein als ein Projekt zu sehen, das Identität stiften und ein Wir-Gefühl schaffen soll. In der Gruppe versprechen sich die Jugendlichen untereinander Halt und Zuspruch. Veli erläutert diese Suche nach sozialer Zugehörigkeit:

> Veli: Wir sind wie eine Familie. Wenn ich z. B. kein Geld mehr habe, dann gibt halt ein anderer was aus. Das ist normal für uns. Bei uns hat auch jeder seinen eigenen Rang, wie in der Familie.

Velis Verbundenheit mit seinem Stadtteil und seiner Clique bzw. Fußballmannschaft scheint für seine Selbstrepräsentation wichtiger zu sein, als die Annahme einer ethnisch-kulturellen Zugehörigkeit, die kein konstituierendes Merkmal dieser Clique ist. Die Gruppe hat vielmehr eine spezifische Abwehr-Funktion für die zentralen Entwicklungsprobleme der Jugendlichen und vermittelt ein *Gefühl der inneren Festigkeit und Beständigkeit* (dazu Akhtar 2007: 76). Ethnisch spezifische Regeln stehen in der Gruppe somit nicht im Vordergrund, sondern eher die Tatsache, dass es sich um einen Solidaritätsverbund der als „Ausländer" Bezeichneten handelt, „die sich durch „doing ethnicity" in auffälligen Formen präsentieren und inszenieren" (Spindler 2006: 16, Hervorh. i. O.). Dabei wird freilich ein Selbstethnisierungsprozess deutlich, da die Jugendlichen sich selbst als „Türken" oder „Ausländer" bezeichnen, obwohl diese Begriffe normalerweise der Exklusion dienen. Dieser Prozess entsteht jedoch nicht deshalb, weil auf eine *gemeinsame* Kultur verwiesen wird, sondern weil die aktuelle Situation dies bedingt. Auf traditionelle Gemeinsamkeiten wird sich erst nach der Gruppenbildung berufen, um die Gruppenzusammengehörigkeit zu festigen (vgl. ebd.: 306). Die kulturelle Identität der Jugendlichen hängt nicht von einer bestimmten Heimat oder Herkunft ab. Vielmehr ist sie in sozialen und kulturellen Räumen verwurzelt. Diese Verwurzelung basiert auf der Zugehörig-

---

[145] Selbstethnisierungstendenzen bei Migranten als *Strategie der Gegenwehr* wurden eingehend in Kap. 1.1, Teil I besprochen. Die Exklusionsmechanismen gegenüber den Jugendlichen können demzufolge auch als eine zugespitzte Form des gesellschaftlichen Umgangs mit Migration im Allgemeinen verstanden werden.

keit zu bestimmten Gruppen, der Beziehung zum jeweiligen Umfeld und der Identifikation mit der dort vorherrschenden Lebensweise. In *ihrer* Gruppe können sich die Jugendlichen ohne Angst vor Diskriminierung bewegen und dort auch ihre Erfahrungen als „Ausländer" verarbeiten.

So tun sich diese ausgegrenzten, gesellschaftlichen „Verlierer" zu einer männerbündischen Gemeinschaft zusammen – in der *doing gender* und *doing ethnicity* als wechselseitig genutzte Ressource eingesetzt werden (dazu Meuser & Scholz 2005: 220) – und arbeiten gemeinsam an einer Lebensform, die ihnen endlich gesellschaftliches Ansehen bringen soll. Eine solche Gemeinschaftsform ist eben auch die Fußballmannschaft. Gerade für heranwachsende Jungen ist der Sport in der geschlechtshomogenen Gruppe das Praxisfeld schlechthin – ein Feld, das emotionale Nähe zu anderen Jungen und ein ausgeprägtes Gemeinschafts- und Zugehörigkeitsgefühl ermöglicht (Jösting 2005: 248f.). Dieser Rückgriff der Jungen auf eine sportliche Praxis, um ihr Gruppenleben auszugestalten, könnte sich auch – in Abgrenzung zu den Gewalthandlungen im Rahmen der Cliquengemeinschaft – als ein Versuch darstellen, über *legitime* Macht hegemonialer Männlichkeit zu verfügen:

Dass der Sport ein exklusiver Ort der Darstellung und Herstellung von Männlichkeit und männlicher Dominanz ist, ist hinlänglich bekannt und wird zunehmend wissenschaftlich untersucht (siehe etwa Kreisky & Spitaler 2006; Jösting 2005, 2008; Theweleit 2005; Messner 1992). Im Rahmen dieser Forschungen zeigt sich, dass vielschichtige Verwebungen mit sozialen, politischen, wirtschaftlichen und ethnischen Interessen bestehen, die eine männliche Hegemonie gewährleisten. Der US-amerikanische Soziologe Michael Messner (1992, zitiert n. Jösting 2005: 250) weist darauf hin, dass Jungen wenn sie eine Sportart beginnen, nicht nur ein Spiel erlernen, sondern gleichzeitig eine organisierte Institution betreten. Sie spielen somit nicht nur Fußball, sondern vollziehen und reproduzieren mit dieser sportlichen Praxis gleichzeitig Relevanzstrukturen dieser sozialen Institutionen und damit Relevanzstrukturen hegemonialer Männlichkeit. Um den (Männer-) Fußball als Konstruktionsort und Konstruktionsmittel männlicher Dominanz erhalten zu können, müssen folglich Mädchen aus dem Sportraum ausgeschlossen oder zumindest abgewertet und untergeordnet werden.[146] Das gleiche gilt in dieser Konsequenz aber

---

[146] Die Tatsache, dass es derzeit im europäischen Fußball keinen aktiven Profi gibt, der sich explizit als homosexuell geoutet hat, zeigt, dass vor allem im Fußballsport die Geschlechtergrenzen sehr eng gezogen werden. Beim Fußball scheint es sich um eines der letzten gesellschaftlichen Bereiche zu

auch für männliche Konkurrenten, die als Akteure in diesem kompetitiven Raum ebenfalls abgewertet und untergeordnet werden. Sabine Jösting (2005) beschreibt in einer Studie über Jungenfreundschaften den Sport als ein Feld, das sich in paradigmatischer Weise eignet, den kompetitiven Modus hegemonialer Männlichkeit anzueignen, da es „das sicherste, das eindeutigste und gesellschaftlich anerkannteste und verbreitetste Spielfeld zur Darstellung und Herstellung von Männlichkeit" ist (ebd.: 257; vgl. auch Dunning 2003: 473). Einerseits lernen Jungen im Sport eine hierarchische Wettbewerbsstruktur unter Männern kennen. Andererseits führt die erfolgreiche Teilnahme am Sport zu einer guten Positionierung im hierarchischen Gefüge (Jösting 2005: 255). Damit dient der Sport allen Männern, weil er sie darin unterstützt, sich im öffentlichen Leben zu positionieren und ihre Macht über Frauen zu legitimieren. Allerdings sind die Privilegien der Hegemonie nicht gleichmäßig verteilt. Gesellschaftliches Umfeld, Ethnie, sexuelle Orientierung, körperliche Voraussetzungen sind beispielsweise wichtige Elemente der ungleichen Partizipation und bestimmen die Unterordnung und Ausgrenzung bestimmter Männlichkeiten (ebd.). Der Sport ist also eine soziale Einrichtung, in der die dominierenden gesellschaftlichen Ungleichheitsstrukturen gesichert und reproduziert werden (ebd.: 260). Ein marginalisierter Junge darf deshalb nicht ohne weiteres davon ausgehen, dass er seine gesellschaftliche Position auf dem Fußballplatz hinter sich lassen und an den Strukturen hegemonialer Männlichkeit teilhaben kann (ebd.).

Ferner weist Jösting (2005: 254 f.) mit Bezug auf Meusers (2006a) Analysen einer Gruppendiskussion mit Freizeit-Fußballspielern darauf hin, dass es nicht ausschlaggebend sei, dass Männer miteinander Fußball spielen, sie also physisch zusammen sind, sondern dass sie in ihrer symbolischen Sinnwelt übereinstimmen und so das kulturelle Ideal männlicher Hegemonie akzeptieren und reproduzieren. Wichtig ist also, dass die Männer unter sich bleiben, denn die homosoziale Männergemeinschaft agiert gleichsam als ein ‚kollektiver' Akteur der Konstruktion von Differenz und der Bekräftigung von Distinktion (vgl. ebd. 2001: 16). Im Ergebnis dient der Rückgriff der Jungen auf den Fußballsport der Selbstrepräsentation als männlich und der Herstellung und Stärkung einer heterosexuellen Identität. Der Kontext des Spiels, in dem diese jugendlichen Praxen stehen, verschleiert daher, dass sich junge

---

handeln, in denen sich Männlichkeit noch mit „der Evidenz des Selbstverständlichen" (Bourdieu 2005: 154) durchzusetzen vermag (vgl. Lehnert 2006: 84 f.).

Männer hier spielerisch in männlichen Herrschaftsformen einüben und sich so gesellschaftlich positionieren können (Jösting 2008: 57 f.). Die Eingebundenheit in die männliche Fußballmannschaft stellt für die ansonsten marginalisierten Jungen schließlich eine Möglichkeit dar, in Konkurrenz und Wettbewerb mit anderen Jugendlichen zu treten (dies. 2005: 247). Nicht selten hat der sportliche Wettkampf damit auch eine Art Stellvertreterfunktion für den Kampf um Anerkennung. Sieg oder Niederlage im Spiel werden so zu Symbolen von Über- oder Unterlegenheit. Der sportliche Star ist ein Musterbeispiel männlicher Stärke, steht aber auch für die Hoffnung auf einen Ausweg aus dem Elend der Marginalisierung.

Diese Reduktion des Fußballsports auf geschlechtsbezogene soziale Dimensionen von Erfahrungen könnte der entscheidende Grund dafür gewesen sein, weshalb sich Veli und seine Freunde vom gegnerischen Fußballspieler in ihrer Männlichkeit derart gekränkt gefühlt haben. Schließlich ist das Fußballfeld für sie eine *legitime* Arena für Konkurrenz-, Positions- und Machtkämpfe und damit ein Feld zur Darstellung und Inszenierung angesehener Männlichkeit. Und darauf sind insbesondere diejenigen angewiesen, die wie die hier beschriebenen Jugendlichen kaum über andere Ressourcen verfügen, um einen *legitimen* Anspruch an hegemoniale Männlichkeit zu erheben. Auf dieser theoretischen Folie können die Aussagen Velis folgendermaßen interpretiert werden:

Für den abwehrenden Spieler bedeutete der „Tunnel" einen Verlust von Männlichkeit, von Ehre und Ansehen. Der Ausführende hingegen zementierte mit dem „Tunnel" seine ohnehin bekannte Dominanz im Fußballsport. Die Überhöhung der eigenen Männlichkeit steht somit der Diffamierung der Männlichkeit des Gegners gegenüber. Das anschließende hämische Grinsen des Spielers ist dann als eine letzte Provokation zu sehen, die von den anderen Jungen als sehr persönlich und respektlos gewertet wird. Das verlorene Spiel sowie die mehrmonatige Spielsperre für den „getunnelten" Spieler durch das Schiedsgericht besiegelten endgültig die Niederlage im Duell: „Ein einziger Schlag" ins Gesicht des anderen Jungen auf dem Fußballfeld und einige Drohungen in dessen Richtung konnten offenbar diese bittere Niederlage nicht aufwiegen oder die verlorene Reputation – der gesamten Mannschaft – wiederherstellen. Man(n) musste handeln, Man(n) war unter Druck. Man(n) musste dringend wieder Stärke beweisen, am besten vor einem ähnlich großen Publikum wie bei einem Fußballspiel. Schließlich erfordern „masculinity challenges" (Messerschmidt 2000: 13), also Herausforderungen an die Männlichkeit, die Erfüllung der kontextspezifischen Männlichkeitserwartungen.

So paradox das auch klingen mag, *in dieser Hinsicht* ergibt das Gewalthandeln der Jungen vor der Diskothek durchaus Sinn, weil es teilweise im Einklang mit den Vorgaben der Geschlechterordnung steht bzw. dem Wertesystem des Männerfußballs. Demnach muss gekränkte Männlichkeit wiederhergestellt, der Ehrverlust gerächt werden, möchte man sich keinem Hohn und Spott aussetzen. Ehre ist in diesem Zusammenhang aber nicht als etwas ethnisch Spezifisches zu sehen, sie steht vielmehr für ein normatives Referenzsystem, aber vor allem für einen Anspruch auf Respekt und, für die Zurückweisung von Demütigungen (vgl. Findeisen & Kersten 1999: 142). Verweigerter Respekt muss notfalls gewaltvoll eingeklagt werden, um die eigene Reputation vor den Augen der anderen wiederherzustellen. Ähnliche Muster haben wir bereits bei Ali und Bülent gesehen. Darin zeigt sich letztlich der stetige Beweis der Risikobereitschaft der Jungen und macht für einen Moment ihren Außenseiterstatus vergessen. Im Risikohandeln wird, so betont auch Helfferich (1997: 153), „der Status respektierter Männlichkeit gelernt und verdient". Ein „Loser" wird so zum rebellischen Helden stilisiert, der wegen seiner Konfrontationsbereitschaft Respekt verdient bzw. gefürchtet wird. Das Gewalthandeln ist demnach nicht orientierungslos und anomisch, sondern orientiert sich sehr deutlich an verbindlichen Leitbildern und Normen, die für die hegemoniale Männlichkeit konstitutiv sind. Die Jungen klagen vor der Diskothek mit Gewalt das ein, was ihnen auf dem Fußballfeld verweigerte wurde: nämlich Respekt.

Doch erklärungsbedürftig bleibt, weshalb gerade Veli der Hauptakteur vor der Diskothek war, wo er doch während der Geschehnisse auf dem Fußballfeld lediglich am Spielfeldrand als Einwechselspieler stand. Diesbezüglich haben wir oben die Frage aufgeworfen, ob es sich dabei möglicherweise um ethnisch-spezifische Solidaritätsbekundungen handeln könnte. Das scheint jedoch nicht so zu sein. Hierbei sind vielmehr die konkreten Regeln und Rituale seiner Clique in den Fokus zu nehmen. Im Besonderen geht es um die *kompetitive* Struktur dieser Gemeinschaft.

In Velis Gemeinschaft herrscht ein Machtgefälle. Hier werden *hierarchische* Positionen erkämpft und ausgehandelt. Er berichtete davon, dass er nicht selten vor den Augen anderer bloßgestellt wurde. Er habe als Einwechselspieler oftmals die

Aufgabe, die Wasserkästen oder die Fußbälle zu tragen, da die Stammspieler in dieser Hinsicht einen Sonderstatus genießen würden. Das sei aber in Ordnung, schließlich habe „jeder seinen eigenen Rang". Man müsse sich aber ständig beweisen und wehren. Wer das nicht könne, zeige Schwäche und Schwache hätten einen sehr schweren Stand, sie müssten immer wieder mit „Anmache" rechnen.

Das Streben nach einer übergeordneten bzw. hohen Position in der Gruppe hat demnach auch die Funktion, vor der Gewalt, vor den Hänseleien und dem „Anmachen" mancher Jungen geschützt zu sein. Diese Regeln werden scheinbar unhinterfragt internalisiert. Anerkennung als Mann erwirbt man dadurch, dass man sich dem Wettbewerb mit Geschlechtsgenossen stellt, „wenn nötig bis zum bitteren Ende", so Meuser (2006b: 171). Ferner betont der Soziologe (2002), dass gruppenbezogenes Gewalthandeln männlicher Adoleszenter auch funktional sei für die Aneignung einer „normalen" Männlichkeit. Sie sei „ein entscheidender Faktor der Gemeinschaftsbildung" (ebd.: 67).[147]

Diese Relevanz von Männlichkeit und Gewalt für den Cliquenzusammenhang und -alltag geht aus den Erzählungen Velis deutlich hervor. Die Gewaltbereitschaft hat hohe Bedeutung für die Anerkennungskämpfe innerhalb der Gruppe. Wer kneift, ist kein Mann. Die Vorstellung von Männlichkeit ist in der Gruppe demnach stark verbunden mit Gewalttätigkeit und der Demonstration von Macht im Männerverbund. Die Ausübung von Gewalt wird so zum sichtbaren Zeichen von Macht und Kontrolle und die Clique verhilft Veli dazu. Dort wird Gewalt reproduziert. In diesem Kontext wird deutlich, dass der Zwang zu einer traditionellen Männlichkeit (körperliche Stärke, Furchtlosigkeit, Durchsetzungsfähigkeit etc.) aus der Gruppe heraus entsteht. Nach Meuser (2004) fungieren homosoziale Männergemeinschaften als Verstärker hegemonialer Männlichkeit. Hier wird die hegemoniale Männlichkeit als die Norm bekräftigt, auf die Männer verpflichtet werden – unabhängig von einem möglicherweise abweichenden individuellen Selbstverständnis (ebd.: 372).

Ein derartiges „Freundschaftsverständnis" scheint aber auch eine Bürde zu sein. Veli hat nämlich kaum eine Wahlmöglichkeit. Die Gruppe bietet zwar Sicherheit und Orientierung hin zu akzeptierten männlichen Rollen, übt aber auch oft enormen Druck auf den Einzelnen aus, dieser Rolle gerecht zu werden. Demzufolge könnte

---

[147] Damit spricht Meuser (2002) einen ambivalenten Charakter von Gewalt an: Sie sei „sowohl eine Form der Reproduktion sozialer Ordnung als auch ein Ordnungsproblem" (ebd.: 64).

Velis Verhalten vor der Diskothek als Verteidigung einer herausgeforderten Männlichkeit beschrieben werden, die immer wieder unter Beweis gestellt werden muss: Veli ist „nur" Ergänzungsspieler und kann deshalb an den Positionierungskämpfen um angesehene Männlichkeit in seinem Fußballverein kaum teilnehmen. Er hat nicht das Talent, auf dem Spielfeld einen anerkannten Status darzustellen. Ihm bleibt daher wohl nur die Inszenierung einer gewalttätigen Männlichkeit außerhalb des Fußballfeldes, um Anerkennung zu bekommen. Das aus solchen Konfrontationen gezogene Selbstwertgefühl wäre dann vergleichbar mit den Erfolgserlebnissen seiner Fußballkameraden auf dem Spielfeld. Allen Jungen geht es schließlich um das gleiche Ziel, sie wollen ihrer Umwelt mit aller Macht den ihnen verwehrten Respekt abtrotzen. Während das bei einigen Freunden Velis über „legale" Mittel auf dem Fußballfeld geht, versucht Veli Überlegenheit mit Gewalt herzustellen und damit sowohl in der Clique als auch von außen Respekt und Anerkennung zu bekommen. Die Inszenierung einer gewaltbetonten Männlichkeit stellt in diesem Zusammenhang eine Ressource dar, die es Veli ermöglicht, sich im Rahmen seiner Clique als dazugehörig und erfolgreich zu inszenieren. Die Konfrontation vor der Diskothek kann somit letztlich als „Bewerkstelligung von Männlichkeit" interpretiert werden. Der Ort ist dabei nicht zufällig gewählt. Es geht schließlich um öffentliche Männlichkeitsbeweise, der gewalttätige maskuline Wettkampf ist vor einem größtmöglichen Publikum auszutragen: Sichtbarkeit stellt insofern eine wichtige Kategorie bei der Beschreibung von Gewalt junger Männer dar.

Velis Verhalten kann somit in vielerlei Hinsicht untersucht werden. Es verweist jedoch immer auf die Normen der Männlichkeit: als solidarisches Verhalten gegenüber der Fußballmannschaft, als Austragungsmöglichkeit von Rivalität oder als ein Erlebnis von Grenzüberschreitung und Bewährungsprobe. Dadurch wird die Gruppenidentität gestärkt und sich gleichzeitig der eigenen Männlichkeit versichert. Dabei wird jedoch immer wieder die Grenze zur Kriminalität überschritten.

Derartige Männlichkeitsinszenierungen Velis und seiner Cliquenfreunde können somit im Ergebnis auch nicht auf ein türkeispezifisches Ehrkonzept reduziert werden. Ihre Handlungen orientieren sich vielmehr, und das wurde deutlich, an komplexen gesellschaftlichen Zusammenhängen, am lebensweltlichen Alltag der Jugendlichen sowie schließlich an den Normen der hegemonialen Männlichkeit. Wir haben zwar gesehen, dass Gewalt in der Tat mit Scham und Ehre zu tun hat, was jedoch nichts ethnisch spezifisches ist: Für die allermeisten Jungen ist es ein schändliches Gefühl, wenn sie sich nachsagen lassen müssen, dass sie eine Herausforderung zum Kampf nicht angenommen haben. Ihre Ehre zu retten und sich vor Schande zu schützen, heißt für Jungen, die die Regeln des männlichen Verhaltenskodexes verinnerlicht haben, dass sie stets für den Fall eines Kampfes gewappnet sein müssen (ausf. Pollack 2001: 403 f.). Indem der Junge schließlich selbst die Offensive ergreift und andere verletzt, kann er sicher sein, dass ihm keine Scham und Schande angetan wird. Folglich zeichnen sie ein Selbstbild von sich, das sich durch Stärke, Autonomie und Kompromisslosigkeit auszeichnet.

Letztlich zeigt der Fall exemplarisch auf, dass sich der Sinn *männlichen* Gewalthandelns erst erschließt, wenn man rekonstruiert, in welcher Weise sich in Gewalthandlungen und Gewaltverhältnissen Männlichkeit dokumentiert (vgl. Meuser 2003: 39).

5 Ethnisierung und Kriminalisierung (im schulischen Kontext) als Aspekte der Gewalt

Im Fall Veli haben wir u. a. gesehen, wie Selbstethnisierungsprozesse innerhalb der Clique in Reaktion auf gesellschaftliche Zuschreibungen, dieser Rückhalt und Stabilität gaben. Mit Blick auf derartige Phänomene der Selbst- und Fremdethnisierung möchte ich im nachfolgenden Fall der Frage nachgehen, inwiefern sich diese auch unmittelbar auf die Identität eines gewalttätigen Schlägers auswirken können. Dies geschieht eingebettet in den schulischen Kontext, um damit aufzuzeigen, inwiefern Schule in vielerlei Hinsicht ein Spiegelbild unserer Gesellschaft mit all ihren (Gewalt-) Problemen sein kann. In der Konsequenz soll die hier behandelte Schulgewalt auch nicht als ein isoliertes Schulproblem, sondern als ein gesamtgesellschaftliches Problem betrachtet werden.

Gökhan ist 15-jähriger Hauptschüler und Einzelkind. Seine Mutter arbeitet als Putzkraft, der Vater ist Koch. Aufgrund zahlreicher Schlägereien auf dem Schulhof wurde er bereits zweimal der Schule verwiesen. Eine Kontaktperson an Gökhans jetziger Schule bat uns um einen Vermittlungsversuch, da Gökhan erneut vor einem Schulverweis stand.

Es stellte sich als äußerst kompliziert heraus, einen Termin mit Gökhan zu vereinbaren. Nachdem er auf zwei schriftliche Einladungen nicht reagiert hatte, rief ich ihn an. Gökhan war äußerst misstrauisch am Telefon und hatte kein Interesse, an einem TOA teilzunehmen. Ich bat ihn, sich noch einmal in Ruhe darüber Gedanken zu machen und mich danach anzurufen. Als er das nicht tat, rief ich erneut an und sprach diesmal mit der Mutter. Aber auch diese war wenig kooperativ und ebenfalls sehr misstrauisch. Die Situation war sehr irritierend. Obwohl ich unmissverständlich zum Ausdruck gebracht hatte, dass Gökhan kurz vor einem nächsten Schulverweis stehe und dies gewiss weitreichende Konsequenzen für ihn haben werde, reagierten die Eltern nicht. Im Gegenteil, sie überlegten vielmehr ihrerseits schon seit Längerem, Gökhan von der Schule zu nehmen, weil sie sich von der Lehrerschaft und der Schulleitung ungerecht behandelt fühlten. Ich fragte die Mutter, was aus ihrer Sicht der Grund für diese Annahme sei, sie behauptete daraufhin, dass es etwas mit ihrer türkischen Herkunft zu tun habe.

Nach einem etwa 30-minütigen Telefonat mit der Mutter, bei dem ich insbesondere deutlich machte, dass ich nicht die Schule repräsentiere, konnte ich wohl das Vertrauen der Familie insoweit gewinnen, als dass Gökhan zunächst einmal für ein erstes Einzelgespräch in unsere Schlichtungsräume kam. Letztlich führten wir drei Einzelgespräche mit ihm. Zu einem Ausgleichsgespräch mit der Lehrerin kam es hingegen nicht, da diese an einem TOA nicht interessiert war.

Bei dem Streit mit der Lehrerin ging es nach Aussagen von Gökhan darum, dass er im Unterricht ein Muskelshirt getragen habe, dass der Lehrerin nicht gefiel. Sie habe ihn daher aufgefordert, seine Jacke überzuziehen. Dieser Aufforderung sei er jedoch nicht nachgekommen. Die Aufforderung sei seiner Meinung nach vielmehr Schikane gewesen, um ihn zu provozieren. Die Lehrerin habe keinerlei Argumente angeführt, weshalb er letztlich mit einem schlichtweißen Shirt nicht im Unterricht habe sitzen dürfen. Schließlich habe sie Gökhan aufgefordert, seine Sachen zu packen und den Unterricht zu verlassen, um sich anschließend bei der Schulleitung zu melden. Das habe er dann auch unverzüglich tun wollen. Die Lehrerin jedoch habe sich ihm in den Weg gestellt, um ihm für sein Verhalten ein Nachspiel anzudrohen. Das habe ihn letztlich zum Ausrasten gebracht, woraufhin er seine Lehrerin weggeschubst habe, um aus dem Klassenzimmer und damit aus der für ihn unerträglichen Situation herauszukommen.

Gleich im ersten Gespräch zeigte sich Gökhan einsichtig. Er stellte klar, dass es nicht richtig gewesen sei, seine Lehrerin anzugehen. Seine Eltern hätten ihn stets gelehrt, Ältere zu respektieren, vor allem Lehrer. Zugleich betonte er aber, dass er von der Lehrerin wieder einmal extrem provoziert worden sei. Seit er in diese Klasse gekommen sei, habe sie ihn auf dem „Kieker". Sie habe persönlich etwas gegen ihn. Zu anderen Schülern sei sie toleranter, ihm hingegen drohe sie bei jeder Kleinigkeit mit einem Schulverweis. Es sei eine enorm angespannte Situation im Klassenraum. Sie warte förmlich darauf, dass er einen Fehler begehe, um ihn anschließend sanktionieren zu können. Er habe schon immer Pech mit Lehrern gehabt. Er halte es nicht mehr aus in der Schule, er habe absolut keine Lust mehr in den Unterricht zu gehen, deshalb schwänze er. Er hasse sie alle. Die Lehrer, die Mitschüler etc.

Diese Äußerungen Gökhans gleich zu Beginn des ersten Gesprächs deuteten bereits an, dass er scheinbar eine über Jahre aufgestaute Wut gegen Lehrer und Mitschüler in sich trägt. Diese Wut könnte ein Grund für die Schlägereien auf dem Schulhof sein und zugleich eine mögliche Erklärung für sein Verhalten der Lehrerin gegenüber. Um Gökhans Gewalthandeln im Kontext der Schule verstehen zu können, erschien es daher zielführend zu sein, danach zu fragen, woher diese Wut rührte.

Ich habe Gökhan daher gebeten, mir erst einmal seine Schulgeschichte zu erzählen. Er sollte dabei weit zurückgehen und sich Zeit lassen, wir würden ihm aufmerksam zu hören. Ich habe ihm klar gemacht, dass es uns sehr interessiert, weshalb er eine derart ablehnende Haltung der Schule gegenüber hat. Gökhan hatte in der Tat sehr viel zu erzählen. Ich habe ihn dabei kaum unterbrochen, wie aus dem Stegreif erzählte er mir seine (negativen) Erfahrungen, die er als „Türke" in der Institution Schule gemacht hatte.

Die Probleme mit der Schule hätten schon in der Grundschule angefangen. Dort habe er einen Schulleiter gehabt, der „auf jeden Fall ein Rechter" gewesen sein soll. Bei Konflikten zwischen Schülern, habe er ihn und seine „ausländischen" Freunde nie angehört. Von vornherein sei für diesen klar gewesen, wer letztlich die Schuld an dem Konflikt trage:

Gökhan: Gibt's eine Schlägerei, waren es immer die Türken.

Auch die Klassenlehrerin habe ihm nie zur Seite gestanden. Diese habe bloß angemerkt, dass er nicht übertreiben solle und bestimmt sei er nicht unschuldig gewesen. Gökhan merkte diesbezüglich zwar an, dass er kein „Engel" sei, aber dass das nicht automatisch bedeuten dürfe, dass er für alles, was in seinem Umfeld passiere, verantwortlich gemacht werde. Man habe ihm keine Chance gegeben, sich zu erklären. Das habe ihn zu tiefst gekränkt. Zugleich habe er immer wieder zu spüren bekommen, wie seine Lehrerin mit zweierlei Maß gemessen habe. Sie hätte ihre „Lieblingsschüler" gehabt, denen sie viel Zeit und Aufmerksamkeit gewidmet habe und denen gegenüber sie bei Konflikten viel nachsichtiger gewesen sei. Wenn er jedoch in einen Konflikt verwickelt gewesen sei, habe die Lehrerin am Abend unverzüglich die Eltern benachrichtigt.[148] Er selbst sei kein Ansprechpartner für sie gewesen. Die Anrufe hätten schließlich immer für schlechte Stimmung innerhalb der Familie gesorgt. So gehe es zu Hause schon seit Jahren nur noch um das Thema Schule; entweder gehe es um seine schlechten Noten, das Schulschwänzen oder um Prügeleien auf dem Schulhof. Damit müsse er sich ständig beschäftigen und er habe keine Kraft mehr dazu. An schöne Dinge im Zusammenhang mit der Schule könne er sich nicht erinnern. Resignierend fügt er hinzu:

> Gökhan: Alle denken, es ist wegen der Schule. (…). Ich komme einfach mit den Lehrern nicht klar. Und irgendwie kommen die auch mit mir nicht klar.

Die Lehrer scheinen somit nach Aussage Gökhans der Hauptgrund für dessen ablehnende Haltung der Schule gegenüber zu sein. Er habe irgendwann die Lust am Schulunterricht verloren, weil ihm die Lehrer die Hoffnung genommen hätten, jemals etwas aus seinem Leben machen zu können. Den ersten Schulverweis habe er daher für massives Schulschwänzen bekommen.

Ich fragte Gökhan, ob der aktuelle Schulwechsel keine Besserung gebracht habe. Daraufhin erzählte er mir von einem Erlebnis, dass ihn offenbar sehr geprägt hatte. Er sei neu in die Klasse gekommen und die Klassenlehrerin habe ihn in seiner ersten Stunde gebeten, nach vorne zu gehen, um sich von dort aus der ganzen Klasse vorzustellen. Das sei ihm bereits sehr unangenehm gewesen. Obwohl er betont habe, dass er lieber sitzen bleiben würde, habe ihn die Lehrerin gedrängt, vom Lehrerpult zu sprechen. Als Gökhan dann nach einigen Sätzen fertig gewesen sei, habe die Lehrerin darauf bestanden, dass Gökhan von den Unterschieden in seiner Sprache, in seiner Ernährung, in den Festen und Gebräuchen etc. erzähle. Er sei doch „Türke" und „Muslim". Über diese Aufforderung der Klassenlehrerin sei er irritiert gewesen. Schließlich sei er in Deutschland geboren worden und kenne die Türkei kaum. Zu Hause und auf der Straße würde er fast ausschließlich deutsch sprechen, da sein Türkisch sehr schlecht sein und religiös sei er auch nicht. Danach habe jedoch kei-

---

[148] In der aktuellen KFN-Studie (Baier et. al. 2010) sehen sich türkische Jugendliche am häufigsten durch Lehrer benachteiligt. Dabei gaben sie u. a. an, dass Lehrer einheimische Schüler bevorzugen würden (ebd.: 64).

ner gefragt, vielmehr sei er wie selbstverständlich als Experte über *die* türkische Kultur und *den* Islam von der gesamten Klasse befragt worden.

Ich fragte ihn, was er erzählt habe. Er berichtete, dass er die Vermutung der Lehrerin einfach bejaht und sich als türkischer Muslim ausgegeben habe. So habe er beispielsweise davon gesprochen, dass türkische Frauen Kopftücher tragen würden und dass sie fünfmal am Tage beten. Dass seine Mutter jedoch kein Kopftuch trage und beide Elternteile weder beten noch sonstige religiöse Praktiken ausüben würden, habe er verschwiegen. Gökhan bediente sich somit schlichtweg tradierter Klischees über türkisch-muslimische Migranten, um aus dieser für ihn kaum zu ertragenden Situation so schnell wie möglich herauszukommen.

Auf meine Frage, wie er sich denn selbst beschreiben würde, antwortete er, dass er natürlich „Türke" sei. Diese selbstverständliche Antwort überraschte mich kaum, wurde er doch von seiner Umwelt sein ganzes Leben lang schon „Türke" genannt. Diese Fremdbeschreibung übernimmt er schließlich. Wie bei fast alle türkischen Jungen, sei ihm die Ehre wichtig. Das Türkisch-Sein verbinde er mit einem besonderen Verständnis der Ehre, die die deutschen Jungen nicht hätten. Deutsche Jungs könne man als Hurensöhne beschimpfen, dass wäre ihnen egal, Türken würden einen dafür „umbringen". Die Mutter sei Türken heilig, die Deutschen hingegen würden die Mütter mit dem Vornamen ansprechen. Türkische Mädchen würden alle als Jungfrauen in die Ehe gehen, deutschen Mädchen hingegen sei das nicht wichtig. Und so teilte er seine Umwelt auf in die Gruppe der Deutschen und seine Gruppe, die der „Anderen" bzw. „Ausländer".

> Gökhan: Mit Deutschen kommt man nicht klar. Die verstehen uns nicht.
> Die denken ganz anders. (...). Mit Ausländern passt das besser.

Interpretation

Gökhan beschreibt seinen Schulalltag als dauernden Kampf. Er hasst seine Lehrer und seine Mitschüler, die ihn ausgrenzen und stigmatisieren. Dieses Gefühl ist kein herausragendes Erlebnis, sondern Alltäglichkeit. Gökhan berichtet von tiefsitzenden Gefühlen der Missachtung und fehlender Akzeptanz. Wenn er oder andere „Ausländer" mit einem deutschen Jungen Stress haben, sei von vornherein klar, wer letztlich die Schuld an dem Streit trage. Ohne wirklich die Situation zu betrachten, müssten die „Ausländer" per se als Sündenböcke hinhalten. Das hat sich aus Sicht Gökhans über die Jahre nicht verändert. Seit der Grundschule wird er mit Zuschreibungen konfrontiert, die ihn als gefährlich und gewalttätig stigmatisieren. Diese Typisierung wird infolgedessen auch anderen Interaktionspartnern, wie etwa seinen Mitschülern bekannt, was seine Außenseiterposition in der Klasse zementiert. Auf zwischenmenschliche Interaktionen mit deutschen Mitschülern legt er daher keinen großen Wert. Ihnen wird von Beginn an die Fähigkeit abgesprochen, türkische Mitschüler zu verstehen und mit ihnen auskommen zu können. Das macht Gökhan insbesondere am vermeintlich fehlenden Sinn deutscher Männer für Ehre fest, die er ausschließlich türkischen Männern zuerkennt. Ehre wird hier somit partikularisiert und ethnisiert. Dieser Rückgriff auf Ehre kann als eine Art *Selbsthilfesystem* interpretiert werden, über das der eigene Status verteidigt werden kann. Da andere Formen des konventionellen Statuserwerbs für ihn und seine Freunde blockiert sind, erscheint die Entwicklung eines *eigenen Statussystems* (der Ehre) auf der Grundlage von Kriterien der Zugehörigkeit zur Gruppe auch naheliegend (dazu Groenemeyer 2003: 23f). Ehre fungiert hier mithin als ein „Modus der Entwicklung sozialen Kapitals", das der Differenzierung, Grenzziehung und Machtgenerierung dient (vgl. ebd.: 24). Konsequenterweise bilden Gökhan und seine „ausländischen" Freunde, die außerhalb des Schulkontextes eine Gruppe sind, auch innerhalb der Schule eine Gruppe.

Dieser Abgrenzungsprozess ist jedoch kein freiwilliger Akt. Er ist vielmehr ein Reflex auf fremdethnisierende und kriminalisierende Tendenzen im schulischen Kontext. Seine „ausländische" Gruppe scheint für Gökhan die einzige zu sein, der er legitimerweise angehören darf. Die einzige, in der man ihn versteht und respektiert. Insofern spielt hier Ethnizität weniger als unmittelbare herkunftskulturelle Orientierung eine Rolle, sondern vielmehr als Platzanweiser in der Gesellschaft. Ein oberflächlicher Blick durch die kulturalistische Brille sieht in diesem Rückzug jedoch ein kulturdeterminiertes Verhalten. Eine *individuelle* Unfähigkeit Gökhans im Umgang mit kulturellen Ambivalenzen. Der Anteil der *Schule* an diesem Prozess der Selbstethnisierung wird in dieser Denkweise ausgeblendet, Verantwortung auf die „Anderen", auf Gökhan geschoben.

Aus der Schulforschung (vgl. bspw. Tillmann et. al. 1999) wissen wir jedoch, dass Lehrkräfte mit der Zeit eine selektive Sensibilität bezüglich solcher Handlungen entwickeln können, die die vorgeschriebenen Typisierungen bestätigen, während gegenteilige Informationen ignoriert oder uminterpretiert werden. So kann es sicherlich nicht überraschen, dass sich Gökhan im Schulkontext nicht als Schüler, sondern als „Türke" bezeichnet. Sein Ausländerstatus steht also in enger Verbindung zu seinem Status als Schüler. Die ethnischen Zuschreibungen, die Gökhan übernimmt, als er sich der neuen Klasse vorstellen musste, sind hierfür ein exzellentes Beispiel. Hierbei bediente er sich schlicht tradierter Klischees über türkische Migranten und bestätigte damit die Vorannahmen seiner Lehrerin und Mitschüler. Gleichzeitig jedoch klopfte er unbewusst seine eigene Rolle in der Klasse als „Muslim", als „Anderer" fest. Ethnizität wird hier als Ressource genutzt. Gökhan reproduziert Klischees über Migranten, die ihn zum „Anderen" machen. Hierdurch wird er zum Erfüllungsgehilfen der herrschenden Diskurse, erfährt aber auch Stärke.

Wichtig ist hierbei die Erkenntnis, dass Gökhan in diese Position *gebracht* wurde. Das Label wurde ihm bewusst oder unbewusst von der Lehrerin aufgedrückt, damit von Anfang an klar ist, welcher Gruppe er fortan angehören darf. So konnte sich Gökhan, der seit der Grundschule Zielscheibe solcher Etikettierungen war, auch in seiner neuen Klassenumgebung keiner Illusion mehr darüber hingeben, wie ihn die neuen Mitschüler sehen. Infolgedessen bettet er seine Erfahrungen auch außerhalb der Schule in zwei Kategorien ein, nämlich in deutsche und ausländische.

Fraglich ist, ob und inwiefern derartige Phänomene der Fremd- und Selbstethnisierung auch Auswirkungen auf das Gewalthandeln Gökhans haben könnten. Denn für seine Umwelt ist Gökhan nicht nur Türke, sondern scheinbar auch ein potentieller Gewalttäter.

Festzuhalten ist zunächst, dass Gökhan kaum Mittel besitzt, um sich gegen die Fremdzuschreibungen zur Wehr zu setzten. Ferner hat er sehr früh zu spüren bekommen, dass ihm Lehrer nicht zuhören und dass er durch sein Verhalten nichts zu seinen Gunsten bewirken kann; das hatte Gefühle der Ohnmacht sowie einen Mangel an Selbstwirksamkeitserfahrungen zur Folge. Zudem werden in diesem fortgeschrittenen Stadium des Stigmatisierungsprozesses derart spezifische Anpassungszwänge gesetzt, denen sich Gökhan letztlich wohl nicht ohne Transformationsprozesse der eigenen Identität zu entsprechen im Stande ist. Oder anders ausgedrückt: Die „abweichende" Identität des gewalttätigen Gökhan könnte letztlich dadurch entstehen, dass dieser sich zur Übernahme einer solchen Identität gedrängt fühlt, weil ihm keine andere als die Gewalttäterrolle zugestanden wird. Folglich scheint es möglich, dass er die ihm zugebilligte und erwartete Abweichler-Rolle auch mit entsprechenden Auswirkungen auf die Selbstdefinition und weiteren Handlungsorientierungen annimmt (vgl. hierzu allgemein Hargraeves 1979: 150 ff.). In *Reaktion* auf die verfestigten Statuszuschreibungen könnte er somit verstärkt weitere „abweichende" Handlungen begehen, welche aus seiner Sicht als stigmabezogene Problemlösungsversuche („Stigma-Management") erscheinen und in Aggression und Gewalt bestehen. Hier könnte ein Teufelskreis im Gange sein. Diese Effekte werden mit dem Begriff *self-fulfilling prophecy* umschrieben. Oder mit den Worten des jungen Hayrettin aus der Untersuchung von Tertilt (1996) gesprochen: „Ihr sagt zu uns Scheißtürken, so dann machen wir jetzt auch Scheiße" (ebd.: 233). Mit dem Bezug auf den interaktionistischen Ansatz des Labeling-approach könnte Gökhans Gewalthandeln demzufolge als Folge von Definitions- und Etikettierungsprozessen erklärt werden. Dieser Ansatz vermag auch die *Prozesshaftigkeit* der Gewaltgenese abzubilden.

Freilich müssen wir hier genauestens darauf achten, dass wir mit unserem eingenommenen Labeling-Blickwinkel Gökhan nicht erneut zum *Opfer* machen,[149] diesmal jedoch zum Opfer von Stigmatisierungs- und Kontrollprozessen. Wenn wir ihn *bloß* als einen Empfänger öffentlicher Etikettierungen wahrnehmen, degradieren wir ihn zu einem „Reaktionsdeppen", der ohne eigene Verantwortung in seine stigmatisierte Rolle gedrängt wurde. Ein derart starres Verständnis des Labeling-approach kann nicht überzeugen. Entsprechend der theoretischen Einbettung der vorliegenden Arbeit bedarf es folglich eines Analyserahmens, der es erlaubt, einerseits die Subjektivität Gökhans in den Vordergrund zu stellen und anderseits die gesellschaftlichen Handlungsvoraussetzungen im Blick zu behalten, die sich insbesondere aus einer diskriminierenden Sozialstruktur bzw. einem ethnisierenden und kriminalisierenden Schulklima speisen. Dabei sind die Erlebnisse innerhalb des Schulkontextes oftmals Spiegelbild der gesamtgesellschaftlichen Situation.

Stigmatisierungen sind in Gökhans Erfahrungshorizont fest verankert, sodass sich in seinen Verarbeitungsstrategien bereits die Verfügbarkeit bzw. Nichtverfügbarkeit bestimmter Kompetenzen sowie die Adaption prägender Deutungs- und Handlungs-

---

[149] Vgl. dazu Kap. 2.4.1, Teil I.

muster manifestiert haben. In Bezug auf Gökhan scheint es auch nicht so zu sein, dass „zuerst" kulturelle Unterschiede vorhanden waren und man sich dann abgrenzte. Kulturelle Muster sind in seiner Familie nicht nachweisbar gewesen – was im Übrigen für alle in diese Studie einbezogenen Jungen gilt. Er hatte jedoch seit früher Kindheit mit Ethnisierungs- und Ausgrenzungserlebnissen zu kämpfen. Das wiederum beschränkte seine Partizipationschancen an Aktivitäten mit deutschen Kindern und ethnische Kategorisierungen, die aufgegriffen und reproduziert wurden, gewannen früh an Relevanz. Es war also vielmehr so, dass „zuerst" die Abgrenzungen stattfanden und Gökhan auf der Grundlage der Abgrenzungen die kulturellen Unterschiede „entdeckte" (vgl. dazu Schiffauer 2002b: 54). Diese symbolischen Abgrenzungen führten zu Ausgrenzungsdynamiken, die sich dann zu ungleichen Chancenstrukturen verfestigten und zu einem großen Teil wohl sein Gewalthandeln determinieren.

Gewiss wäre auch denkbar, dass durch eine Suche nach „*roots*", also nach ethnisch-kulturellen oder auch religiösen Ursprüngen (die in diesem Prozess dann erst konstruiert werden), den Gründen für die vermeintliche Unterschiedlichkeit nachgegangen wird (vgl. ebd.). Stigmatisierende Fremdzuschreibungen können wie bei Gökhan Wut und Widerstand bzw. Gewalt hervorrufen – sie können aber auch angeeignet und mit eigenen Inhalten gefüllt werden. Dies wäre die Voraussetzung für die produktive Entwicklung ausbalancierender Konzepte. Das setzt jedoch enorme soziale Ressourcen und Kompetenzen voraus, wie etwa die Einbindung in gewaltfreie soziale Netzwerke, materielle Sicherheit oder etwa die Fähigkeit der Verknüpfung multipler Realitäten als Gestaltungskompetenz (dazu Keupp 2008). Vorrausetzungen also, die die meisten jungen Gewalttäter nicht vorweisen können. Jenseits dieser Bedingungen kommt es ferner ganz entscheidend auf die gesellschaftliche Anerkennung der Jungen an (ganz allgemein dazu Taylor 1993). Identitätsfindung ist schließlich ein steter Prozess, der zwischen dem Selbstbild, das der Einzelne von sich entwirft und dem Bild entsteht, das sich seine sozialen Handlungspartner in wechselnden Zusammenhängen von ihm machen. Gelingende Identitätsfindung ist somit auf Anerkennung durch die anderen angewiesen. Misslingt dieser Prozess, kommt es zur Herausbildung negativer Identität – etwa in Gestalt der bei Gökhan zu beobachtenden (freiwilligen) Desintegration. Gökhan hat früh die Kämpfe um Anerkennung und Partizipation verloren. Er hält eine Überwindung dieser Stigmatisierung für nicht möglich und versucht dies auch nicht – was gewiss nicht als Vorwurf zu werten ist. Um sich Gehör zu verschaffen bzw. Ansprüche an elementare gesellschaftliche Rechte zu stellen, wie etwa Gleichbehandlung, bedarf es wie bereits erwähnt enormer sozialer Ressourcen und Kompetenzen, über die Gökhan nicht verfügt. Es findet zwar ein Anspruch auf Zugehörigkeit statt, aber eben nicht in die deutsche Gesellschaft, sondern in die, die man für die eigene hält. Ich nenne diese eine Gesellschaft der Ausgegrenzten. Sie ist die einzige, zu der er gehören darf. Er hat nicht die Mittel, den Kampf um die Einlösung seiner Ansprüche als gleichberechtigter Bürger zu führen, sein Kampf ist ein anderer, er wird oftmals blutig auf der Straße ausgetragen. Diese Verarbeitungsmuster sind sicherlich wenig konstruktiv, doch scheinbar können nur wenige unter den gegebenen sozialen Voraussetzungen eine zufriedenstellende Antwort auf die Identitätsfrage mit einer kulturellen Synthese finden. Hierfür wäre natürlich zunächst auch eine inhaltliche Auseinandersetzung mit der Herrschaftskultur nötig. Aufgrund einer verfehlten Bildungspolitik ist dies jedoch keineswegs gewährleistet.

Letztlich ist aber auch vor einer voreiligen Pathologisierung dieses „Stigma-Managements" zu warnen. Hier greift Gökhan zwar teilweise auf regressive Selbstkonstruktionen zurück, die gewalthaltige Desintegrationsdynamiken freisetzen können. In Anknüpfung an die gesellschaftlichen Verhältnisse gesteht Keupp (2008: 24, zitiert n. Meng 2004: 52) jedoch unterdrückten Minderheiten die Notwendigkeit einer ‚Bewaffnung' mit regressiven Identitäten zu, da gesellschaftliche Anerkennungskämpfe u. U. einen Standpunkt der Eindeutigkeit und kontinuierlichen Differenz notwendig machen.[150] In Trägergruppen derartiger Standpunkte, so meint er, erhalten die Angehörigen unterdrückter Minderheiten die normative Zustimmung anderer Subjekte, ohne die weder Selbstbewusstsein noch Ich-Identität entwickelt werden könne. Zudem kann eine in der Adoleszenz entwickelte „Basisidentität" (Hoffmann 1990) mit relativ starren Selbstzuschreibungen und Rollenmustern im Zuge der Emanzipation auch durch eine erweiterte ausbalancierende Identität ersetzt werden (vgl. Meng 2004: 52).

---

[150] In der panafrikanischen Befreiungsbewegung (vgl. Fanon 1981) und der nordamerikanischen Black-Power-Bewegung (vgl. Parin 1978) waren beispielsweise ethnische Wir-Gefühle für die Ausbildung starker Identitäten von Angehörigen unterdrückter Minderheiten von sehr hoher Bedeutung (beide Zitate nach Meng 2004: 52, Fn.35).

Im Ergebnis zeigt der Fall Gökhan jedenfalls beispielhaft auf, welche interaktionelle Dynamiken von Fremd- und Selbstbildern ausgehen, und welche weitreichenden Folgen derartige Prozesse auf die Entstehung einer gewalttätigen Identität haben können.

Ungeachtet dessen zeigt die soziale Realität, dass das Gewalthandeln von türkischstämmigen Schülern gegenüber Lehrern oder Mitschülern in der Regel als Bestätigung ihrer vorgenommenen Typisierung aufgefasst wird. Der Fall Gökhan stellt dafür ein gutes Beispiel dar. Die den Gewalthandlungen tatsächlich zu Grunde liegenden Prozesse bleiben ihnen meist verborgen. Etikettierungsprozesse können auf diese Weise zur Konstituierung abweichender Schulkarrieren führen. Etikettierungen, die über den Schulkontext – z. B. durch Weitergabe von Informationen an Jugendamt oder Polizei – hinausgehen, können darüber hinaus in schulübergreifende, kriminelle oder pathologische Karrieren münden (siehe hierfür Tillmann et. al. 1999: 50).

Die Analyse dieses Falles macht ferner deutlich, dass das Lehrerverhalten zum Teil Spiegelbild der herrschenden Diskurse über türkischstämmige junge Männer in Deutschland ist. Lehrer verstärken bewusst oder unbewusst scheinbare Andersartigkeit und teilen die Schüler in Gruppen ein, zu denen sie fortan gehören sollen. Bei Gökhan ist es die der „Ausländer" und „Abweichler". Es geht in diesem Kontext somit um definitionsmächtige Akteure, die aufgrund ihrer Machtposition in der Lage sind, diese Aufteilung vornehmen zu können. Schüler werden so frühzeitig als Störenfriede und Übeltäter etikettiert, was wiederum ihren Drang zur Selbstbehauptung verstärkt. Diese Prozesse sozialer Etikettierung und Stigmatisierung tragen daher nicht selten zu einer Eskalation in Gewalt bei, an deren Ende sogar Lehrkörper angegangen werden können, wie im vorliegenden Fall.

Ohne die Gewalt gegen Lehrer zu bagatellisieren, ist in diesem Kontext auf einen interaktiven Prozess hinzuweisen, der ebenfalls jugendlichem Gewalthandeln im Kontext der Schule zugrunde liegen kann. Auf diesen Zusammenhang weisen auch Melzer & Ehninger (2002) in ihrer Studie hin, die dafür drei große Stichproben mit jeweils über 3.000 Schüler einbezogen haben. Sie kommen zu dem Schluss, dass die Qualität der Lehrer-Schüler-Beziehungen einen deutlichen, wenngleich nicht unmittelbaren Einfluss auf das Gewalthandeln der Schüler hat; die öffentliche, vor der Klasse vorgenommene Etikettierung und Stigmatisierung einzelner Schüler reduziere deren Selbstwertgefühl, grenze sie aus und fördere damit eher Gewalt (ebd.: 44). Etikettierendes und stigmatisierendes Verhalten begünstigt somit Schülergewalt.

Im Ergebnis können wir daher konstatieren, dass Schule in den Prozess der Kriminalisierung oder Entkriminalisierung an zentrale Stelle eingebunden ist. Man kann zwar nicht behaupten, dass (falsches) Lehrverhalten Jugendliche kriminell werden ließe. Aber Zusammenhänge im Sinne von Verstärkung subjektiver Marginalisierungsgefühle und dem Beschleunigen von Ausgrenzungsprozessen lassen sich durchaus herstellen; und beides sind bekanntlich Faktoren, die Jugendgewalt begünstigen können (vgl. Feltes 2003: 37; Feltes & Putzke 2004: 531).[151] Die Zusammenhänge zwischen Schulversagen, Erwartungshaltung der Lehrer und Gewaltdelinquenz bzw. Kriminalisierung können sich mithin auch im Sinne des Etikettierungsansatzes interpretieren lassen.

---

[151] In diesem Zusammenhang sind auch die Befunde der aktuellen KFN-Schülerbefragung zu nennen, wonach Einstellungen zur Schule sowie das Gefühl, in die Klasse integriert zu sein, eine gewaltmindernde Rolle haben (Baier et. al. 2010: 304).

6 Fazit

Die Erzählungen weisen darauf hin, dass das Gewalthandeln jedes straffällig gewordenen Jugendlichen individuell untersucht werden muss, da jeder von ihnen in einem anderen familiären Umfeld lebt, unterschiedliche Vater-Sohn-Beziehungen bestehen oder sich die Haltung zur türkischen Kultur unterscheidet. Hinter jedem Jungen steht eine Geschichte, die sich nicht mit den üblichen Klischees beschreiben lässt. Eine Verallgemeinerung kann deshalb keinesfalls richtig sein.

Dennoch gibt es eine entscheidende Gemeinsamkeit: Die Familien der Jugendlichen haben eine randständige Position in der Gesellschaft, die zum einen auf den soziökonomischen Bedingungen beruht: Arbeitslosigkeit oder schlecht bezahlte Berufe der Eltern, kaum gesellschaftliche Aufstiegschancen, wenig Ansehen. Zum anderen erleben die Jugendlichen ethnisch-kulturelle Diskriminierungen durch Instanzen der formellen und informeller sozialen Kontrolle. Den angestrebten Idealen einer hegemonialen Männlichkeit stehen somit die objektiven Lebenslagen entgegen. Diese Lebenslage ist nicht zuletzt gekennzeichnet durch eigene niedrige formale Bildung sowie geringen sozialen Einfluss. Diese jungen Männer nutzen in ihrem sozialen Umfeld daher immer wieder ihre körperliche Stärke und ihren Kampfesmut, um Anerkennung zu erlangen. Riskante Selbstdarstellungen, herausragende Leistungen im Sport oder bei Schlägereien sollen innerhalb der Subkulturen zu Ansehen führen. Können (junge) Männer Formen von akzeptierter Männlichkeit nicht mit legalen Mitteln leben, weichen sie folglich auf Bereiche aus, die eventuell kriminelles Verhalten beinhalten.

Diese Inszenierungen geschehen oft nicht freiwillig, sondern aufgrund fehlender anderer Ressourcen. Unter diesen Voraussetzungen kann Gewalt besonders für bestimmte Gruppen männlicher Jugendlicher eine identitätsstiftende oder -erhaltende Wirkung haben. Sie „lösen" damit aus ihrer Sicht das Problem, eine stabile Geschlechtsidentität zu entwickeln.

Demzufolge beruht ihr Gewalthandeln weniger auf der einfachen Übernahme von Männlichkeitsideologien einer etwaigen türkischen Ehrkultur. Vielmehr geht es dabei um komplexe Konstruktionsmodi von gesellschaftlich ausgeschlossenen Männern, die es so auch bei deutschen Jugendlichen gibt. Die Konstruktion von Männlichkeit unterscheidet sich also was ihre Funktion betrifft, bei jugendlichen Türken nicht grundlegend von der der sonstigen männlichen Bevölkerung. Der Unterschied liegt jedoch darin, dass die Männlichkeitspraxen türkischer Jungen viel stärker wahrgenommen werden, während die Männlichkeit der *anderen* Männer nur in geringem Umfang problematisiert wird. Indem somit problematische Männlichkeitsformen auf andere Gruppen übertragen werden, können eigene patriarchale Muster innerhalb der Mehrheitsgesellschaft ausgeblendet werden (Spindler 2006: 50).

Obwohl in diesem Kontext der Rückgriff auf eine stark körper- und gewaltbetonte Männlichkeitsform durchaus erklärbar erscheint, stellt dies letztlich doch den Grund für ihr Scheitern dar. Denn ihre Gewalttätigkeit führt zu einer noch stärkeren Ausgrenzung. Der daraus entstehende Teufelskreis zeigt letztlich ihr Dilemma, wie sich in Anlehnung an Connell feststellen lässt. Ihr Handeln führt zwar in einigen Fällen zu vorübergehendem finanziellen Erfolg oder Macht, dennoch bleiben sie von den wichtigen Bereichen ausgeschlossen, in denen hegemoniale Männlichkeit konstituiert und gesellschaftliche Machtpositionen verteilt werden. So versuchen sie vergeblich, diese Männlichkeitsform zu erreichen und scheitern letztlich daran. Die Gewaltbelastung türkischstämmiger Jugendlicher ist also nicht in der Hauptsache auf kulturelle Strukturen zurückzuführen.

Die vorgestellten vier Fälle haben ferner exemplarisch aufzeigen können, dass die identitäre Positionierung junger türkischstämmiger Männer vielschichtiger und heterogener ist, als es die medialen Repräsentationen und gesellschaftlichen Urteile vermuten lassen (vgl. auch Huxel 2008a: 75). Die von Veli eingenommene Funktion als Beschützer des Stadtteils und seiner Bewohner oder die partielle Selbstpräsentation Gökhans als gewalttätiger Schläger unabhängig von ihren Alltagssituationen und als Ausdruck einer „fremden" Kulturzugehörigkeit zu betrachten, kann ihren Darstellungen nicht gerecht werden. Mit der immer flexibler werdenden Kategorie Ethnizität lassen sich verschiedene Lebensstile oder kulturelle Orientierungen nicht länger einordnen. Deshalb können auch bestimmte Geschlechterkonzepte nicht einfach ethnisch markiert werden, z. B. als „typisch türkisch" oder „typisch deutsch".

Kulturen sind unabdingbar mit den aktuellen Lebensbedingungen verbunden, daher sind sie unabgeschlossen, prozesshaft und veränderbar. Durch die gängige Fokussierung auf Kulturkonflikte, wie sie in der Macho-These ihren Niederschlag findet, wird oftmals der Blick weggelenkt von konkreten, oftmals prekären Lebensumständen türkischer Migrantenfamilien. Will man jedoch der Realität der Gewaltphänomene unter türkischen Migrantenjugendlichen gerecht werden, und das zeigt die empirische Analyse, muss der Blick auf die gesamte Lebenssituation von Migranten gerichtet werden. Nur eine kritische Sichtweise ermöglicht es, individuelle und strukturelle Kategorien zu erkennen, die Einfluss auf das Handeln und die Identität dieser Jugendlichen ausüben. Dazu gehören bestimmte Kategorien, die sich gegenseitig beeinflussen, wie beispielsweise Alter, Erfahrungen in der Pubertät, soziale Schicht, natürlich das Geschlecht sowie Prozesse von Selbst- und Fremdethnisierung.

In den Gesprächen mit den Jungen tauchen in der Tat auch ethnisierende Stereotypisierungen auf. Sie dienen jedoch keinem der Jungen als ausschließliche oder primäre Begründung für die Selbstidentifikation. Während die nationale Herkunft für einen Teil der Jugendlichen kaum oder gar keine Bedeutung hat (Bülent und Ali), ermöglicht sie Veli und Gökhan die Verarbeitung von Exklusions- und Stigmatisierungserfahrungen. Da sie Stärke und Macht erfahren, indem sie sich als Türke positionieren, investieren die Jugendlichen auch stärker in dieses Verhalten. Insofern kann eine solche Positionierung auch als strategisches Annehmen einer (Fremd-) Positionierung verstanden werden.

Dadurch wird erneut bestätigt, dass es zwischen dem bedingungslosen Festhalten an der Herkunftskultur oder deren vollständigen Aufgabe eine große Anzahl vielfältiger Möglichkeiten gibt, die von den Jugendlichen auch ergriffen werden. Kulturen können aufgrund ihres prozesshaften Charakters schließlich auch unterschiedlich interpretiert und „gelebt" werden. Nationale Herkunft erweist sich insofern, und das zeigen meine Befunde, weniger als Hauptachse der Zugehörigkeit. Andere kulturelle Zugehörigkeiten, wie beispielsweise die Einbindung in Gleichaltrigengruppen, die oft den nationalen Kategorien gegengerichtet sind, können bei der Frage „Deutscher und/oder Türke?" sehr viel ausschlaggebender sein (vgl. dazu auch Liell 2001: 330).

Allerdings ist die Frage der Zugehörigkeit aufgrund allgegenwärtiger Zuschreibungsprozesse für viele dieser Jugendlichen von enormer Bedeutung und erzwingt ihre Positionierung. Dabei betonen viele Jugendliche, wie beispielsweise Gökhan und Veli, das *kulturell Eigene*, oder was sie dafür halten. Bei beiden hat in der Tat die ethnisch definierte Ausgrenzung als Reaktion im Sinne von Bukow & Llaryora (1998) einen Prozess der Abkopplung von der Mehrheitsgesellschaft und die Ausbildung einer ethnischen Identität zur Folge. In diesem Zusammenhang habe ich weiter oben darauf hingewiesen, dass diese Verarbeitungsstrategie keinem Automatismus unterworfen ist, sondern eine ganz bestimmte Form des „Stigma-Managements" darstellt und repräsentativ für viele junge Gewalttäter zu sein scheint, die nicht über die nötigen Ressourcen und Kompetenzen verfügen, um *neuere* Formen von Identität zu erwerben. Zwei Punkte sind in diesem Kontext von entscheidender Bedeutung:

Erstens bedeutet Rückzug nicht gleich Desintegration, sondern vielmehr eine Form der „Selbstbehauptung", um sich gegen (ethnisierte) Zuschreibungen und damit verbundene Aussonderungen als „Anderer" zu wehren und abzugrenzen. Ethnizität erfüllt für sie die Funktion, eine eigene Identität zu konstruieren und ein intaktes Selbstbild aufzubauen, das dazu beiträgt, sich zu behaupten und vor den Demütigungen der Mehrheitsgesellschaft zu schützen. Das Beharren auf ethnischer Differenz von Seiten hier aufgewachsener Migrantenkinder ist daher als eine mögliche Antwort auf die alltäglich erlebte rassistische Erfahrung zu verstehen. Die Selbstethnisierung vermag es, das von der Mehrheitsgesellschaft beschädigte und bedrohte Selbstbewusstsein wieder herzustellen oder zu verteidigen (Ha 1999). Ethnizität erfüllt für diese jungen Menschen somit eine wichtige soziale Funktion. Derartige Abgrenzungsprozesse sind daher nicht, wie oftmals unterstellt, als Selbstausgrenzung zu werten. Der Bezug auf eine türkische Nation, auf Ehre, kann in diesem Sinne auch als ein „paradoxes Muster gesellschaftlicher Teilhabe" interpretiert werden, so Böhnisch (2004: 170). Freilich dürfte es hierbei stets auf den Kontext ankommen, indem von Ehre gesprochen wird, wie uns der Fall Gökhan zeigt. Je nachdem dürfte also Ehre zur Integration und Unterscheidung zugleich dienen (dazu Vogt 1997).

Zweitens ist darauf hinzuweisen, dass die Jugendlichen in diese offensichtlich marginalisierte Lage *gebracht werden*, in der wiederum die Gefahr der Erstarrung aufgrund des trotzigen Festhaltens an ethnischen Besonderheiten, an Tradition oder was man dafür hält, besteht. Übersehen wird also, dass die Identitätsentwicklung junger Menschen gerade in der Adoleszenz zwischen den Polen der Fremd- und Selbstbestimmung immer *unabgeschlossen* bleibt, weil sie in Interaktionen mit ihrer sozialen Umwelt eingebettet ist und sich mit ihr verändert. Allerdings ignoriert die Mehrheitsgesellschaft selbst meist diese Entwicklung. Das Verhalten türkischer

Jugendlicher wird auf ein selbstverschuldetes Modernisierungsdefizit geschoben. Welche weitreichenden Folgen derartig verzerrte Wahrnehmungen auf das Zusammenleben mit den betroffenen Bevölkerungsgruppen haben können, wird im Schlusskapitel dieser Arbeit besprochen.

Schließlich macht die Analyse des empirischen Materials auch darauf aufmerksam, dass gewalttätigem Verhalten türkischstämmiger Jugendlicher neben komplizierten sozialen insbesondere auch psychische Faktoren zu Grunde liegen können. Diese werden dann deutlich, wenn man die Psychodynamik, die hinter dem gewalttätigen Verhalten steht, aufzeigt: Größenphantasien, Todesbedrohungen oder auch Schuldgefühle der Mutter gegenüber. Dies alles sind keine objektiven Größen, die sich umstandslos in Fragebögen messen ließen. In einer solchen quantitativen Vorgehensweise verbirgt sich schließlich die große Gefahr, die Gewalt, die nicht abschließend durch soziale Faktoren erklärt werden kann, kulturdeterminiert zu interpretieren. An dieser Stelle wird noch einmal der Gewinn der hier vorgelegten Herangehensweise deutlich.

Zum Schluss sei aber noch folgender Hinweis gegeben: Die gezogenen Rückschlüsse im Rahmen dieser Studie stellen selbstverständlich nur eine der möglichen Interpretationsarten dar. Der „erzwungene" Rückgriff der Jugendlichen auf eine körperbetonte Männlichkeit ist ein sehr wichtiger Aspekt, um ihr Verhalten besser verstehen zu können. Dabei muss allerdings beachtet werden, dass auch andere Faktoren bzw. Voraussetzungen von Bedeutung sein können. Insbesondere sollte berücksichtigt werden, dass im Zentrum der Arbeit ausschließlich das Verhalten sehr gewalttätiger Jugendlicher stand und sonstige biographische Verläufe nicht beachtet wurden. Es wäre deshalb sicherlich sehr interessant, auch eine kontrastierende Gruppe von jugendlichen Migranten zu untersuchen, die trotz ähnlicher Voraussetzungen eine erfolgreiche und gewaltlose Integration geschafft haben. Außerdem könnten alternative Männlichkeitskonstruktionen im Zusammenhang mit Diskriminierungs- und Marginalisierungserfahrungen aufgezeigt werden. Schließlich konnte im Rahmen dieser Arbeit gezeigt werden, dass nicht immer ein *direkter* Zusammenhang zwischen Gewalt und marginalisierter Männlichkeit besteht. Anhand der Beispiele „Bülent" und „Ali" konnte exemplarisch aufgezeigt werden, dass Jugendliche nicht aufgrund der sozialen Lage *allein* auf Gewalt zurückgreifen. Vielmehr scheint es auch so zu sein, dass „der soziale Sinn von Gewalt biographischen Brechungen unterliegt, die das kontextspezifische Handeln von Individuen strukturieren" (Bereswill 2003: 128; vgl. auch Sutterlüty 2003). Insofern sollte Jugendgewalt nicht ausschließlich als gesellschaftliches Phänomen betrachtet werden, ohne dabei auch die individuelle Ebene zu berücksichtigen.

Teil III: Zusammenfassung und Ausblick

1 Thematik der Arbeit: zentrale Ergebnisse

Gegenstand der vorliegenden Arbeit war die Frage, ob Gewaltdelinquenz im Zusammenhang mit Männlichkeit und ethnischer Herkunft steht. Im Folgenden sollen in einer wertenden Zusammenfassung die zentralen Ergebnisse noch einmal präsentiert und daraus Schlussfolgerungen für die Kriminalpolitik gezogen werden.

Männlichkeit wird in sozialen Prozessen, die sich innerhalb und in Auseinandersetzung mit gesellschaftlichen Rahmenbedingungen abspielen, durch alltägliche, konkrete Praktiken hergestellt. Das bedeutet, dass Männlichkeit nicht natürlich gegeben ist, sondern verhandelt werden muss. Sie wird mir zugesprochen, unterstellt, abgesprochen, und ich schreibe sie mir selbst zu, etc. Männlichkeit ist damit allgemein eine „komplexe gesellschaftlich-kulturelle Praxis" (Maihofer 1994: 182), die ganz im Sinne der Annahme des *doing gender* durch bestimmte Praktiken immer wieder situativ hergestellt werden muss. Männlichkeit ist also kein feststehendes Konzept, sondern muss sich ständig aufs Neue bewähren. Eine Möglichkeit besteht darin, dass Männer ihren Kampfesmut unter Beweis stellen, eigene Verletzungen riskieren und sich mit anderen messen (vgl. Meuser 2008: 33). Gewalt kann so innerhalb männlicher Konkurrenz -und Dominanzverhältnisse – v. a in Bezug auf marginalisierte Männer – als Mittel bzw. Ressource eingesetzt werden, um bedrohte männliche Identität (wieder) herzustellen, auch wenn dies in der Konsequenz zu einer Verfestigung von Marginalisierung führt. Hier ist somit eine Kompensationsdynamik im Gange (Kersten: 1997a; Messerschmidt 1993; Matt 1999). Um die Dynamik der Über- und Unterordnungsprozesse auszubalancieren, müssen Männer auf Mittel kollektiver Stabilisierung (sowohl kulturell als auch institutionell) männlicher Privilegien zurückgreifen (vgl. Bereswill 2007a: 90). Marginalisierte junge Männer beziehen sich dabei eher auf Formen von Hypermaskulinität, um ihre Männlichkeit zu verteidigen, da ihnen sonst kaum Ressourcen zur Verfügung stehen. Für sie bildet der Körper das zentrale Kapital der Identitätsbildung (Matt 1999). Insofern können marginalisierte männliche Jugendliche oftmals nur über die Gewaltausübung vorübergehend oder situativ versuchen, die Dominanz einer angesehenen Männlichkeit zu demonstrieren. Gewalt bzw. allgemein Kriminalität ist demnach nicht Ausdruck von Männlichkeit, sondern ein Mittel, um Männlichkeit herzustellen (vgl. Spindler 2006: 83); bzw. in den Worten Messerschmidts (1993: 85) „ Crime by men is a form of social practice invoked as a resource, when other resources are unavailable, for accomplishing masculinity."

Daneben haben die Gespräche mit den Jugendlichen deutlich gemacht, dass sie sich in einem ständigen Kampf um gesellschaftlich anerkannte und „normale" Männlichkeit befinden und versuchen, sich einer hegemonialen Männlichkeit anzunähern (Spindler 2007b: 121). „Es zeigen sich Modifikationen hegemonialer Männlichkeit, die sie in Ermangelung von Alternativen statt mit legitimierter mit illegitimer Gewalt ausstatten. (…). Damit produzieren sie eine zwar fragile, aber dennoch innerhalb des Systems wirkende „inoffizielle" Form hegemonialer Männlichkeit" (ebd.: 123f., Hervorh. i. O.).

Dabei geht es vor allem um die männliche Ehre, die aus vielfachen Gründen mit körperlicher Gewalt verteidigt werden muss, besonders gegen andere Männer. Dieser Rückgriff auf Ehre ist jedoch kein ethnisch-spezifisches Phänomen, sondern vielmehr als eine allgemeine, d. h. über verschiedene ethnische Gruppen hinweg zu beobachtende jugendtypische Reaktion auf Deprivationserfahrungen und Marginalisierungsprozesse zu deuten (Enzmann et al. 2004: 283 ff.).

Interpretiert man folglich gewalttätige Handlungen von (türkischen) jungen Männern als Grundlage zur Erprobung und Bewährung von Männlichkeit, wirken sie weniger irrational und pathologisch. *In dieser Hinsicht* erscheinen sie vielmehr als eine sinnvolle Strategie von Männlichkeit. Es ist also nicht der Ausländerstatus per se, sondern die dahinter stehenden sozialstrukturellen bzw. ungleichheitsrelevanten Merkmale, die es zu beachten gilt.

Indes ist festzuhalten, dass sowohl die wissenschaftliche als auch die öffentliche Debatte zur Erklärung der Jugendgewalt von Migrantenkindern nach wie vor unter der Fokussierung auf Kultur und Familie leidet. Junge türkisch-muslimische Männer sind die neuen Sündenböcke in den westlichen Gesellschaften – sie werden dämonisiert und sensationalisiert. Das gesteigerte Interesse an ihnen gilt vornehmlich dem Stereotyp des *gewalttätigen und patriarchalen Migranten* (dazu Potts & Kühnemund 2008). So ist auch der politische und wissenschaftliche Diskurs hierzulande nicht zuletzt aus ideologischen Gründen von diffusen und widersprüchlichen Bildern über die hier lebenden Migranten geprägt. Von daher war es ein wichtiges Anliegen dieser vorliegenden Studie einen auch empirischen Beitrag zur Erhöhung der Transparenz dieser Gruppe zu leisten. Dabei ging es insbesondere darum, etwas über die Sozialisations- und Lebensbedingungen sowie über die Erfahrungshorizonte dieser jungen Menschen zu erfahren und zu untersuchen, worin ggf. die Attraktivität entsprechender gewaltaffiner Deutungsmuster liegen könnte. Um der gelebten Realität der Jugendlichen Rechnung zu tragen, wurde ihnen im Rahmen von mehrstündigen Einzelgesprächen die Gelegenheit gegeben, ihre subjektive Sicht der Dinge vorzutragen. Im Gegensatz zum vorherrschenden Diskurs wurden die individuellen Lebenswelten der Jugendlichen aufgezeigt, ihre Probleme und Schwierigkeiten. Dadurch sollte eine zu sehr vereinfachte Darstellung vermieden und betont werden, dass es sich bei den Jugendlichen um selbständige Individuen handelt, die sich nicht so einfach von etwaigen Ehrkonzepten leiten lassen. Der vorliegende Ansatz richtete somit das Augenmerk auf das Soziale statt wie im Kulturkonfliktschema schwierige politische und soziokulturelle Kontexte auf mechanische Kulturanthropologien zu reduzieren.

Um das Gewaltverhalten türkischer Jugendlicher angemessen beurteilen zu können, gilt es somit, die Migrationsbelastungen mit zu berücksichtigen. So ist in der Forschung bereits mehrfach dokumentiert worden, dass gewalttätige Auseinandersetzungen häufiger in Hauptschulen auftreten und Gymnasien mit diesem Problem deutlich weniger konfrontiert sind (dazu Babka von Gostomski 2003). Gleichzeitig ist eine deutlich stärkere Präsenz türkischer Jugendlicher in Hauptschulen zu verzeichnen. Dabei wird Bildung allgemein als Schutzfaktor gegenüber kriminellem Verhalten betrachtet (vgl. Lochner & Moretti 2004, zitiert n. Baier et. al. 2009: 73). Eine mögliche Folgerung daraus könnte somit sein, Kinder und Jugendliche so zu unterstützen, dass sie seltener niedrige Schulformen besuchen müssen und stattdessen die Chance erhalten, einen Realabschluss bzw. ein Abitur abzulegen.[152] Insgesamt ist jedenfalls zu berücksichtigen, dass Jugendgewalt ein stark bildungsabhängiges Phänomen ist.

---

[152] Gerade für Migrantenjugendliche scheint dies ein effektiver Weg der Prävention von Gewalt zu sein. Sowohl der Querschnittsvergleich der bundesweiten Schülerbefragungen 2007/2008 als auch die Längsschnittanalyse der vom KFN seit 1998 in Großstädten durchgeführten Schülerbefragungen belegen dies (vgl. Baier et. al. 2010: 322).

Mit derart schlechten Ausgangsbedingungen machen sich die meisten (türkischen) Jugendlichen auch kaum Hoffnung auf eine Lehrstelle bzw. berufliche Zukunft. Dabei gehören weiterhin der Bereich der Arbeit, der Arbeitsfähigkeit, und damit die Ernährerrolle zu den Ressourcen der kulturellen Deutung von Männlichkeit. Eine gute Arbeitsstelle ist ferner wesentliche Voraussetzung für den Zugang zu materiellen Ressourcen wie Einkommen und soziale Sicherung und zu symbolischen Ressourcen wie Selbstwertgefühl und Anerkennung. Die Jugendlichen, denen der Zugang zu diesen Ressourcen versperrt bleibt, erleben dies subjektiv als Entwertung ihrer Männlichkeit. Männlichkeit im Sinne einer patriarchalen Struktur wird dann zu einer der letzten feststehenden Identitätskonstruktionen. Und Gewalt gilt in diesem Zusammenhang als letzte authentische Form der Lebensführung. Der Fokus liegt dabei auf der Zurschaustellung von Kampfesmut (nicht siegen, dabei sein) und Durchhaltevermögen sowie der Konfrontation an öffentlichen Schauplätzen, in der Form des aggressiven Einklagens von Respekt und Ehre, um momentan/situativ den Status einer hegemonialen Männlichkeit herzustellen (Kersten 1997a). Dies erhöht wiederum freilich das Risiko, sich (bei der Bewältigung persönlicher Krisen) auch devianten und gewaltbereiten Gruppen anzuschließen und somit erneut in den Strudel der Gewalt zu geraten. Ein Teufelskreis entsteht. Denn für die meisten Jugendlichen gilt das Ausprobieren körperlicher Durchsetzungsfähigkeit in Schlägereien und anderen Männlichkeitsritualen, mit der Betonung u. U. eines Ehrenhandels, nicht unbedingt als Delinquenz, sondern eher als ein „kulturelles Ausdrucksmittel". Es gilt als ein expressives Körperverhalten, das im Zusammenhang steht mit der männlichen Persönlichkeitsentwicklung. Die Handlungsweisen sind Ausdruck eines spezifischen Milieus, in das sie eingebunden sind, d. h. sie unterliegen gewissen Regeln, einem „Ehrenkodex".[153] Derartiges Verhalten gilt als normal, wird in dem entsprechenden Milieu sogar gefordert, aber es wird nicht als kriminell angesehen (vgl. Matt 1999). Der Bezug auf patriarchale Muster von Männlichkeit und die damit verbundene Gruppenbildung dient den Jugendlichen positiv zur Stärkung und Gewinnung einer stabilen Identität und Sicherheit im Übergangsprozess. Gerade der Bezug auf die Gruppenidentität, durch die der Begriff der Ehre eine hohe Wertschätzung erhält, zeichnet diese Phase aus. Die Gruppendynamik zwingt jeden dazu,

---

[153] Solidarität, Loyalität, Standhaftigkeit, Zusammenhalt, „das Gesicht wahren" oder die Verteidigung des Territoriums.

besonders „hart und männlich" aufzutreten, um in den Augen der anderen Mitstreiter nicht zu versagen. Der „Code of the Street" ist der Kitt, der die Gleichaltrigen zusammenhält. Die Gruppe ist so zum einen positiver Bezugspunkt, zum anderen aber auch negativ eine Einengung der eigenen Möglichkeiten und Entwicklungen. Der Gruppenzwang impliziert insofern eine ausgeprägte soziale Kontrolle (ebd.: 267 f.). Wer dabei sein will, muss sich an die Regeln halten, ganz gleich, ob er sie für richtig hält oder nicht. Die dabei oftmals zum Vorschein kommende Überdeterminierung von Männlichkeitsinszenierungen fordert aber geradezu dazu heraus, nach den verdeckt gehaltenen Zweifeln und Unsicherheiten der Jungen zu fragen (Bereswill 2007a: 91).

In der Tat ist es so, dass in vielen der *externalisierten* Verhaltensweisen von (jungen) Männern (dazu Böhnisch 2004: 194) vor allem dann, wenn sie sich gewalttätig äußern, die *Bedürftigkeit*[154] nicht vermutet oder gesehen wird, die eigentlich dahinter steckt.[155] Hinter den Gewalttaten der Jugendlichen steht meist das Bedürfnis nach Anerkennung und Selbstbestätigung. Diese Erkenntnis zieht sich wie ein roter Faden durch die vorliegende Studie. Diesem Bedürfnis nach Anerkennung und Selbstbestätigung stehen wiederum gesellschaftliche Strukturen und Bedingungen entgegen, die dieses Bedürfnis abblocken. Jungen werden ständig von ihren Altersgenossen, von Lehrern und Eltern für ein Verhalten belohnt, das dem traditionellen männlichen Klischee entspricht. Sobald sie jedoch hinter ihrer Maske hervortreten und sich den stereotypen Vorstellungen widersetzen, stoßen sie auf Schwierigkeiten. Jungen, die sich wie „Mädchen" benehmen, werden als „Weichlinge" oder „Tunten" gebrandmarkt. Jungen, die nicht kämpfen können oder wollen, müssen damit rechnen, an das untere Ende der Freundschaftshierarchie ihrer Altersgenossen verbannt zu werden (ausf. dazu Pollack 2001). Sodass im Ergebnis die Berufung der jungen Männer auf eine „harte", rücksichtslose und kompromisslose Männlichkeit auf einer Verhüllung des *eigenen Selbst* beruht, auch gegenüber Freunden, so Liell (2007: 279). Der „Kern", das „Innen" des Selbst, das auch Gefühle und Verletzbarkeit umfasst, wird in der Interaktion mit anderen als unzugäng-

---

[154] Mit Brückner & Böhnisch (2001: 51) verstehe ich unter Bedürftigkeit einen leibseelischen Zwangszustand, in dem man sich nach etwas sehnt, das gleichzeitig verwehrt ist und – da dieser Zustand schwer aushaltbar ist – nach Entladung drängt. Insofern kann diese Bedürftigkeit bei manchen Männern neben Frustration auch in Gewalt umschlagen.
[155] Der Psychoanalytiker Winnicott (1992) etwa diskutiert Gewalt als Zeichen von Hoffnung, denn sie erzwingt die Aufmerksamkeit und Reaktion der Umgebung.

lich präsentiert. Der harte Akteur erscheint somit als unverletzt und unverletzbar in einem psychischen und physischen Sinn (ebd.). Durch den zunehmenden gesellschaftlichen Druck, Ängste[156] und Bedürfnisse zu ignorieren, werden Gefühle wie Zweifel, Wut und Schmerz bei den Jungen hervorgerufen, die sich in Gewalthandlungen anderen gegenüber äußern können. Die Jungen werden tagtäglich mit der Bewunderung für Mut und Stärke und dem Hohn und Spott für Schwäche und emotionale Verletzlichkeit konfrontiert. Es kann deshalb nicht verwundern, wenn sich diese Jungen, die gezwungen werden, an einer solchen Grenze zu leben, in Schlägereien verwickeln und andere Risiken eingehen. Gewalt in diesem Deutungszusammenhang ist folglich das extreme Mittel, Probleme von innen nach außen zu kehren, sie gegen andere zu richten (dazu Pollack 2001: 415).

Dieser zentrale Abwehrmechanismus erlaubt es den jungen Männern, die innere Hilflosigkeit, mit der sie sich selbst schwer auseinandersetzen können, da sie nicht gelernt haben, mit ihr umzugehen, allgemein nach außen abzuspalten, sie zu *externalisieren* (dazu Brückner & Böhnisch 2001: 50). Gewalt ist demnach – psychoanalytisch gesprochen – auch Abspaltung; hilflose und beschämende Teile der eigenen Persönlichkeit, die der Junge bei sich selbst erlebt, kann er so auf das angegriffene – schwächere – Opfer projizieren, um sie dort zu bekämpfen.

In der Gewalt gegen andere zeigt sich somit auch immer ein Kampf gegen die eigene Hilflosigkeit. Natürlich darf dabei das Leiden des Opfers nicht übersehen werden. An dieser Stelle soll jedoch die Auswegslosigkeit vieler (junger) Gewalttäter veranschaulicht werden, die aufgrund sozialer Umstände keine Möglichkeit sehen, sich ihre Hilflosigkeit einzugestehen und sich helfen zu lassen, ohne Angst haben zu müssen, ihr Gesicht zu verlieren. Um einen Zusammenhang zwischen den Jugendlichen und ihren Taten herzustellen, muss deshalb versucht werden, auch wenn es nicht einfach ist, nach Tatgründen zu suchen, die sich auf die Persönlichkeit des Täters und seine individuelle Lebenssituation konzentrieren und ggf. von der eigentlichen Gewalttat ablenken:

„Vor allem aber muss immer wieder daran erinnert werden, dass die Gesellschaft die Ideologien für jene Abstraktionen liefert, die den Um-

---

[156] Man denke nur an die Ängste wegen des ‚Penis', dieses Symbols von Patriarchat und Männermacht (dazu Kaufmann 2001: 153f. sowie Röggla 2005: 55ff.).

schlag von Hilflosigkeit in offene Gewalt begünstigen. Dem Übel männlicher Gewalt kann deshalb erst dann an die Wurzel gegangen werden, wenn eine gesellschaftliche Kultur der Anerkennung von Hilflosigkeit um sich greifen kann. Dann erst ist die konkrete gesellschaftliche Voraussetzung dafür geschaffen, dass das Gegenüber konkret bleibt, dass gespürt werden kann, wie das Erkennen der eigenen Hilflosigkeit in Empathie und Verantwortung für andere münden kann" (ebd.: 51).

So paradox das im ersten Moment auch klingen mag, erscheint es am Ende dieser Studie nicht völlig abwegig, im Falle von *männlicher Gewalt* gleichzeitig von *männlicher Bedürftigkeit* und *Zerbrechlichkeit* zu sprechen (vgl. auch ebd.). „Gewalt mag eine rationale Ressource der Verteidigung von Männlichkeit sein, sie ist aber auch mit Schmerz und Angst verbunden und verweist somit auf, auch unbewusste, Affekte und Konflikte des Subjekts, die durch strategisches Handeln nicht wirkungslos werden" (Bereswill 2007b: 111). Diese „Täter-Opfer-Ambivalenz" – diese Angst, die mit der eigenen *Verletzungsoffenheit* verbunden ist – wird auf der Handlungsebene zwar mit Gewalt kaschiert, bleibt aber dennoch bestehen (vgl. ebd.; dies. 2006: 242). Die gesellschaftliche Konstruktion eines starken und erfolgreichen Mannes wirkt sich daher erheblich negativ auf die tatsächliche Lage vieler Männer aus. Die Angst wächst auch deshalb, weil sich die *moderne männliche Herrschaft im Patriarchat* „nicht mehr mit der Evidenz des Selbstverständlichen durchsetzt" (Bourdieu 2005: 154). Das Streben nach angesehenen männlichen Idealen stellt oftmals eine Bürde und eine Überforderung gerade für adoleszente junge Männer dar. Obwohl nur sehr wenige Männer über das mit Männlichkeit verbundene Machtprofil verfügen, muss die große Mehrheit sich ihnen unterwerfen und weiterhin nach diesem Erfolgsprofil streben. Dabei werden sie immer verletzbarer und nehmen die Ohnmachtsaspekte dieser traditionellen Männerrolle kaum wahr. Die Sorge, nicht für einen „richtigen" Mann gehalten zu werden, versetzt gerade junge Männer in einen Zustand fast ständiger Wachsamkeit und Angst. Aus dieser Anspannung und Angst heraus begehen sie schließlich Gewaltdelikte, wobei diese ständige Wachsamkeit der Psyche gleichzeitig auch ein steter Akt der Gewalt gegen sich selbst ist.[157]

Die Gewaltbereitschaft und die Gewalt junger (türkischstämmiger) Männer stellt sich somit als vielschichtige psychosoziale Bewältigungskonstellation dar, deren einzelne Faktoren unterschiedlich gewichtet sind und sich verschiedenartig beeinflussen (vgl. Böhnisch 2008: 646). Sie ist insofern Symptom eines tiefer liegenden Problems. *In dieser Hinsicht* kann es mithin als Symptom/Ausdruck der Abwehr psychischer und sozialer Konflikte gesehen werden.

---

[157] Kaufmann (2001, zitiert n. Meuser 2002: 59) ergänzt, unter dem Begriff der „Triade männlicher Gewalt" die hetero- und homosoziale Dimension männlicher Gewalt um eine dritte Gewalt, die gegen die eigene Person gerichtet ist. Kaufmann legt dabei die These einer grundlegenden „Fragilität von Männlichkeit" zugrunde. Obwohl Männlichkeit Macht bedeutet, sei sie „ungeheuer zerbrechlich" (ebd.: 152). Deshalb seien sich Männer ihrer „eigenen (biologischen und sozialen) Männlichkeit permanent unsicher" (ebd.: 153). Ein Weg, die Zweifel zu bekämpfen, sei Gewalt.

2 Ausblick: einige kriminalpolitische Schlussfolgerungen

Was können wir aus dieser Studie lernen? Welche Konsequenzen müssen gezogen werden? Wo müssen Maßnahmen ansetzen, um nachhaltige Wirkung zu entfalten?

2.1 Befreiung vom Gefangensein aus der männlichen Geschlechterrolle

Zukünftige Gewaltprävention für Jungen muss sich vermehrt mit den Geschlechterrollen und dem Geschlechterverhältnis auseinandersetzen.[158] Das Kinder- und Jugendhilfegesetz verlangt in § 9.3 die Berücksichtigung geschlechtsdifferenter Problemlagen, die Praxis zeigt die Erfolge eines solchen Vorgehens (Nachweise bei Helfferich 2001: 345 f.). Wir sind daher angehalten, die Bedeutung der Kategorie Geschlecht im jugendlichen Risikoverhalten wahrzunehmen und in der Prävention angemessen aufzugreifen:

Wir können den Jugendlichen letztlich nur helfen, wenn wir sie aus ihrem fortdauernden Gefangensein in der männlichen Geschlechterrolle befreien. Eine gewaltpräventive oder interventive Maßnahme setzt somit an der Korrektur dieses Selbstbildes bzw. der (gesellschaftlich akzeptierten) Identitätskonstruktion eines „überlegenen" Mannes an. Denn letztlich wird es solange Gewalthandlungen durch Männer geben, wie sich Männlichkeit über männliche Dominanz definiert. Deshalb ist es von enormer Wichtigkeit, männlichem Handeln den Konkurrenzkampf als Basis zu entziehen.

Eine geschlechtsspezifische Kriminalpolitik muss hier eine umfassende und kritische öffentliche Diskussion initiieren und unterstützen, um die Hierarchien sowohl zwischen Männern und Frauen als auch innerhalb von unterschiedlichen Gruppen von Männern abzubauen (vgl. Lehner 2007: 110). Dabei sollte die Verletzbarkeit von Männern und die geschlechtsspezifische Diskriminierung sowie die Gewalt

---

[158] Vgl. dazu auch das Bremer Handlungskonzept „Stopp der Jugendgewalt" (2008: 8), gemeinsam beschlossen durch das Innen-, Justiz-, Sport-, Jugend- und Bildungsressort im Januar Jahr 2008. Ein kritischer Beitrag zum Bremer Handlungskonzept, mit Blick auf datenschutzrechtliche Problematiken, wurde von Emig (2010: 153 f.) vorgelegt.

gegen Männer thematisiert werden. Wird dem *Mythos der Unverletzbarkeit von Männern* ein Ende bereitet, könnten die Jungen sich ihre Verletzbarkeit eingestehen, ohne Angst haben zu müssen, unterzugehen.

Dabei müsste die gesellschaftliche Praxis in ihrer Gesamtheit betrachtet und ihre Auswirkungen auf die handelnden Personen kritisch untersucht werden. Die Kriminalpolitik könnte dabei gestaltend und somit gewaltpräventiv eingreifen (vgl. ebd.: 99).

Allerdings wäre es wohl zu optimistisch und vielleicht sogar naiv, zu glauben, dass mit diesen Handlungsmöglichkeiten männliche Gewalt überwunden werden könnte. Schließlich handelt es sich hierbei um einen tradierten Verhaltenskodex gegen den sich scheinbar niemand wehren kann und der unsere ganze Gesellschaft durchdringt. Zudem beeinflusst er junge Menschen zum Teil so subtil, dass diese sich darüber oftmals gar nicht bewusst werden. Erst bei einem Verstoß gegen diesen Kodex bemerken sie ihn (vgl. Pollack 2001: 20; siehe hierzu auch Kaufmann 2001: 153f.).

Letztlich ist von entscheidender Bedeutung, die Gewalttätigkeit einer Gruppe von Männern überhaupt in ihrem Zusammenhang zu den (hegemonialen) Männlichkeitsbildern der gegenwärtigen Gesellschaft zu verstehen (Lehner 2007: 96). Dieses Verständnis vorausgesetzt, müssen weitere Maßnahmen und Konzepte unterstützend zur Seite stehen.

2.2 Berücksichtigung kultureller Identität/Vernetzung auf Institutsebene

Zukünftige Gewaltprävention für Jungen muss sich nicht nur mit Geschlechterrollen und Geschlechterverhältnissen auseinandersetzen, sondern auch mit kultureller Identität.

Der enorme Anteil junger Migrantenkinder unter den Gewalttätern verlangt nach einer auf diese Gruppen speziell abgestimmten Jugendkriminalpolitik (insbesondere auch in der Untersuchungshaft und im Jugendstrafvollzug). Vor allem Jugendliche, die in Deutschland geboren wurden, fühlen sich immer seltener den Regeln und Normen des Herkunftslandes ihrer Eltern verpflichtet. Eventuell vorhandene Ehr-

oder Moralvorstellungen müssten gemeinsam mit den Jungen analysiert werden, um herauszufinden, was sich hinter dem Begriff Ehre verbirgt.

Im Sinne einer ganzheitlichen und nachhaltigen Intervention sind auch die Eltern stärker in die Verantwortung zu nehmen, indem sie intensiv in die Arbeit mit ihren Kindern einbezogen werden. Hierzu sollten mit Fachkräften Elterabende veranstaltet werden, an denen Konflikte innerhalb der Familie angesprochen und nach Lösungen gesucht wird. Dadurch würde einerseits eine frühpräventiv wirkende zielgruppenorientierte Angebotsstruktur niedrigschwelliger Stärkung von Elternkompetenz angeboten. Und andererseits würde die frühzeitige Erfassung der Konflikte dazu führen, geeignete Maßnahmen entweder zügig nach Gewalttaten durchzuführen oder sogar mögliche Taten gänzlich zu verhindern. Dabei ist hinlänglich bekannt, dass Maßnahmen zeitnah den ersten Taten folgen sollten, damit die Omnipotenzvorstellungen jugendlicher Gewalttäter, in einem gesetzesfreien Raum zu leben, nicht weiter genährt werden.

Die Arbeit mit gewalttätigen Migrantenkindern und ihren Eltern erfordert in der Konsequenz neben der Kompetenz im Umgang mit Gewalt ganz besonders auch interkulturelle Kompetenz. Ohne entsprechende fundierte kulturelle Hintergrundkenntnisse und kulturimmanente Interventionsstrategien, scheint eine erfolgreiche Arbeit mit Kinder und Jugendlichen mit Migrationshintergrund nicht möglich zu sein (dazu Gaitanides 2000: 132 f.). Von großer Bedeutung erscheint in diesem Kontext die Annäherung an (türkische) Kulturvereine, Moscheen sowie andere entsprechende Kooperationspartner in Form von Kooperationen, um integrative Projekt durchzuführen. Hierzu muss gewiss ein engagiertes Bemühen auf beiden Seiten vorhanden sein, um eine konstruktive Debatte anzustoßen. Die deutsche Seite müsste der anderen das Gefühl vermitteln, dass ihre *kulturelle Andersartigkeit* akzeptiert und erwünscht ist. Die türkische Seite müsste einsehen, dass die nach wie vor bestehenden Integrationsschwierigkeiten auch zum Teil eigenem Fehlverhalten geschuldet sind. Diesbezüglich konnte die vorliegende Studie aufzeigen, dass Vorurteile auf Seiten der türkischen Jungen gegenüber der deutschen Mehrheitsgesellschaft einen idealen Nährboden für wechselseitige Aufschaukelungen zwischen deutschen und türkischen Gleichaltrigen bilden. Die Tatsache, dass im Ergebnis fast keinerlei Kontakt mehr zur deutschen Mehrheitsgesellschaft besteht, um in einen vernünftigen Dialog zu treten, hat eine Isolation zur Folge. So können Feindbilder auf Wunsch und Mutwillen zusammengestellt werden, die die Kluft zwischen beiden Lagern schier unüberbrückbar scheinen lassen. Beide Seiten müssen also offen und ehrlich aufeinander zugehen und dabei Vorurteile ablegen. Überhaupt ist die institutionelle Vernetzung auf regionaler Ebene ein ganz zentraler Schritt in Richtung nachhaltige Kriminalprävention. Gewalt ist letztlich kein isoliertes Phänomen, sie verweist immer wieder auf die Gesellschaft zurück. Für eine nachhaltige Kriminalprävention sind Kooperationen v. a. auf Institutsebene unverzichtbar.

In Betracht kommen hier in erster Linie die Akteure Schulleitung, Schulsozialarbeit, Polizei, Amt für Soziale Dienste, Konfliktschlichtungsstellen sowie weitere freie Träger. Diese sind angehalten in Kooperation mit den Gerichten gemeinsam dafür Sorge zu tragen, dass auffällige Jugendliche möglichst schnell an richtige Stellen verwiesen werden. Hierbei sind die hohen Personen- und Szenenkenntnisse der jeweiligen Jugendsachbearbeiter der Polizeikommissariate und der speziell geschulten Beamten des Jugendeinsatzdienstes von großem Wert.[159]

Ferner bedarf es auch vermehrt der Entwicklung regionaler Gesamtkonzepte – die wiederum nur denkbar sind, durch die Bildung ständiger gemeinsamer Arbeits- und Planungsgruppen – und deren gemeinsamen Vertretung in der Öffentlichkeit, im kommunalpolitischen und strafjustitiellen Raum. Die Entwicklung regionaler Angebote und Konzepte müsste dabei auch insbesondere sich verändernde Problemstellungen berücksichtigen. Das erfordert mehr Innovationsbereitschaft und mehr organisatorische Flexibilität.

Eine nachhaltige Gewaltprävention muss im Übrigen daran ansetzen, dass Jungen sich ihrer Täteranteile bewusst werden und diese nicht abspalten. Es muss folglich darum gehen, diesen Kreislauf zu durchbrechen, in dem die erlittene (auch psychische) Gewalt zur Abspaltung und Projektion führt und wieder Gewalt erzeugt. Das ist eine ganz zentrale Schlussfolgerung aus den Gesprächen mit den Jugendlichen. Die vorgestellten Fälle konnten exemplarisch zeigen, dass gewalttätiges Handeln lange und tiefe Wurzeln in der Lebensgeschichte des Einzelnen hat. Die Symptome eines lebenslang bestehenden Konflikts können keinesfalls durch punktuelle Intervention beseitigt werden, geschweige denn können diese Konflikte gänzlich gelöst werden. Entscheidend ist vielmehr, die Jugendlichen in ihren lebensgeschichtlichen

---

[159] Für weiterführende Gedanken in diesem Sinne, siehe Emig (2010).

Verstrickungen, ihrer inneren Konflikthaftigkeit und ihren Übertragungen zu verstehen (dazu Heinemann 2008: 108), was gewiss nicht kurzfristig möglich ist. Diese Jugendlichen müssen therapeutisch behandelt werden. Dadurch werden intensive Beziehungserfahrungen, Grenzsetzungen und Konfrontation mit inneren und äußeren Wirklichkeiten ermöglicht. Destruktive Gefühle können gemeinsam untersucht werden und neue Identifikationen entstehen. Auf institutioneller Ebene muss ein Raum geschaffen werden, in dem heftige Affekte verarbeitet werden können (vgl. ebd.). Insofern erscheint mir der Rückgriff auf Erkenntnisse der Psychoanalyse bei der Entwicklung entsprechender gewaltpräventiver Maßnahmen unabdingbar zu sein.

2.3 Psychoanalytische Kompetenz der Fachkräfte

Im Rahmen der vorliegenden Arbeit konnte auf den Beitrag der Psychoanalyse zum Verständnis von Jugendgewalt leider nur am Rande eingegangen werden. Dabei sind die Einsichten der Psychoanalyse im Hinblick auf die Gewaltprobleme Jugendlicher, unbedingt nötig und müssen berücksichtigt werden.

Dazu gehört beispielsweise die psychoanalytische Erfahrung im Umgang mit Jugendlichen aller Altersklassen. Vor allem mit dem ersten Fallbeispiel, hoffe ich gezeigt zu haben, über welche Kompetenzen die Jugendlichen verfügen, wenn es darum geht, ihre Konflikte zu *mentalisieren*. Um vom Agieren zum *Mentalisieren* zu gelangen, ist jedoch ein entsprechender Rahmen und ein Gegenüber nötig (zum Mentalisierungsmodell, vgl. Fonagy & Target 2006: 364 ff.). Es kann also nicht nur darum gehen, etwa mehr Sozialarbeiter einzustellen und die Vernetzung regionaler Institutionen voranzutreiben. Es geht hier insbesondere auch um die Fähigkeit, Konflikte zu verbalisieren und die Jugendlichen in ihrer Ich- und Über-Ich-Entwicklung zu stärken (Heinemann 2008: 105). Dazu muss das Personal professionell weitergebildet werden. Auch Supervisionen und Kooperationen mit externen Psychoanalytikern wären eine große Unterstützung.

2.4 Abschließende Bemerkungen zur gegenwärtigen kriminalpolitischen Debatte um Jugendgewalt

In der aktuellen kriminalpolitischen Diskussion bestehen unterschiedliche Vorstellungen und Reformvorschläge wie das Problem der Jugendgewalt am besten gelöst werden kann. In den vergangenen Jahren lagen dem Bundesrat mehrere Gesetzesanträge vor, das Jugendstrafrecht zu ändern.[160] Im Hinblick auf das Sanktionenrecht sollte eine Verschärfung erfolgen. Dadurch könne, nach Meinung ihrer Befürworter, die jugendliche Gewaltkriminalität wirksam eingedämmt werden.[161] Diesen Forderungen liegt die bei weiten Teilen der Bevölkerung vorherrschende Auffassung zugrunde, gegen Gewaltkriminalität helfen nur „härtere Strafen".[162] Dabei wird die Diskussion in besorgniserregendem Maße in Richtung *Schutz der Allgemeinheit* zu Lasten des Erziehungs- und Resozialisierungsgedankens[163] im Jugendstrafrecht verschoben.

Vom Erziehungsgedanken ging jedenfalls der Gesetzgeber des ersten JGGÄndG (BGBl. I, S. 1853-1859) im Jahre 1990 aus, als dieser in Übereinstimmung mit der damaligen kriminologischen Sanktionsforschung (vgl. stellvertretend den Beitrag von Heinz 1987: 129 ff.) und der Praxis (vgl. statt vieler Dölling 1989: 318) die informellen Erledigungen bei Straftaten junger Menschen als humaner, schneller, kostengünstiger und bezüglich der Rückfallvermeidung von höherer Effizienz ansah (BT-Drucks. 11/5829, S. 1). Es hatte sich gezeigt, dass die in der Praxis vielfältig erprobten neuen ambulanten Maßnahmen (Betreuungsanweisung, sozialer Trainingskurs, Täter-Opfer-Ausgleich) die traditionellen Sanktionen „weitgehend" ersetzen konnten, ohne dass sich damit die Rückfallgefahr erhöhte (ebd.). Dieses Er-

---

[160] Alle Bundestags- und Bundesrats-Drucksachen sind in Dateiform (PDF-Datei) über die Internetseite des Bundestags als Download erhältlich. Auch der Verlauf der Gesetzgebung und der aktuelle Stand des jeweiligen Gesetzgebungsverfahrens sind auf diesem Weg abrufbar. Eine Sammlung der Gesetzesentwürfe und -initiativen aus der 16. und 17. Legislaturperiode, die einen Bezug zum Jugendstrafrecht haben, können ferner von der Internetseite der DVJJ heruntergeladen werden: http://www.dvjj.de >Themenschwerpunkte > Gesetzgebung (zuletzt abgerufen am 28.11.2010).
[161] Eine Übersicht über die einzelnen Verschärfungsforderungen und deren kritische Analyse findet sich bei Brehm (2009: 71 ff.) und Ostendorf (2010: 91 ff.).
[162] Vgl. hierzu bspw. den baden-württembergischen Innenminister, der erklärte, „bei der Gewaltkriminalität junger Menschen hilft nur der gesellschaftliche Schulterschluss und härtere Strafen": http://www.polizeibw.de/Presse/pm2008/Seiten/Jahresbericht2007zurJugendkriminalitätund.aspx (zuletzt abgerufen am 28.11.2010).
[163] Zur historischen Entwicklung des Erziehungsgedankens im Jugendstrafrecht, siehe Cornel 2010.

gebnis der Forschung stand ferner im Zusammenhang mit der Erkenntnis, dass die stationären Sanktionen wie Jugendarrest und Jugendstrafe schädliche Nebenwirkungen für die weitere Entwicklung junger Menschen haben können (ebd.).[164] Mit den neuen ambulanten Maßnahmen gemäß § 10 I S. 3 Nr. 5-7 JGG könne unter Anwendung sozialpädagogischer Methoden individueller und damit besser auf die Straftat reagiert werden, da sie inhaltlich im unmittelbaren Zusammenhang zur Tat bzw. zu deren Ursache stünden. Durch das 2. JGGÄndG vom 13.12.2007 (BGBl. I, S. 2894) hat der Gesetzgeber noch einmal deutlich bestätigt, dass das JGG der Rückfallverhinderung von Jugendlichen und Heranwachsenden dient, und zwar durch Erziehung.

Doch der neue Fokus um eine Verschärfung des Jugendstrafrechts lässt sich bereits eindrücklich an einer seit Januar 2008 in Kraft getretenen Veränderung der Zweckbestimmung des Jugendstrafvollzuges verdeutlichen.[165] Mit den neuen Jugendstrafvollzugsgesetzen sind sozusagen durch die Hintertür Strafverschärfungen im Vergleich zum alten Rechtszustand eingeführt worden. Strafverschärfungen können sodann in der Sanktionspraxis durch die Jugendstrafjustiz erfolgen – ohne dass Gesetze verändert werden.[166]

Bisher sollte eine Jugendstrafe allein der Reintegration der Jugendlichen dienen. Der erzieherische Aspekt einer solchen Strafe hatte, auch bei schweren Straftaten, stets zu dominieren. Seit 2008 hat sich diese Situation allerdings stark verändert, wie auch Boers & Schaerff (2008) zutreffend feststellen.[167] An die Stelle von Reintegrationsmaßnahmen, in deren Rahmen kriminelles Verhalten auf ein tiefer liegendes Problem zurückgeführt wurde, gibt es nun in zunehmendem Maße Interventionen, die die unmittelbare Tat selbst betreffen (zu dieser Entwicklung siehe Dollinger & Ziegler 2009: 45 ff.).

---

[164] Vgl. auch Erster Periodischer Sicherheitsbericht der Bundesregierung (2001: 612).
[165] Links zu den Landesgesetzen sowie zu den ergänzenden bundesrechtlichen Vorschriften zum Jugendstrafvollzugsrecht findet sich auf der Internetseite des Strafvollzugsarchivs: www.strafvollzugsarchiv.de (zuletzt abgerufen am 28.11.2010).
[166] In seiner maßgeblichen Entscheidung hat das Bundesverfassungsgericht (BVerfGE 116, S. 69-95) eine Reihe von Vorgaben für die Gesetzgebung beschlossen. Diese werden bei Feest & Bammann (2010: 536 ff.) einer kritischen Analyse der Ländergesetze zugrunde gelegt.
[167] Der *Schutz der Allgemeinheit*, bisher als Ziel nicht vorgesehen, ist nicht nur zusätzlich aufgenommen worden, in sieben Bundesländern ist es nun als explizit „gleichrangiges Ziel" formuliert. In drei Bundesländer (Baden-Württemberg, Bayern und Hamburg) wird dem – u. a. Sicherungs- und Verwahrungsvollzug legitimierenden – *Schutz der Allgemeinheit* sogar eindeutig Vorrang vor dem Resozialisierungsziel gegeben.

Kriminalpolitische Schlussfolgerungen 199

An derartigen Entwicklungen in der Praxis wird einmal mehr deutlich, welche verheerenden Folgen die gesellschaftliche Konstruktion einer gefährlichen (gewalttätigen) Jugend haben kann. Dieser von mir weiter oben ausführlich beschriebene Diskurs – der insbesondere durch die Massenmedien genährt wird[168] und in dem unzweifelhaft junge Türken/Muslime eine herausragend negative Rolle erfüllen – steigert das Sicherheitsbedürfnis in der Gesellschaft und rechtfertigt eine „härtere Kriminalpolitik". Dass dieses Bedürfnis dabei auf einer „subjektiv gefühlten" Kriminalität[169] fußt und mit den objektiven Verhältnissen in der BRD zumeist nichts zu tun hat, geht in diesem Diskurs oftmals völlig unter, mit zum Teil erheblichen Nachteilen zu Lasten junger (türkischstämmiger) Menschen. Der Diskurs forciert und mobilisiert die staatlichen Instanzen derart, dass in der Tat ein schleichender Abschied vom Primat der Resozialisierung im Jugendstrafvollzug zu erwarten ist.

Vor allem in Abgrenzung zu dieser zunehmend repressiven Strafgesetzgebung in Deutschland sind auf sozialer Sicherheit beruhende Konzepte erforderlich, die den Jugendlichen eine Perspektive bieten, statt sie wegzusperren. Dazu ist in erster Linie eine Politik der Prävention und nicht der Repression nötig.[170] Und das ist nicht eine Frage der Gesetzgebung, sondern der konsequenten Umsetzung bestehender Gesetze. Unser heutiges Jugendstrafrecht hat sich bewährt. Es bietet ausreichende und angemessene Möglichkeiten zur flexiblen Verfahrensgestaltung und zur differenzierten Reaktion und Sanktionierung bei Straftaten junger Menschen.[171] Es reicht von der Einstellung eines eingeleiteten Ermittlungsverfahrens unter besonderen Erziehungsmaßnahmen, durchaus auch belastenden, über die Möglichkeit der Verurtei-

---

[168] Vgl. Kap.1.2,Teil I.

[169] Neben den Statistiken zeigen auch sämtliche Schülerbefragungen zur selbstberichteten Delinquenz (vgl. bspw. Windzio et. al. 2007) seit Beginn dieses Jahrhunderts (im Unterschied noch zu den 1990er Jahren) entweder eine weitgehende Konstanz oder gar einen Rückgang der Delinquenzbelastung, und zwar auch im Gewaltbereich (weitere Nachweise bei Ostendorf 2010: 101 und Heinz 2008b: 88). Dennoch vermutet die Bevölkerungsmehrheit einen starken Anstieg der Kriminalität. Multivariate Analysen ergaben, auch unter Konstanthalten von Drittvariablen, deutliche Zusammenhänge dieser Fehleinschätzung mit bestimmten Mustern der Mediennutzung (dazu Windzio et. al. 2007: 65).

[170] Die Forderungen nach Verschärfung des Jugendstrafrechts werden in der Fachwelt der Kriminologie sowie der Justizpraxis fast einhellig abgelehnt (vgl. stellvertretend die Beiträge von Heinz 2008a und Tondorf 2008). Bereits 1998 hatten sich 54 Professoren aus den Bereichen Jugendstrafrecht und Kriminologie gegen eine Verschärfung des Jugendstrafrechts ausgesprochen. Sie stellten fest, dass die geforderten Gesetzesverschärfungen ein ungeeignetes Mittel seien, um das JGG tatsächlich im Sinne einer Förderung der Legalbewährung junger straffällig gewordener Menschen zu reformieren (Nachweise bei Ostendorf 1998: 205).

[171] Vgl. auch Zweiter Periodischer Sicherheitsbericht der Bundesregierung (2006: 407).

lung zu Schadensersatz und Wiedergutmachung durch Täter-Opfer-Ausgleich, über Jugendarrest, über Bewährungsstrafe bis hin zu 10 Jahren Freiheitsentziehung in einer Jugendstrafanstalt. Die vielfältigen Möglichkeiten, die das Jugendstrafrecht bietet, sollten daher genutzt werden, anstatt immer härtere Strafen zu fordern.

Ferner verweisen zahlreiche Untersuchungen darauf, dass Jugendliche mit Gewalterfahrungen und geringer sozialer und beruflicher Perspektive sehr viel schneller in die Kriminalität abdriften. Insbesondere bei schlecht integrierten Jugendlichen ist dies der Fall. Folglich entsteht Kriminalität durch mehrere v. a. wirtschaftliche, gesellschaftliche, individuelle und situative Faktoren, die das strafrechtliche System im Normalfall nicht erfassen kann. Durch strafrechtliche Intervention können soziale Probleme daher nicht gelöst werden. Entscheidend ist eine „Verbesserung der Chancen der Jugendlichen auf soziale Teilhabe" (Stelly & Thomas 2006: 50, zitiert n. Heinz 2008b: 89f.). Sozialpolitische Maßnahmen können der Entwicklung krimineller Karrieren entgegen wirken.

Beste Kriminalpolitik ist daher eine gute Sozialpolitik, wie der Strafrechtler Franz von Liszt (1905: 246) bereits vor mehr als 100 Jahren erkannte. Kriminalprävention in diesem Sinne setzt aber auch auf die verantwortliche Beteiligung der Privatwirtschaft und bürgerliches Engagement. Eine erfolgreiche Kriminalprävention ist letztlich eine gesamtgesellschaftliche Aufgabe.

Literaturverzeichnis

Adler, Alfred (1927): Menschenkenntnis. Leipzig: Hirzel.

Ahlheim, Klaus (2007): Abschottungsmentalität und Fremdenfeindlichkeit in Europa. In: Klaus Ahlheim (Hrsg.), Die Gewalt des Vorurteils: Eine Textsammlung. Schwalbach/Ts.: Wochenschau Verlag, S. 308-321.

Akbulut, Duran (2003): Türkische Moslems in Deutschland. Ein religionssoziologischer Beitrag zur Integrationsdebatte. Albeck bei Ulm: Verlag Ulmer Manuskripte.

Akhtar, Salman (2007): Immigration und Identität: psychosoziale Aspekte und kulturübergreifende Therapie. Gießen: Psychosozial-Verlag.

Alberecht, Günter (1982): Theorien der Raumbezogenheit sozialer Prozesse. In: Laszlo A. Vaskovics (Hrsg.), Raumbezogenheit sozialer Probleme. Opladen: Westdeutscher-Verlag, S. 19-57.

Althoff, Martina (1998): Die soziale Konstruktion von Fremdenfeindlichkeit. Opladen: Westdeutscher-Verlag.

Althoff, Martina & Kappel, Sybille (1995): Einleitende Bemerkungen zu „Geschlechterverhältnissen und Kriminologie". In: Martina Althoff & Sybille Kappel (Hrsg.), Geschlechterverhältnis und Kriminologie. Kriminologisches Journal 5. Beiheft, S. 3-8.

Anderson, Elijah (1999): Code of the Street. Decency, Violence, and the Moral Life of the Inner City. New York [u. a.]: Norton.

Ateş, Seyran (2005): Multikulti ist verantwortungslos – Seyran Ateş im Interview mit Jan Feddersen. In: die Tageszeitung vom 28.02.2005, S. 13.

Auchter, Thomas (2002): Gewalt als Zeichen von Hoffnung? Zur psychoanalytischen Theorie der jugendlichen Gewalt bei Donbad W. Winnicott. In: Anne-Maria Schlösser & Alf Gerlach (Hrsg.), Gewalt und Zivilisation: Erklärungsversuche und Deutungen. Gießen: Psychosozial-Verlag, S. 595-613.

Auernheimer, Georg (1992): Ethnizität und Moderne. In: Institut für Migrations- und Rassismusforschung e. V., Hamburg (Hrsg.), Rassismus und Migration in Europa: Beiträge des Kongresses „Migration und Rassismus in Europa",

Hamburg, 26. bis 30. September 1990. Hamburg [u. a.]: Argument-Verlag, S. 118-132.

Baacke, Dieter (1993): Die 13-18-Jährigen. Eine Einführung in die Probleme des Jugendalters. Weinheim [u. a]: Beltz.

Babka von Gostomski, Christian (2003): Gewalt als Reaktion auf Anerkennungsdefizite. Eine empirische Analyse zum Gewaltverhalten bei männlichen deutschen, türkischen und Aussiedler-Jugendlichen mit dem IKG-Jugendpanel 2001. In: Kölner Zeitschriften für Soziologie und Sozialpsychologie. 55/2, S. 253-277.

Bhabha, Homi K. (2000): Die Verortung der Kultur. Tübingen: Stauffenburg-Verlag.

Baier, Dirk & Pfeiffer, Christian & Windzio, Michael & Rabold, Susann (2006): Schülerbefragung 2005: Gewalterfahrungen, Schulabsentismus und Medienkonsum von Kindern und Jugendlichen. Abschlussbericht über eine repräsentative Befragung von Schülerinnen und Schülern der 4. und 9. Jahrgangsstufe.

Baier, Dirk & Pfeiffer, Christian (2007): Gewalttätigkeit bei deutschen und nicht deutschen Jugendlichen. Befunde der Schülerbefragung 2005 und Folgerungen für die Prävention. KFN-Forschungsbericht Nr. 100.

Baier, Dirk & Pfeiffer, Christian (2008): Türkische Kinder und Jugendliche als Täter und Opfer von Gewalt. In: Micha Brumlik (Hrsg.), Ab nach Sibirien?: Wie gefährlich ist unsere Jugend? Weinheim [u. a.]: Beltz, S. 62-104.

Baier, Dirk & Pfeiffer, Christian & Simonson, Julia & Rabold, Susann (2009): Jugendliche in Deutschland als Opfer und Täter von Gewalt: Erster Forschungsbericht zum gemeinsamen Forschungsprojekt des Bundesministeriums des Innern und des KFN. KFN-Forschungsbericht Nr. 107.

Baier, Dirk & Pfeiffer, Christian & Rabold, Susann & Simonson, Julia & Kappes, Cathleen (2010): Kinder und Jugendliche in Deutschland: Gewalterfahrungen, Integration, Medienkonsum: Zweiter Bericht zum gemeinsamen Forschungsprojekt des Bundesministeriums des Innern und des KFN. KFN-Forschungsbericht Nr. 109.

Bannenberg, Britta (2003): Migration-Kriminalität-Prävention. Gutachten zum 8. Deutschen Präventionstag. In: Hans-Joachim Kerner & Erich Marks (Hrsg.), Internetdokumentation Deutscher Präventionstag. Hannover.

Baumeister, Werner (2007): Ehrenmorde: Blutrache und ähnliche Delinquenz in der Praxis bundesdeutscher Strafjustiz. Münster [u. a.]: Waxmann.

Baur, Nina & Luedtke, Jens (2008): Konstruktionsbereiche von Männlichkeit. Zum Stand der Männerforschung. In: Nina Baur & Jens Luedtke (Hrsg.), Die soziale Konstruktion von Männlichkeit: Hegemoniale und marginalisierte Männlichkeiten in Deutschland. Opladen: Leske & Budrich, S. 7-29.

Bauriedl, Thea (2001): Wege aus der Gewalt: Die Befreiung aus dem Netz der Feindbilder. Freiburg im Breisgau [u. a.]: Herder-Verlag.

Beauchaine, Theodore P. & Hinshaw, Stephen. P. (2008): Child and adolescent psychopathology. Hoboken, New Jersey: Wiley.

Beauftragte der Bundesregierung für Migration, Flüchtlinge und Integration (2005): Sechster Bericht der Beauftragten der Bundesregierung für Migration, Flüchtlinge und Integration über die Lage der Ausländerinnen und Ausländer in Deutschland. Bonn.

Bednarz-Braun, Iris & Heß-Meining, Ulrike (2004): Migration, Ethnie und Geschlecht: Theorieansätze, Forschungsstand, Forschungsperspektiven. Wiesbaden: VS Verlag.

Bereswill, Mechthild (2003): Gewalt als männliche Ressource? Theoretische und empirische Differenzierungen am Beispiel junger Männer mit Hafterfahrung. In: Siegfried Lamnek & Manuela Boatca (Hrsg.), Geschlecht – Gewalt – Gesellschaft. Opladen: Leske & Budrich, S. 123-137.

Bereswill, Mechthild (2006): Männlichkeit und Gewalt. Empirische und theoretische Reflexionen über Gewalt zwischen Männern im Gefängnis. In: Feministische Studien. 2, S. 242-255.

Bereswill, Mechthild (2007a): Undurchsichtige Verhältnisse: Marginalisierung und Geschlecht im Kontext der Männlichkeitsforschung. In: Cornelia Klinger, Gudrun-Axeli Knapp & Birgit Sauer (Hrsg.), Achsen der Ungleichheit: zum Verhältnis von Klasse, Geschlecht und Ethnizität. Frankfurt/Main [u.a.]: Campus-Verlag, S. 84-99.

Bereswill, Mechthild (2007b): Sich auf eine Seite schlagen. Die Abwehr von Verletzungsoffenheit als gewaltsame Stabilisierung von Männlichkeit. In: Dies. & Michael Meuser& Sylka Scholz (Hrsg.)., Dimensionen der Kategorie Geschlecht: der Fall Männlichkeit. Münster: Westfälisches Dampfboot, S. 101-118.

Bereswill, Mechthild, Meuser, Michael & Scholz, Sylka (2007): Männlichkeit als Gegenstand der Geschlechterforschung. In: Dies. (Hrsg.), Dimensionen der Kategorie Geschlecht: der Fall Männlichkeit. Münster: Westfälisches Dampfboot, S. 7-21.

Bereswill, Mechthild & Neuber, Anke (2010): Jugendkriminalität und Männlichkeit. In: Bernd Dollinger & Henning Schmidt-Semsich (Hrsg.), Handbuch Jugendkriminalität. Kriminologie und Sozialpädagogik im Dialog. Wiesbaden: VS Verlag, S. 307-317.

Berghahn, Sabine & Rostock, Petra (2009): Der Stoff, aus dem Konflikte sind: Debatten um das Kopftuch in Deutschland, Österreich und der Schweiz. Bielefeld: Transcript-Verlag.

Bettinger, Frank (2010): Kriminalisierung und soziale Ausschließung. In: Bernd Dollinger & Henning Schmidt-Semsich (Hrsg.), Handbuch Jugendkriminalität. Kriminologie und Sozialpädagogik im Dialog. Wiesbaden: VS Verlag, S. 441-452.

Bien, Walter & Weidacher, Alois (2004): Leben neben der Wohlfahrtsgesellschaft. Familien in prekären Lebenslagen. Wiesbaden: VS Verlag.

Bohleber, Werner (2002): Gewalt in der Adoleszenz – Sackgassen in der Entwicklung. In: Anne-Marie Schlösser & Alf Gerlach (Hrsg.), Gewalt und Zivilisation: Erklärungsversuche und Deutungen. Gießen: Psychosozial-Verlag, S. 557-572.

Boers, Klaus & Schaerff Marcus (2008): Abschied vom Primat der Resozialisierung im Jugendstrafvollzug? In: ZJJ. 4. Jg., S. 316-324.

Böhnisch, Lothar & Winter, Reinhard (1997): Männliche Sozialisation. Bewältigungsprobleme männlicher Geschlechtsidentität. 3. Aufl., Weinheim [u. a.]: Juventa-Verlag.

Böhnisch, Lothar (2004): Männliche Sozialisation: Eine Einführung. Weinheim [u. a.]: Juventa-Verlag.

Böhnisch, Lothar (2008): Rechtsextremismus als „Sog von unten". In: Peter Imbusch & Wilhelm Heitmeyer (Hrsg.), Integration – Desintegration: ein Reader zur Ordnungspolitik moderner Gesellschaften. Wiesbaden: VS Verlag, S. 635-648.

Böhnisch, Lothar (2010): Abweichendes Verhalten: Eine pädagogisch-soziologische Einführung. 4. Aufl., Weinheim [u. a.]: Juventa-Verlag.

Bohnsack, Ralf (1995): Die Suche nach Gemeinsamkeit und die Gewalt der Gruppe: Hooligans, Musikgruppen und andere Jugendcliquen. Opladen: Leske & Budrich.

Bohnsack, Ralf (2001): Der Habitus der „Ehre des Mannes". Geschlechtsspezifische Erfahrungsräume bei Jugendlichen türkischer Herkunft. In: Peter Döge & Michael Meuser (Hrsg.), Männlichkeit und soziale Ordnung: Neuere Beiträge zur Geschlechterforschung. Opladen: Leske & Budrich, S. 49-72.

Bohnsack, Ralf (2002): „Die Ehre des Mannes". Orientierung am tradierten Habitus zwischen Identifikation und Distanz bei Jugendlichen türkischer Herkunft. In: Margret Kraul & Winfried Marotzki (Hrsg.), Biographische Arbeit: Perspektiven erziehungswissenschaftlicher Biographieforschung Opladen: Leske & Budrich, S. 117-141.

Böllinger, Lorenz (1998): Jugendgewalt – Phänomene und institutioneller Umgang mit Jugendlichen. In: Bernd Rein (Hrsg.), Neue Phänomene der Jugendkriminalität? Integration oder Ausgrenzung im Umgang mit jungen Straffälligen. DVJJ-Journal Extra Nr. 2, S. 40-59.

Böllinger, Lorenz (2001): Mediation bei Gewaltstraftaten – eine sozio-psychoanalytische Perspektive. In: Martina Althoff et. al. (Hrsg.): Integration und Ausschließung. Baden-Baden: Nomos, S. 224- 239.

Bommes, Michael (1990): Lebenszusammenhänge von Migrantenjugendlichen türkischer Herkunft. In: Zeitschrift für Migration und soziale Arbeit 1, S. 52- 61.

Boos-Nünning, Ursula & Karakaşoğlu, Yasemin (2005): Viele Welten leben: zur Lebenssituation von Mädchen und jungen Frauen mit Migrationshintergrund. Münster [u. a.]: Waxmann.

Böttger, Andreas (1998): Gewalt und Biographie: Eine qualitative Analyse rekonstruierter Lebensgeschichten von 100 Jugendlichen. Baden-Baden: Nomos.

Böttger, Andreas (1999): Die Gewalt der Hooligans – eine Folge moderner gesellschaftlicher Entwicklungsprozesse? In: Dieter Rössner & Jörg Martin Jehle (Hrsg.), Kriminalität-Prävention-Kontrolle. Heidelberg: Neue Kriminologische Schriftenreihe, S. 327-342.

Bourdieu, Pierre (1997): Die männliche Herrschaft. In: Irene Dölling & Beate Krais (Hrsg.), Ein alltägliches Spiel. Geschlechterkonstruktionen in der sozialen Praxis. Frankfurt/Main: Suhrkamp, S. 153-217.

Bourdieu, Pierre (2005): Die männliche Herrschaft. Frankfurt/ Main: Suhrkamp

Brandes, Holger (2002): Der männliche Habitus. Bd. 2. Männerforschung und Männerpolitik. Opladen: Leske & Budrich.

Brandes, Holger (2003): „Eine Frage der Ehre". Annährung an eine Konfliktdimension der Grundlagenmatrix kulturell heterogener Gruppen. In: Mohammad E. Ardjomandi (Hrsg.), Ringen um Anerkennung in und zwischen Gruppen. Bd. 9. Jahrbuch für Gruppenanalyse und ihre Anwendung. Heidelberg: Mattes, S. 159-170.

Brehm, Susi (2009): Fragen der Weiterentwicklung des jugendkriminalrechtlichen Rechtsfolgensystems: Überlegungen im Lichte neuerer kriminologischer Forschung und internationaler kriminalpolitischer Vorgaben. Berlin: Wissenschafts-Verlag.

Brückner, Margrit & Böhnisch, Lothar (2001): Geschlechterverhältnisse: gesellschaftliche Konstruktionen und Perspektiven ihrer Veränderung. Weinheim [u. a.]: Juventa-Verlag.

Buford, Bill (1992): Geil auf Gewalt: unter Hooligans. München [u. a.]: Carl Hanser Verlag.

Bukow, Wolf-Dietrich (1996): Feindbild: Minderheit. Ethnisierung und ihre Ziele. Opladen: Leske & Budrich.

Bukow, Wolf-Dietrich & Llaryora, Roberto (1998): Mitbürger aus der Fremde: Soziogenese ethnischer Minoritäten. 3. Aufl., Opladen: Westdeutscher-Verlag.

Bukow, Wolf-Dietrich (1999): Ethnisierung der Lebensführung. In: Ursula Apitzsch (Hrsg.), Migration und Traditionsbildung. Opladen: Westdeutscher-Verlag, S. 92-104.

Bukow, Wolf-Dietrich & Nikodem, Claudia & Schulze, Erika & Yildiz, Erol (2001): Die multikulturelle Stadt: Von der Selbstverständlichkeit im städtischen Alltag. Opladen: Leske & Budrich.

Bukow, Wolf-Dietrich (2003): Einleitung. Ausgegrenzt, eingesperrt und abgeschoben. Plädoyer für einen Perspektivwechsel. In: Wolf-Dietrich Bukow et. al. (Hrsg.), Ausgegrenzt, eingesperrt und abgeschoben. Migration und Jugendkriminalität. Opladen: Leske & Budrich, S. 15-34.

Bukow, Wolf-Dietrich & Heimel, Isabel (2003): Der Weg zur qualitativen Migrationsforschung. In: Tarek Badawia & Franz Hamburger & Merle Hummrich (Hrsg.), Wider die Ethnisierung einer Generation. Beiträge zur qualitativen

Migrationsforschung. Frankfurt/Main: Verlag für Interkulturelle Kommunikation, S. 13-39

Bundesministerium des Inneren und der Justiz [BMI/BMJ] (2001): Erster Periodischer Sicherheitsbericht. Bonn: BMI/BMJ.

Bundesministerium des Inneren und der Justiz [BMI/BMJ] (2006): Zweiter Periodischer Sicherheitsbericht. Berlin: BMI/BMJ.

Bundeskriminalamt [BKA] (2006): Polizeiliche Kriminalstatistik Bundesrepublik Deutschland. Bereichsjahr 2006. Wiesbaden: BKA.

Bunzel, Matti (2005): Between anti-Semitism and Islamphobia: Some thoughts on the new Europe. American Ethnologist Nr. 32 (4), S. 499-508.

Bussmann, Kai (2003): Gewaltfrei Erziehung. Eine Bilanz nach Einführung des Rechts auf gewaltfreie Erziehung. Für das Bundesministerium der Justiz, Bundesministerium für Familie, Frauen, Jugend und Senioren, digitale Publikaton:(http://www.bmj.bund.de/files//634/Gewaltfreie%20Erziehung%20Broschuere.pdf).

Bussmann, Kai (2005): Report über die Auswirkungen des Gesetzes zur Ächtung der Gewalt in der Erziehung für das Bundesministerium der Justiz. Vergleich der Studien 2001/2002 und 2005, digitale Publikation: (http://bussmann2.jura.uni-halle.de/FamG/Bussmann_OnlineReport.pdf).

Carrigan, Tim & Connell, Robert W. & Lee, John (1985): Towards a New Sociology of Masculinity. In: Theory and Society 5, S. 551-604.

Carrigan, Tim & Connell, Robert W. (2001): Ansätze zu einer neuen Soziologie der Männlichkeit. In: BauSteineMänner (Hrsg.), Kritische Männerforschung: neue Ansätze in der Geschlechtertheorie. 3. Aufl., Hamburg: Argument-Verlag, S. 38-75.

Castelnuovo, Delia Frigessi (1990): Das Konzept Kulturkonflikt – Vom biologischen Denken zum Kulturdeterminismus. In: Eckhard J. Dittrich & Frank-Olaf Radtke (Hrsg.), Ethnizität. Wissenschaft und Minderheiten. Opladen: Westdeutscher-Verlag, S. 299-309.

Claussen, Detlev (1994): Was heißt Rassismus? Darmstadt: Wiss. Buchges.

Cohen, Albert K. (1974): Zur Erforschung delinquenter Subkulturen. In: Fritz Sack & René König (Hrsg.), Kriminalsoziologie. 2. Aufl., Frankfurt/Main: Akademische Verlagsanstalt, S. 372-394.

Collier, Richard (1998): Masculinities, crime and criminology: Men, heterosexuality and the criminal(ised) other. London [u. a.]: Sage.

Connell, Robert W. (1987): Gender and power: Society, the person, and sexual politics. Stanford/California: Stanford University Press.

Connell, Robert W. (1993): Introduction: In: James Messerschmidt. Masculinities and Crime. Critique and Reconceptualization of Theory. Lanham/Md.: Rowman & Littlefield, S. I-IV.

Connell, Robert W. & Messerschmidt, James W. (2005): Hegemonic masculinity. Rethinking the Concept. In: Gender & Society: Official publication of Sociologists for Women in Society. Vol. 19 No. 6, S. 829-859.

Connell, Robert W. (2006): Der gemachte Mann: Konstruktion und Krise von Männlichkeiten. 3. Aufl., Wiesbaden: VS Verlag.

Cornel, Heinz (2010): Der Erziehungsgedanke im Jugendstrafrecht: Historische Entwicklung. In: Bernd Dollinger & Henning Schmidt-Semsich (Hrsg.), Handbuch Jugendkriminalität. Kriminologie und Sozialpädagogik im Dialog. Wiesbaden: VS Verlag, S. 455-473.

Cöster, Anna (2009): Ehrenmord in Deutschland. Marburg: Tectum-Verlag.

Decker, Oliver & Brähler, Elmar & Geissler, Norman (2006): Vom Rand zur Mitte. Rechtsextreme Einstellungen und ihre Einflussfaktoren in Deutschland. Berlin: Friedrich-Ebert-Stiftung.

Decker, Oliver & Rothe, Katharina & Weismann, Marliese & Geissler, Norman & Brähler, Elmar (2008): Ein Blick in die Mitte. Zur Entstehung rechtsextremer und demokratischer Einstellungen in Deutschland. Berlin: Friedrich-Ebert-Stiftung.

Decker, Oliver & Weismann, Marliese & Kiess, Johannes & Brähler, Elmar (2010): Die Mitte in der Krise. Rechtsextreme Einstellungen in Deutschland. Berlin: Friedrich-Ebert-Stiftung.

Delgado, J. Manuel (1972): Die „Gastarbeiter" in der Presse: eine inhaltsanalytische Studie Opladen: Leske & Budrich.

Der Senator für Inneres und Sport. Der Senator für Justiz und Verfassung. Die Senatorin für Bildung und Wissenschaft. Die Senatorin für Arbeit, Frauen, Gesundheit, Jugend und Soziales (2008): Bremer Handlungskonzept „Stopp der Jugendgewalt".

Der Spiegel (1973): Die Türken kommen – rette sich, wer kann. Heft 31 von 30.07.1973. Hamburg: Spiegel, S. 24-31.

Der Spiegel (1990): Knüppel im Kreuz, Kind im Bau. Heft 44 vom 29.10.1990. Hamburg: Spiegel, S. 98-117.

Der Spiegel (1997): Gefährlich fremd. Ausländer und Deutsche. Das Scheitern der multikulturellen Gesellschaft. Heft 16 vom 14.04.1997. Hamburg: Spiegel, S. 78-93.

Der Spiegel-online (2008): Münchner U-Bahn-Schläger. „Ein paar Schläge – und ein Kick"; Spiegel-online vom 23.06.2008.

Devaux, Katja & Halva, Hans-Jörg (1986): Die ehrbare Familie. Veränderungen im Zentrum sizilianischen Selbstverständnisses. In: Christian Giordano & Ina-Maria Greverus (Hrsg.), Sizilien – die Menschen, das Land und der Staat. Frankfurt/Main: Schriftenreihe des Instituts für Kulturanthropologie und Europäische Ethnologie der Universität Frankfurt am Main, S. 237-270.

Dittrich, Eckhard J. & Radtke, Frank-Olaf (1990): Der Beitrag der Wissenschaften zur Konstruktion ethnischer Minderheiten. In: dies. (Hrsg.), Ethnizität. Wissenschaft und Minderheiten. Opladen: Westdeutscher-Verlag, S. 11-40.

Djoun, Maryam (1994): Leben im kalten Paradies. Lebensläufe und Meinungen von Menschen aus anderen Kulturen und Nationen, die in Deutschland leben. Hamburg: Theorie und Praxis.

Döge, Peter (2000): Geschlechterdemokratie als Männlichkeitskritik. Männerforschung, Männerpolitik und der „neue Mann". In: Aus Politik und Zeitgeschichte. Beilage zur Wochenzeitung Das Parlament. 31/32, S. 18-23.

Döge, Peter & Meuser, Michael (2001): Geschlechterverhältnisse und Männlichkeit. Entwicklung und Perspektiven sozialwissenschaftlicher Männlichkeitsforschung. In: dies. (Hrsg.), Männlichkeit und soziale Ordnung: Neuere Beiträge zur Geschlechterforschung. Opladen: Leske & Budrich, S. 7-26.

Döge, Peter (2003): Geschlechterunterschiede als Kritik hegemonialer Männlichkeiten. In: Heinrich-Böll-Stiftung (Hrsg.), Geschlechterdemokratie wagen. Königstein/Taunus: Helmer, S. 90-100.

Dölling, Dieter (1989): Mehrfach auffällige junge Straftäter. In: ZBl, S. 313-319.

Dollinger, Bernd & Ziegler Holger (2009): Investive Kriminalpolitik und die Rückkehr der défense sociale. In: Sozial Extra 33/ 7-8, S. 42-46.

Donaldson, Mike (1993): What is Hegemonic Masculinity? Theory and Society, 22 (4), S. 643-657.

Dortmunder Arbeitsstelle Kinder- und Jugendhilfestatistik – AKJStat (2006): Kevin. Bremen. Und die Folgen. KomDat Jugendhilfe, Sonderausgabe. 9. Jg., Universität Dortmund, digitale Publikation: (http://www.akjstat.uni-dortmund.de/akj/komdat/inhalt_komdat.htm#Inhalt_ Sonder).

Dubet, Francois (1997): Die Logik der Jugendgewalt. Das Beispiel der französischen Vorstädte. In: Trutz von Trotha (Hrsg.), Soziologie der Gewalt. Kölner Zeitschrift für Soziologie und Sozialpsychologie. Sonderhefte; 37. Jg., Heft 49. Opladen: Westdeutscher-Verlag, S. 220-234.

Dubet, Francois (2002): Jugendgewalt und Stadt. In: Wilhelm Heitmeyer & John Hagan (Hrsg.), Internationales Handbuch der Gewaltforschung. Opladen: Westdeutscher-Verlag, S. 1171-1191.

Dunning, Eric (2003): Sport als Männerdomäne. Anmerkungen zu den sozialen Quellen männlicher Identität und deren Transformationen. In: Norbert Elias & Eric Dunning (Hrsg.), Sport und Spannung im Prozess der Zivilisation. Frankfurt/ Main: Suhrkamp, S. 473-502.

Eisenberg, Ulrich (2010): Jugendgerichtsgesetz. 14. Aufl., München: Beck.

Emig, Olaf (2010): Kooperation von Polizei, Schule, Jugendhilfe und Justiz – Gedanken zu Intensivtätern, neuen Kontrollstrategien und Kriminalisierungstendenzen. In: Bernd Dollinger & Henning Schmidt-Semsich (Hrsg.), Handbuch Jugendkriminalität. Kriminologie und Sozialpädagogik im Dialog. Wiesbaden: VS Verlag, S. 149-155.

Engelfried, Constance (1997): Männlichkeiten: die Öffnung des feministischen Blicks auf den Mann. Weinheim [u. a.]: Juventa-Verlag.

Enzmann, Dirk & Brettfeld, Katrin & Wetzels, Peter (2004): Männlichkeitsnormen und die Kultur der Ehre. Empirische Prüfung eines theoretischen Modells zur Erklärung erhöhter Delinquenzraten jugendlicher Migranten. In: Dietrich Oberwittler & Susanne Karstedt (Hrsg.), Soziologie der Kriminalität. Sonderheft 43 der Kölner Zeitschrift für Soziologie und Sozialpsychologie. Wiesbaden: VS Verlag, S. 264-287.

Erbil, Bahar (2008): Toleranz für Ehrenmörder?: Soziokulturelle Motive im Strafrecht unter besonderer Berücksichtigung des türkischen Ehrbegriffs. Berlin: Logos-Verlag.

Erel, Umut (2004): Paradigmen kultureller Differenz und Hybridität. In: Martin Sökefeld (Hrsg.), Jenseits des Paradigmas kultureller Differenz: neue Perspektiven auf Einwanderer aus der Türkei. Bielefeld: Transcript-Verlag, S. 36-51.

Essed, Philomena (1992): Multikulturalismus und kultureller Rassismus in den Niederlanden. In: Institut für Migrations- und Rassismusforschung e. V., Hamburg (Hrsg.), Rassismus und Migration in Europa: Beiträge des Kongresses „Migration und Rassismus in Europa", Hamburg, 26. bis 30. September 1990. Hamburg [u. a.]: Argument-Verlag, S. 373-387.

Esser, Hartmund & Friedrichs, Jürgen (1990): Generation und Identität. Theoretische und empirische Beiträge zur Migrationssoziologie. Opladen: Westdeutscher-Verlag.

Esser, Hartmut (1996): Ethnische Konflikte als Auseinandersetzung um den Wert von kulturellem Kapital. In: Wilhelm Heitmeyer & Rainer Dollase (Hrsg.), Die bedrängte Toleranz - Ethnisch-kulturelle Konflikte, religiöse Differenzen und die Gefahren politisierter Gewalt. Frankfurt/Main: Suhrkamp, S. 64-99.

Etienne Balibar (1992): Gibt es einen „Neo-Rassismus"? In: Etienne Balibar & Immanuel Wallerstein (Hrsg.), Rasse, Klasse, Nation - Ambivalente Identitäten. 2. Aufl., Hamburg [u. a.]: Argument-Verlag, S. 23-38.

Ewing, Katherine Pratt (2008a): Stigmatisierte Männlichkeit: Muslimische Geschlechterbeziehungen und kulturelle Staatsbürgerschaft in Europa. In: Lydia Potts & Jan Kühnemund (Hrsg.), Mann wird man. Geschlechtliche Identitäten im Spannungsfeld von Migration und Islam. Bielefeld: Transcript-Verlag, S. 19-37.

Ewing, Katherine Pratt (2008b): Stolen Honor. Stigmatizing Muslim Men in Berlin. Berlin [u.a]: Stanford University Press.

Feest, Johannes & Bammann, Kai (2010): Jugendstrafvollzugsgesetzte: Anspruch und Umsetzung. In: Bernd Dollinger & Henning Schmidt-Semsich (Hrsg.), Handbuch Jugendkriminalität. Kriminologie und Sozialpädagogik im Dialog. Wiesbaden: VS Verlag, S. 535-543.

Feltes, Thomas (2003): Gewalt in der Schule. In: Der Bürger im Staat, 1/2003, S. 32-38.

Feltes, Thomas & Putzke, Holm (2004): Kriminologische Betrachtung der Jugendkriminalität In: Kriminalistik 2004/8-9, S. 529-532.

Findeisen, Hans-Volkmar & Kersten, Joachim (1999): Der Kick und die Ehre: Vom Sinn jugendlicher Gewalt. München: Kunstmann.

Fonagy, Peter & Target, Mary (2006): Psychoanalyse und die Psychopathologie der Entwicklung. Stuttgart: Klett-Cotta.

Foroutan, Naika & Schäfer, Isabel (2009): Hybride Identitäten – muslimische Migrantinnen und Migranten in Deutschland und Europa. In: Aus Politik und Zeitgeschichte. Beilage zur Wochenzeitung Das Parlament. 5, S. 11-18.

Fredrickson, George M. (2004): Rassismus: ein historischer Abriss. Hamburg: Hamburger Ed.

Freud, Anna (2000): Das Ich und die Abwehrmechanismen. 16. Aufl., Frankfurt/Main: Fischer Taschenbuch.

Frevert, Ute (1995): Ehrenmänner: Das Duell in der bürgerlichen Gesellschaft. München: Dt. Taschenbuch.

Fuchs, Marek & Lamnek, Siegfried & Luedtke, Jens & Baur, Nina (2005): Gewalt an Schulen: 1994-1999-2004. Wiesbaden: VS Verlag.

Fuchs, Marek & Luedtke, Jens (2003): Gewalt und Kriminalität an Schulen. In: Jürgen Raithel & Jürgen Mansel (Hrsg.), Kriminalität und Gewalt im Jugendalter. Weinheim [u. a.]: Juventa-Verlag, S. 161-181.

Funke, Hajo (2008): Vom Landesvater zum Polarisierer. Eine Nachlese der Landtagswahlergebnisse in Hessen 2008. In: Micha Brumlik (Hrsg.), Ab nach Sibirien?: Wie gefährlich ist unsere Jugend? Weinheim [u. a.]: Beltz, S. 18- 40.

Gaitanides, Stefan (1999): Das Projekt der multikulturellen Gesellschaft. In: Christoph Butterwegge et. al. (Hrsg.), Medien und multikulturelle Gesellschaft. Opladen: Leske & Budrich, S. 164-186.

Gaitanides, Stefan (2000): Arbeit mit Migrantenfamilien - Aktivität der Wohlfahrtsverbände und der Selbstorganisationen. Kurzfassung einer Expertise zum 6. Familienbericht der Bundesregierung. In: Sachverständigenkommission für den sechsten Familienbericht (Hrsg.), Expertisen zum sechsten Familienbericht der Bundesregierung. Bd. 2. Lebensalltag. Opladen: leske & Budrich, S. 107-144

Galtung, Johan (1971): Gewalt, Frieden und Friedensforschung. In: Dieter Senghaas (Hrsg.), Kritische Friedensforschung. Frankfurt/Main: Suhrkamp, S. 55-104.

Galtung, Johan (1975): Strukturelle Gewalt: Beiträge zur Friedens-und Konfliktforschung. Reinbek bei Hamburg: Rowohlt.

Garhammer, Manfred (2003): Der Fall Ahmet und die Ethnisierung von Jugendgewalt. In: Axel Groenemeyer & Jürgen Mansel (Hrsg.), Die Ethnisierung von Alltagskonflikten. Opladen: Leske & Budrich, S. 179-201.

Geißler, Rainer (1999): Der bedrohliche Ausländer. Zum Zerrbild ethnischer Minderheiten in Medien und Öffentlichkeit. In: Markus Ottersbach & Sebastian K. Trautmann (Hrsg.), Integration durch soziale Kontrolle?: Zu Kriminalität und Kriminalisierung allochthoner Jugendlicher. Bd. 1. Köln: Der andere Buchladen, S. 23-41.

Gemende, Marion (2003): Geschlechterbeziehungen in der Migration. Ein vernachlässigtes Forschungsthema. In: Karl Lenz (Hrsg.), Frauen und Männer: Zur Geschlechtstypik persönlicher Beziehungen. Weinheim [u. a.]: Juventa-Verl, S. 251-276.

Gesterkamp, Thomas (2004): Die Krise der Kerle: männlicher Lebensstil und der Wandel der Arbeitsgesellschaft. Münster: LIT

Gildemeister, Regine & Wetterer, Angelika (1992): Wie Geschlechter gemacht werden. Die soziale Konstruktion der Zweigeschlechtlichkeit und ihre Reifizierung in der Frauenforschung. In: Gudrun-Axeli Knapp & Angelika Wetterer (Hrsg.), TraditionenBrüche: Entwicklung feministischer Theorie. Freiburg (Breisgau): Kore, S. 201-254.

Gilmore, David D. (1991): Mythos Mann: Rollen, Rituale, Leitbilder. München [u. a.]: Artemis & Winkler.

Giordano, Christian (1994): Der Ehrkomplex im Mittelmeerraum: Sozialanthropologische Konstruktion oder Grundstruktur mediterraner Lebensformen? In: Ludgera Vogt & Arnold Zingerle (Hrsg.), Ehre: Archaische Momente in der Moderne. Frankfurt/Main: Suhrkamp, S. 172-192.

Gloël, Rolf (1998): Jugendgewalt und Konkurrenzgesellschaft – Das „Recht auf Sieg". In: Sozialmagazin. Weinheim [u. a.]: Juventa-Verlag.

Gottfredson, Michael R. & Hirschi, Travis (1990): A general theory of crime. Stanford/California: Stanford University Press.

Gramscis, Antonio (1991-2000): Gefängnishefte: Kritische Gesamtausgabe. In: Peter Jehle & Klaus Bochmann (Hrsg.), Bd. 9. Hefte 22 bis 29. Hamburg: Argument-Verlag.

Greuel, Luise & Petermann, Axel (2007). Blutrache: Phänomen oder Mythos? In: Luise Greuel & Axel Petermann (Hrsg.). Macht – Nähe – Gewalt (?). (Sexuelle) Gewalt- und Tötungsdelikte im sozialen Nahraum Lengerich [u. a]: Pabst Sciene Publ., S. 187-216.

Groenemeyer, Axel (2003): Kulturelle Differenz, ethnische Identität und die Ethnisierung von Alltagskonflikten. Ein Überblick sozialwissenschaftlicher Thematisierungen. In: Axel Groenemeyer & Jürgen Mansel (Hrsg.), Die Ethnisierung von Alltagskonflikten: Opladen: Leske & Budrich, S. 11-46.

Guillaumin, Colette (1992): Zur Bedeutung des Begriffs „Rasse". In: Institut für Migrations- und Rassismusforschung e. V., Hamburg (Hrsg.), Rassismus und Migration in Europa: Beiträge des Kongresses "Migration und Rassismus in Europa", Hamburg, 26. bis 30. September 1990. Hamburg [u. a.]: Argument-Verlag, S. 77-87.

Gutiérrez Rodriguez, Encarnación (1999): Intellektuelle Migrantinnen – Subjektivitäten im Zeitalter von Globalisierung: Eine postkoloniale dekonstruktive Analyse von Biographien im Spannungsverhältnis von Ethnisierung und Vergeschlechtlichung. Opladen: Leske & Budrich.

Gutmann, Matthew (1996): The Meaning of Macho. Being a Man in Mexico City. Berkeley/California: University of California Press.

Ha, Kien Nghi (1999): Ethnizität und Migration. Münster: Westfälisches Dampfboot.

Ha, Kien Nghi (2004): Ethnizität und Migration reloaded: kulturelle Identität, Differenz und Hybridität im postkolonialen Diskurs. Berlin: Wiss. Verlag.

Hafez, Kai & Richter, Carola (2007): Das Gewalt- und Konfliktbild des Islams bei ARD und ZDF. Eine Untersuchung öffentlich-rechtlicher Magazine und Talksendungen. In: Aus Politik und Zeitgeschichte. Beilage zur Wochenzeitung Das Parlament. 26/27, S. 40-46.

Hafez, Kai (2010): Mediengesellschaft – Wissensgesellschaft? Gesellschaftliche Entstehungsbedingungen des Islambildes deutscher Medien. In: Thorsten Gerald Schneiders (Hrsg.), Islamfeindlichkeit: Wenn die Grenzen der Kritik verschwimmen. 2. Aufl., Wiesbaden: VS Verlag, S. 99-118.

Hagemann-White, Carol (1984): Sozialisation: weiblich – männlich? Opladen: Leske & Budrich.

Hagemann-White, Carol (1993): Die Konstrukteure des Geschlechts auf frischer Tat ertappen? Methodische Konsequenzen einer theoretischen Einsicht. In: Feministische Studien. 11. Jg., S. 68-78.

Hall, Stuart (2008): Rassismus und kulturelle Identität. 4. Aufl. Hamburg: Argument-Verlag.

Halm, Dirk (2000): Alternative Erklärungen für Jugendgewalt bei männlichen Zuwanderern. In: Ursula Apitzsch et al. (Hrsg.), Junge Türken als Täter und Opfer von Gewalt- Tagungsdokumentation. WissenschaftlerInnen und ExpertInnen aus Verwaltung und Praxis im Gespräch über die Gewaltbelastung junger Migranten türkischer Herkunft. Weinheim: Freudenbergstiftung, S. 16-26.

Halm, Dirk & Leokova, Marina & Yetik, Zeliha (2006): Pauschale Islamfeindlichkeit? Zur Wahrnehmung des Islams und zur sozio-kulturellen Teilhabe der Muslime in Deutschland. In: Siegfried Jäger & Dirk Halm (Hrsg.): Mediale Barrieren? Rassismus als Integrationshindernis. Münster: Unrast-Verlag, S. 11-49.

Hearn, Jeff (2004): From hegemonic masculinity to hegemony of men. In: Feminist Theory, Vol. 5 No. 1, S. 49-72

Heiliger, Anita & Engelfried, Constance (1995): Sexuelle Gewalt: männliche Sozialisation und potentielle Täterschaft. Frankfurt/Main [u. a.]: Campus-Verlag.

Heiliger, Anita (2001): Gewalt in der Schule. Geschlechterdifferenzierung und Handlungsperspektiven. In: Pädagogisches Forum 6, S. 448-453.

Heinz, Wolfgang (1987): Neue ambulante Maßnahmen nach dem Jugendgerichtsgesetz. In: MschrKrim 70, S. 129-154.

Heinz, Wolfgang (2008a): Bekämpfung der Jugendkriminalität durch Verschärfung des Jugendstrafrechts!? In: ZJJ. 19. Jg., S. 60-67.

Heinz, Wolfgang (2008b): Stellungnahme zur aktuellen Diskussion um eine Verschärfung des Jugendstrafrechts. In: ZJJ. 19 Jg., S. 87-96.

Heitmeyer, Wilhelm (1992): Soziale Desintegration und Gewalt. Lebenswelten und Perspektiven von Jugendlichen. In: DVJJ- Journal 1-2, S. 76-84.

Heitmeyer, Wilhelm & Müller, Joachim & Schröder, Helmut (1997): Verlockender Fundamentalismus. Frankfurt/Main: Suhrkamp.

Helfferich, Cornelia (1991): „Männlicher" Rauschgewinn und „weiblicher" Krankheitswahn? Geschlechtsgebundene Funktionalität von Problemverhalten und die Entwicklung geschlechtsbezogener Präventionsansätze. In: Zeitschrift für Sozialforschung und Erziehungssoziologie 17, S. 148-161.

Helfferich, Cornelia (2001): Jugendliches Risikoverhalten aus geschlechtsspezifischer Sicht. In: Jürgen Raithel (Hrsg.), Risikoverhaltensweisen Jugendlicher: Formen, Erklärungen und Prävention. Opladen: Leske & Budrich, S. 331-347.

Herbert, Ulrich (2007): Ausländerpolitik im wiedervereinigten Deutschland. In: Klaus Ahlheim (Hrsg.), Die Gewalt des Vorurteils: Eine Textsammlung. Schwalbach/Ts.: Wochenschau Verlag, S. 265-288.

Hermann, Dieter (2004): Geschlechtsspezifische Unterschiede hinsichtlich Gewaltkriminalität. In: Heinz Schöch & Jörg-Martin Jehle (Hrsg.), Angewandte Kriminologie zwischen Freiheit und Sicherheit. Mönchengladbach: Forum Verlag Godesberg, S. 567-581.

Hite, Shere (1994): Erotik und Sexualität in der Familie. München: Droemer Knaur.

Hoffmann, Klaus (1980): Leben in einem fremden Land: wie türkische Jugendliche „soziale" und „persönliche" Identität ausbalancieren. Bielefeld: Böllert, KT-Verlag.

Hoffmann-Nowotny, Hans-Joachim (1973): Soziologie des Fremdarbeitsproblems. Stuttgart: Enke Verlag.

Hoffmann, Lutz (2000): Feindbild Islam: warum man hierzulande den Islam erfinden würde, wenn es ihn nicht schon gäbe. In: Tillmann Hannemann & Peter Meier-Hüsing (Hrsg.), Deutscher Islam – Islam in Deutschland. Marburg: Diagonal-Verlag, S. 63-81.

Hollstein, Walter (2007): Männlichkeit als Macht und Ohnmacht. Ambivalenz der männlichen Rolle. In: Hollstein, Walter & Matzner, Michael (2007): Soziale Arbeit mit Jungen und Männern. München [u. a.]: Reinhardt, S. 33-46.

Huisken, Freerk (1996): Jugendgewalt: Der Kult des Selbstbewusstseins und seine unerwünschten Früchtchen. Hamburg: VSA-Verlag.

Huisken, Freerk (2002): z. B. Erfurt: Was das bürgerliche Bildungs- und Einbildungswesen so alles anrichtet. Hamburg: VSA-Verlag.

Huisken, Freerk (2007): Über die Unregierbarkeit des Schulvolks: Rütli-Schulen, Erfurt, Emsdetten usw. Hamburg: VSA-Verlag.

Huntington, Samuel P. (1997): Kampf der Kulturen. Clash of Civilisations. Die Neugestaltung der Weltpolitik im 21. Jahrhundert. München [u. a.]: Europa-Verlag.

Hüttermann, Jörg (2000): Polizeialltag und Habitus: Eine sozialökologische Fallstudie. In: Soziale Welt 51, S. 7-24.

Huxel, Karin (2008a): Ethnizität und Männlichkeitskonstruktionen. In: Nina Baur & Jens Luedtke (Hrsg.), Die soziale Konstruktion von Männlichkeit: Hegemoniale und marginalisierte Männlichkeiten in Deutschland. Opladen: Leske & Budrich, S. 61-78.

Huxel, Karin (2008b): Männlichkeit kontextualisieren – Eine intersektionelle Analyse. In: Lydia Potts & Jan Kühnemund (Hrsg.), Mann wird man. Geschlechtliche Identitäten im Spannungsfeld von Migration und Islam. Bielefeld: Transcript-Verlag, S. 65-78.

Jaeckel, Monika & Annemarie Gerzer-Sass (2000): Zur Situation von Familien ausländischer Herkunft im Spiegel der Praxis. In: Sachverständigenkommission 6. Familienbericht (Hrsg.), Familien ausländischer Herkunft in Deutschland. Bd. 2. Lebensalltag. Opladen: Leske & Budrich, S. 185-231.

Jäger, Margret (2000): Ethnisierung von Sexismus im Einwanderungsdiskurs. Analyse einer Diskursverschränkung. Duisburg: Duisburger Inst. für Sprach- und Sozialforschung.

Jäger, Siegfried (1997): Die Anstifter der Brandstifter? Zum Anteil der Medien an der Eskalation rassistisch motivierter Gewalt in der Bundesrepublik Deutschland. In: Bernd Scheffer (Hrsg.), Medien und Fremdenfeindlichkeit: Alltägliche Paradoxien, Dilemmata, Absurditäten und Zynismen. Opladen: Leske & Budrich, S. 73-98.

Jäger, Siegfried (2001): Diskurs und Wissen. Theoretische und methodische Aspekte einer kritischen Diskurs- und Dispositivanalyse. In: Reiner Keller et. al (Hrsg.), Handbuch Sozialwissenschaftliche Diskursanalyse. Bd. 1. Theorien und Methoden. Opladen: Leske & Budrich, S. 81-112.

Jäger, Siegfried & Halm, Dirk (2007): Mediale Barrieren: Rassismus als Integrationshemmnis. Münster: Unrast-Verlag.

Jösting, Sabine (2005): Jungenfreundschaften: zur Konstruktion von Männlichkeit in der Adoleszenz. Wiesbaden: VS Verlag.

Jösting, Sabine (2008): Männlichkeit und geschlechtshomogene Praxis bei Jungen. In: Nina Baur & Jens Luedtke (Hrsg.), Die soziale Konstruktion von Männlichkeit: Hegemoniale und marginalisierte Männlichkeiten in Deutschland. Opladen: Leske & Budrich, S. 45-60.

Kandil, Fuad (1996): Die gesellschaftliche Akzeptanz muslimischer Zuwanderer. Verfestigung der Kulturdifferenzhypothese als Folge des religiösen Fundamentalismus. In: Wilhelm Heitmeyer & Rainer Dollase (Hrsg.), Die bedrängte Toleranz. Ethnisch-kulturelle Konflikte, religiöse Differenzen und die Gefahren politisierter Gewalt. Frankfurt/Main: Suhrkamp, S. 401-425.

Kaufmann, Michael (2001): Die Konstruktion von Männlichkeit und die Triade männlicher Gewalt. In: Kritische Männerforschung: neue Ansätze in der Geschlechtertheorie. BauSteineMänner (Hrsg.), 3. Aufl., Hamburg: Argument-Verlag, S. 138-171.

Kehl, Krisztina & Pfluger, Ingrid (1997): Die Ehre in der türkischen Kultur – Ein Wertesystem im Wandel. In: Die Ausländerbeauftragte des Senats von Berlin in Zusammenarbeit mit dem Paritätischen Bildungswerk e. V. (Hrsg.), Berlin.

Kelek, Necla (2006): Die verlorenen Söhne. Plädoyer für die Befreiung des muslimischen Mannes. Köln: Kiepenheuer & Witsch.

Keller, Reiner (2001): Wissenssoziologische Diskursanalyse. In: Reiner Keller et. al. (Hrsg.), Handbuch Sozialwissenschaftliche Diskursanalyse. Bd.1. Theorien und Methoden. Opladen: Leske & Budrich, S. 81-112.

Kersten, Joachim (1993a): Männlichkeitsdarstellungen in Jugendgangs. Kulturvergleichende Betrachtung zum Thema: „Jugend und Gewalt". In: Hans-Uwe Otto & Ronald Merten (Hrsg.), Rechtsradikale Gewalt im vereinigten Deutschland: Jugend im gesellschaftlichen Umbruch. Bonn: Schriftenreihe/Bundeszentrale für Politische Bildung. Bd. 319, S. 227-236.

Kersten, Joachim (1993b): Der Männlichkeits-Kult. Über die Hintergründe der Jugendgewalt. In: Psychologie Heute 9, S. 30-57.

Kersten, Joachim (1995): Junge Männer und Gewalt. In: Neue Kriminalpolitik, S. 22-27.

Kersten, Joachim (1997a): Gut und (Ge)schlecht: Männlichkeit, Kultur und Kriminalität. Berlin [u. a.]: de Gruyter.

Kersten, Joachim (1997b): Risiken und Nebenwirkungen: Gewaltorientierung und die Bewerkstelligung von „Männlichkeit" und „Weiblichkeit" bei Jugendlichen der underclass. In: Susanne Krassmann & Sebastian Scheerer (Hrsg.), Die Gewalt in der Kriminologie. Kriminologisches Journal. 6. Beiheft, Weinheim [u. a.]: Juventa-Verlag, S. 103-114.

Kersten, Joachim (1998): Sichtbarkeit und städtischer Raum. Jugendliche Selbstinszenierung, Männlichkeit und Kriminalität. In: Wilfried Breyvogel (Hrsg.), Stadt, Jugendkultur und Kriminalität. Bonn: Dietz, S. 112-128.

Kersten, Joachim (1999): Zur gesellschaftlichen Konstruktion von Männlichkeit. In: Horst Scarbath et. al. (Hrsg.), Geschlechter: Zur Kritik und Neubestimmung geschlechterbezogener Sozialisation und Bildung. Opladen: Leske & Budrich, S. 77-86.

Kersten, Joachim (2002a): „Richtig männlich". Zum Kontext Geschlecht, Gemeinwesen und Kriminalität. In: Roland Anhorn & Frank Bettinger (Hrsg.), Kritische Kriminologie und soziale Arbeit. Impulse für professionelles Selbstverständnis und kritisch-reflexive Handlungskompetenz. Weinheim [u. a.]: Juventa-Verlag, S. 75-86.

Kersten, Joachim (2002b): Jugendgewalt und Gesellschaft. In: Aus Politik und Zeitgeschichte. Beilage zur Wochenzeitung Das Parlament. 44, Internetausgabe: (http://www.bpb.de/publikationen/41XNIY,0,0,%20Jugendgewalt_und_Gesel lschaft.html).

Kersten, Joachim (2007): „Machismo". In: Gabriele Kawamura & Lydia Halbhuber-Gassner (Hrsg.), Gender Mainstreaming – ein Konzept für die Straffälligenhilfe? Freiburg im Breisgau: Lambertus, S. 46-59.

Keupp, Heiner (2008): Identitätskonstruktionen: das Patchwork der Identitäten in der Spätmoderne. 4. Aufl., Reinbek bei Hamburg: Rowohlt-Taschenbuch-Verlag.

Kilb, Joachim (2009): Jugendgewalt im städtischen Raum: Strategien und Ansätze im Umgang mit Gewalt. Wiesbaden: VS Verlag.

King, Vera (2000): Entwürfe von Männlichkeit in der Adoleszenz. Wandlungen und Kontinuitäten von Familien- und Berufsorientierungen. In: Hans Bosse & Vera King (Hrsg.), Männlichkeitsentwürfe: Wandlungen und Widerstände im Geschlechterverhältnis. Frankfurt/Main [u. a.]: Campus-Verlag, S. 92-107.

Kips, Maud (1991): Strafrecht für Männer, Psychiatrie für Frauen. In: Kriminologisches Journal 23, S. 125-134.

Klein, Marie-Luise (2001): Integrationsprobleme durch kulturelle und ethnische Konflikte. Grundsatzreferat. In: DFB-Förderverein (Hrsg.), Dokumentation der Fachtagung „Toleranz und Fairness-Gewaltprävention im Fußball" vom 27. bis 29.09.2001 in Barsinghausen. Frankfurt/Main, S. 31-35.

Klinkhammer, Gritt (2000): Moderne Formen islamsicher Lebensführung: eine qualitativ-empirische Untersuchung zur Religiosität sunnitisch geprägter Türkinnen der zweiten Generation in Deutschland. Marburg: Diagonal-Verlag.

Kreisky, Eva & Spitaler, Georg (2006): Arena der Männlichkeit: Über das Verhältnis von Fußball und Geschlecht. Frankfurt/Main [u. a.]: Campus-Verlag.

Krieger, Wolfgang (2007): Gewalt und Geschlechterverhältnis aus Sicht der Jugendhilfe. Genderspezifische Bedingungen der Entstehung von Gewaltbereitschaft bei Kindern und Jugendlichen und ihre Bedeutung für die Jugendhilfe. In: Silke Birgitta Gahleitner & Hans-Joachim Lenz (Hrsg.), Gewalt und Geschlechterverhältnis. Interdisziplinäre und geschlechtersensible Analysen und Perspektiven. Weinheim [u. a.]: Juventa-Verlag, S. 117-138.

Laberge, Suzanne & Albert, Mathieu (1999): Conceptions of Masculinity and of Gender Transgressions in Sport Among Adoleszent Boys: Hegemony, Contestation and Social Class Dynamics. In: Men and Masculinities 1, S. 253-267.

Lamnek, Siegfried (1995): Qualitative Sozialforschung. Bd. 2. Methoden und Techniken. 3. Aufl., Weinheim: Beltz.

Lang, Susanne (1999): Zur Konstruktion des Feindbildes „Islam" in der Bielefelder Studie „Verlockender Fundamentalismus". In: Wolf-Dietrich Bukow (Hrsg.), Fundamentalismusverdacht: Plädoyer für eine Neuorientierung der Forschung im Umgang mit allochthonen Jugendlichen. Opladen: Leske & Budrich, S. 134-158.

Lauber, Achim & Würfel, Maren (2007). Von „Talkshow-Türken" und Vorurteilen. Wie das Fernsehen zum Ausländerbild von 9- bis 14-Jährigen beiträgt. In: Klaus Ahlheim (Hrsg.), Die Gewalt des Vorurteils: Eine Textsammlung Schwalbach/Ts.: Wochenschau Verlag, S. 289-307.

Lay, Barbara & Ihle, Wolfgang & Esser, Günther & Schmidt, Martin (2001): Risikofaktoren für Delinquenz bei Jugendlichen und deren Fortsetzung bis ins Erwachsenenalter. Monatsschrift für Kriminologie und Strafrechtsreform 84, S. 119-132.

Lehner, Erich (2007): Perspektiven einer kritischen Männerarbeit. In: Erich Lehner & Christa Schnabl (Hrsg.), Gewalt und Männlichkeit. Wien [u. a.]: LIT, S. 89-116.

Lehnert, Esther (2006): Auf der Suche nach Männlichkeit in der sozialpädagogischen Arbeit mit Fans. In: Eva Kreisky & Georg Spitaler (Hrsg.), Arena der Männlichkeit: Über das Verhältnis von Fußball und Geschlecht. Frankfurt/Main [u. a.]: Campus-Verl., S. 83-96.

Leibold, Jürgen & Kühnel Steffen (2003): Sensible Aufmerksamkeit für spannungsreiche Anzeichen. In: Wilhelm Heitmeyer (Hrsg.), Deutsche Zustände – Folge 2. Frankfurt/Main: Suhrkamp, S. 100-119.

Leibold, Jürgen & Kühnel, Steffen & Heitmeyer, Wilhelm (2006): Abschottung von Muslimen durch generalisierte Islamkritik? In: Aus Politik und Zeitgeschichte. Beilage zur Wochenzeitung Das Parlament. 1/2, S. 3-10.

Leibold, Jürgen & Kühnel Steffen (2006): Islamophobie. Differenzierung tut Not. In: Wilhelm Heitmeyer (Hrsg.), Deutsche Zustände – Folge 4. Frankfurt/Main: Suhrkamp, S. 135-155

Leibold, Jürgen (2010): Fremdenfeindlichkeit und Islamophobie. Fakten zum gegenwärtigen Verhältnis genereller und spezifischer Vorurteile. In: Thorsten Gerald Schneiders (Hrsg.), Islamfeindlichkeit: Wenn die Grenzen der Kritik verschwimmen. 2. Aufl., Wiesbaden: VS Verlag, S. 145-154.

Lenhardt, Gero (1990): Ethnische Identität und sozialwissenschaftlicher Instrumentalismus. In: Eckhard J. Dittrich & Frank-Olaf Radtke (Hrsg.), Ethnizität: Wissenschaft und Minderheiten Opladen: Westdeutscher-Verlag, S. 191-213.

Lenz, Hans-Joachim (2007): Gewalt und Geschlechterverhältnis aus männlicher Sicht. In: Silke Birgitta Gahleitner & Hans-Joachim Lenz (Hrsg.), Gewalt und Geschlechterverhältnis: Interdisziplinäre und geschlechtersensible Analysen und Perspektiven. Weinheim [u. a.]: Juventa-Verlag, S. 21-51.

Liell, Christoph (2001): Gewalt in der „Gang". Konstruktion, Inszenierung, Praxis. In: Frank Gesemann (Hrsg.), Migration und Integration in Berlin: Wissenschaftliche Analysen und politische Perspektiven. Opladen: Leske & Budrich, S. 313-332.

Liell, Christoph (2007): Die Skandalisierung von Differenzen. Das Beispiel ethnisierter Jugendgewalt. In: Wolf-Dietrich Bukow et. al. (Hrsg.), Was heißt hier Parallelgesellschaft? Zum Umgang mit Differenzen. Wiesbaden: VS Verlag, S. 269-285.

Lochner, Lance & Moretti, Enrico (2004): The Effect of Education on Crime: Evidence from Prison Inmates, Arrests, and Self-Reports. In: The American Economic Review. Vol. 94 No. 1, S. 155-190.

Lutz, Helma (1995): Ist Kultur Schicksal? In: Ernst Karpf (Hrsg.), „Getürkte Bilder": Zur Inszenierung von Fremden im Film. Marburg: Schüren, S. 77-97.

Lutz, Helma & Huth-Hildebrandt, Christine (1998): Geschlecht im Migrationsdiskurs. Neue Gedanken über ein altes Thema. In: Das Argument. Zeitschrift für Philosophie und Sozialwissenschaften Nr. 224, S. 159-174.

Lutz, Helma (1999): Das Beispiel „Ethnisierung": Eine Kritik der Ethnisierung zehn Jahre nach „Mitbürger aus der Fremde". In: Wolf-Dietrich Bukow & Markus Ottersbach (Hrsg.): Die Zivilgesellschaft in der Zerreißprobe. Opladen: Leske & Budrich, S. 117-128.

Mac and Ghaill, Máirtín (1994): The Making of Men: Masculinities, sexuality and schooling. Buckingham, Philadelphia.

Maihofer, Andrea (1994): Geschlecht als Existenzweise. Einige kritische Anmerkungen zu aktuellen Versuchen zu einem Verständnis von „Geschlecht". In: Institut für Sozialforschung (Hrsg.), Geschlechterverhältnisse und Politik. Frankfurt/Main: Suhrkamp, S. 168-187.

Mansel, Jürgen (2001): Angst vor Gewalt. Eine Untersuchung zu Hintergründen und Folgen von Kriminalität im Jugendalter. Weinheim [u. a.]: Juventa-Verlag.

Mansel, Jürgen (2003): Konfliktregelung bei Straftaten – Variation des Anzeigeverhaltens nach der Ethnie der Täter. In: Axel Groenemeyer & Jürgen Mansel (Hrsg.), Die Ethnisierung von Alltagskonflikten. Opladen: Leske & Budrich, S. 261-283.

Mansel, Jürgen & Albrecht, Günther (2003): Die Ethnie des Täters als ein Prädikator für das Anzeigeverhalten von Opfer und Zeugen. In: SozWelt 3, S. 339-372.

Mansury, Homaira (2006): Turkish Power Boys. Verloren zwischen Aufnahmegesellschaft und Elterngeneration. In: Doris Lucke (Hrsg.), Jugend in Szenen. Lebenszeichen aus flüchtigen Welten. Münster: Westfälisches Dampfboot, S. 51-65.

Maschke, Werner (2003): Kinder- und Jugenddelinquenz. In: Der Bürger im Staat: 1, S. 19-24.

Matt, Eduard (1999): Jugend, Männlichkeit und Delinquenz. Junge Männer zwischen Männlichkeitsritualen und Autonomiebestrebungen. In: ZSE 19/3, S. 259-276.

Mead, Margaret (1974): Mann und Weib: Das Verhältnis der Geschlechter in einer sich wandelnden Welt. 9. Aufl., Reinbek: Rowohlt.

Melzer, Wolfgang & Ehninger, Frank (2002): Veränderung der Schulkultur als Ansatz schulischer Gewaltprävention. In: Aus Politik und Zeitgeschichte. Beilage zur Wochenzeitung Das Parlament. 44, S. 38-46.

Meng, Frank (2004): Islam(ist)ische Orientierungen und gesellschaftliche Integration in der zweiten Migrantengeneration: eine Transparenzstudie. Bremen: Akad. für Arbeit und Politik der Univ. Bremen.

Meng, Frank (2007): Kollektivbeschimpfungen statt Zielgruppenarbeit: Wie sich eine sinnvolle Debatte um Ehrenmord und Zwangsehe gegen die Betroffenen wendet. In: Luise Greuel & Axel Petermann (Hrsg.). Macht – Nähe – Gewalt (?). (Sexuelle) Gewalt- und Tötungsdelikte im sozialen Nahraum. Lengerich [u. a]: Pabst Sciene Publ., S. 171-186.

Messerschmidt, James W. (1993): Masculinities and crime: critique and reconceptualization of theory. Lanham/Md.: Rowman & Littlefield.

Messerschmidt, James W. (2000): Nine Lives: Adolescent Masculinities, the Body, and Violence. Cumnor Hill: Westview Press,

Messner, Michael A. (1992): Power at Play: Sports and the Problem of Masculinity. Boston: Beacon Press.

Meuser, Michael (1999): Gewalt, hegemoniale Männlichkeit und „doing masculinity". In: Gabriele Löscher & Gerlinde Smaus (Hrsg.), Das Patriarchat und die Kriminologie. Kriminologisches Journal 7. Beiheft, S. 49-65.

Meuser, Michael (2001): Männerwelten. Zur kollektiven Konstruktion hegemonialer Männlichkeit. In: Doris Janshen & Michael Meuser (Hrsg.), Schriften des Essener Kollegs für Geschlechterforschung. I. Jg., Heft II, digitale Publikation: (http://www.uni-due.de/imperia/md/content/ekfg/michael_meuser_maenner welten .pdf).

Meuser, Michael (2002): Doing Masculinity. Zur Geschlechtslogik männlichen Gewalthandelns. In Regina-Maria Dackweiler & Reinhild Schäfer (Hrsg.), Gewalt-Verhältnisse: Feministische Perspektiven auf Geschlecht und Gewalt. Frankfurt/Main [u. a.]: Campus Verlag, S. 53-78.

Meuser, Michael (2003): Gewalt als Modus von Distinktion und Vergemeinschaftung. Zur Ordnungsbildenden Funktion männlicher Gewalt. In: Siegfried Lamnek & Manuela Boatca (Hrsg.), Geschlecht – Gewalt – Gesellschaft. Opladen: Leske & Budrich, S. 37-54.

Meuser, Michael (2004): Junge Männer. Aneignung und Reproduktion von Männlichkeit. In: Ruth Becker (Hrsg.), Handbuch Frauen- und Geschlechterforschung: Theorie, Methoden, Empirie. Wiesbaden: VS Verlag, S. 370-377.

Meuser, Michael & Scholz, Sylvia (2005): Hegemoniale Männlichkeit. Versuch einer Begriffsklärung aus soziologischer Perspektive. In Martin Dinges (Hrsg.), Männer-Macht-Körper: Hegemoniale Männlichkeiten vom Mittelalter bis heute. Frankfurt/Main [u. a.]: Campus-Verlag, S. 211-228.

Meuser, Michael (2006a): Geschlecht und Männlichkeit: Soziologische Theorie und kulturelle Deutungsmuster. 2. Aufl., Wiesbaden: VS Verlag.

Meuser, Michael (2006b): Riskante Praktiken. Zur Aneignung von Männlichkeit in den ernsten Spielen des Wettbewerbs. In: Helga Bilden & Bettina Dausien (Hrsg.), Sozialisation und Geschlecht: Theoretische und methodologische Aspekte. Opladen: Leske & Budrich, S. 163-178.

Meuser, Michael, (2007): Geschlechterverhältnisse im Wandel. Männlichkeit im Spannungsfeld von Hegemonie und Egalität. In: Erich Lehner & Christa Schnabl (Hrsg.) Gewalt und Männlichkeit. Wien [u. a.]: LIT, S. 45-66.

Meuser, Michael (2008): Ernste Spiele. Zur Konstruktion von Männlichkeit im Wettbewerb der Männer. In: Nina Baur & Jens Luedtke (Hrsg.), Die soziale Konstruktion von Männlichkeit: Hegemoniale und marginalisierte Männlichkeiten in Deutschland. Opladen: Leske & Budrich, S. 33-44.

Meuser, Michael (2009): Hegemoniale Männlichkeit – Überlegungen zur Leitkategorie der Men's Studies. In: Brigitte Aulenbacher et. al. (Hrsg.), FrauenMännerGeschlechterforschung: State of the Art. 2. Aufl., Münster: Westfälisches Dampfboot, S. 160-174.

Miller, Walter B. (1974): Die Kultur der Unterschicht als ein Entstehungsmilieu für Bandendelinquenz. In: Fitz Sack & René. König (Hrsg.), Kriminalsoziologie. 2. Aufl., Frankfurt/Main: Akademische Verlagsanstalt, S. 338-359.

Moffitt, Terrie E. & Caspi, Avshalom & Rutter, Michael & Silva, Phil A. (2001): Sex differences in antisocial behaviour: Conduct disorder, delinquency, and violence in the Dunedin longitudinal study. Cambridge [u. a.]: Cambridge University Press.

Moffitt, Terri E. & Caspi, Avshalom & Harrington, Honalee & Milne, Barry J. (2002): Males on the life – course-persistent and adolescent-limited antisocial pathways: Follow up at age 26 years. Development and Psychopathology 14, S. 179-207.

Möller, Kurt (2008): Körperpraxis und Männlichkeit bei Skinheads. Hegemonialansprüche, Marginalisierung und Rebellion. In: Nina Baur & Jens Luedtke (Hrsg.), Die sozialeKonstruktion von Männlichkeit: Hegemoniale und marginalisierte Männlichkeiten in Deutschland. Opladen: Leske & Budrich, S. 223-238.

Nauck, Bernhard (2000): Eltern-Kind-Beziehungen in Migrantenfamilien – Ein Vergleich griechischer, italienischer, türkischer und vietnamesischer Familien. In: Sachverständigenkommission Sechster Familienbericht (Hrsg.), Familien ausländischer Herkunft in Deutschland: Empirische Beiträge zur Familienentwicklung und Akkulturation. Bd. 1. Opladen: Leske & Budrich, S. 347-392.

Naumann, Thomas (2010): Feindbild Islam – Historische und theologische Gründe einer europäischen Angst. In: Thorsten Gerald Schneiders (Hrsg.), Islamfeindlichkeit: Wenn die Grenzen der Kritik verschwimmen. 2. Aufl., Wiesbaden: VS Verlag, S. 19-36

Neckel, Sighard & Körber, Karen (1997): Last exit ethnicity? Zur politischen Konstruktion von Ethnizität in den USA und in Deutschland. In: Robert Hettlage et. al. (Hrsg.), Kollektive Identitäten in Krisen: Ethnizität in Religion, Nation, Europa. Opladen: Westdeutscher-Verlag, S. 310-319.

Neidhardt, Friedhelm (1998): Gewalt. Soziale Bedeutungen und sozialwissenschaftliche Bestimmungen des Begriffs. In: Bundeskriminalamt [BKA] (Hrsg.): Was ist Gewalt? Wiesbaden: BKA, S. 112-147.

Nieke, Wolfgang (1995): Interkulturelle Erziehung und Bildung: Wertorientierungen im Alltag. Opladen: Leske & Budrich.

Nisbett, Richard E. & Cohen, Dov (1996): Culture of Honor. The Psychology of Violence in the South. Boulder. Colo. [u. a.]: Westview Press.

Norman, Anissa (2010): "Migrationshintergrund ist halt auch irgendwie Thema": Eltern mit Migrationshintergrund im Kontext der stationären Kinder- und Jugendhilfe. Freiburg: Centaurus-Verlag.

Oberwittler, Dietrich (2010): Jugendkriminalität in sozialen Kontexten – Zur Rolle von Wohngegenden und Schulen bei der Verstärkung von abweichendem Verhalten Jugendlicher. In: Bernd Dollinger & Henning Schimdt-Semsich (Hrsg.), Handbuch Jugendkriminalität. Kriminologie und Sozialpädagogik im Dialog. Wiesbaden: VS Verlag, S. 213-227.

Ostendorf, Heribert (1998): Gegenreform im Jugendstrafrecht? Wider die repressive Hilflosigkeit! In: DVJJ-Journal 3, S. 203-205.

Ostendorf, Heribert (2010): Strafverschärfung im Umgang mit Jugendkriminalität. In: Bernd Dollinger & Henning Schmidt-Semsich (Hrsg.), Handbuch Jugendkriminalität. Kriminologie und Sozialpädagogik im Dialog. Wiesbaden: VS Verlag, S. 91-104.

Parin, Paul (1978): Der Knopf an der Uniform des Genossen: Ein ethnopsychoanalytischer Exkurs über die Veränderbarkeit des Menschen. In: Kursbuch 53, S. 185-194.

Pfeiffer, Christian & Boers, Klaus & Eisner, Manuel (1999): Jugendkriminalität als Folge sozialer Unterprivilegierung, ein Gespräch. In: Neue Kriminalpolitik, S. 10-15.

Pfeiffer, Christian & Wetzels, Peter (2000): Junge Türken als Täter und Opfer von Gewalt. Hannover. KFN-Forschungsbericht Nr. 81.

Pfeiffer, Christian & Kleimann, Matthias & Petersen, Sven & Tilmann, Schott (2005): Migration und Kriminalität. Baden-Baden: Nomos.

Pfeiffer, Christian (2010): Jugendgewalt & die Rolle des Islam. Vortrag gehalten im Veranstaltungssaal des Gästehauses der Universität Bremen am 09.11.2010.

Pfluger-Schindlbeck, Ingrid (1989): „Achte die Älteren, liebe die Jüngeren". Sozialisation türkischer Kinder. Frankfurt/Main: Athenäum Verlag.

Phoenix, Ann & Frosh, Stephen (2001): Positioned by "Hegemonic Masculinities": A Study of London Boys, Narratives of Identity. In: Australian Psychologist 36, S. 27-35.

Pilz, Gunter A. (2002): Rote Karten statt Integration? Eine Untersuchung über Fußball und ethnische Konflikte. Vortrag gehalten am 25. Juni 2002 im

Kultur- und Stadthistorischen Museum Duisburg im Rahmen der Sonderausstellung „Sport als Mittel der Integration".

Polat, Uğur (2000): Zwischen Integration und Desintegration. Positionen türkischstämmiger Jugendlicher in Deutschland. In: Iman Attia & Helga Marburger (Hrsg.), Alltag und Lebenswelten von Migrantenjugendlichen. Frankfurt/Main: Verlag für Interkulturelle Kommunikation, S. 11-25.

Polat, Ülger (1997): Soziale und kulturelle Identität türkischer Migranten der zweiten Generation in Deutschland. Hamburg: Dr. Kovac.

Pollack, Detlef (2010): Wahrnehmung und Akzeptanz religiöser Vielfalt: Eine Bevölkerungsumfrage des Exzellenzclusters „Religion und Politik" der Universität Münster in fünf europäischen Ländern, digitale Publikation: (http://www.uni-muenster.de/imperia/md/content/religion_und_politik/ aktuelles/2010/12_2010/studie_wahrnehmung_und_akzeptanz_religioeser_vie lfalt.pdf).

Pollack, F. William (2001): Jungen: was sie vermissen, was sie brauchen; ein neues Bild von unseren Söhnen. Weinheim [u. a]: Beltz.

Popitz, Heinrich (1986): Phänomene der Macht. Tübingen: Mohr

Popp, Ulrike (2003): Das Ignorieren „weiblicher" Gewalt als „Strategie" zur Aufrechterhaltung der sozialen Konstruktion von männlichen Tätern. In: Siegfried Lamnek & Manuela Boatca (Hrsg.), Geschlecht – Gewalt – Gesellschaft. Opladen: Leske & Budrich, S. 195-214.

Pries, Ludger (1998): Transnationale soziale Räume. In: Ulrich Beck (Hrsg.), Perspektiven der Weltgesellschaft. Frankfurt/Main: Suhrkamp, S. 55-86.

Przyborski, Aglaja & Wohlrab-Sahr, Monika (2008): Qualitative Sozialforschung: ein Arbeitsbuch München: Oldenbourg.

Radtke, Olaf (1998): Institutionalisierte Diskriminierung – zur Verstaatlichung der Fremdenfeindlichkeit. In: Rainer Bauböck et. al. (Hrsg.), und raus bist du! Ethnische Minderheiten in der Politik. Wien: Verlag für Gesellschaftskritik, S. 107-128.

Rebmann, Matthias (1998): Ausländerkriminalität in der Bundesrepublik Deutschland. Freiburg im Breisgau: Ed. iuscrim.

Riegel, Christine & Geisen, Thomas (2007): Zugehörigkeit(en) im Kontext von Jugend und Migration – eine Einführung. In: Christine Riegel & Thomas Geisen

(Hrsg.), Jugend, Zugehörigkeit und Migration: Subjektpositionierung im Kontext von Jugendkultur, Ethnizitäts- und Geschlechterkonstruktionen. Wiesbaden: VS Verlag, S. 7-23.

Riegel, Christine (2003): Umgangsformen von jungen mit ethnisiert-vergeschlechtlichten Fremdzuschreibungen. In: Beiträge zur feministischen Theorie und Praxis, Jg.26, H. 63/64, S. 59-76.

Riegel, Christine (2004): Im Kampf um Zugehörigkeit und Anerkennung. Orientierungen und Handlungsformen von jungen Migrantinnen. Eine sozi-biographische Untersuchung. Frankfurt/Main: Verlag für Interkulturelle Kommunikation.

Röggla, Hannelore (2005): Die geheime Angst des Mannes: der Mythos vom starken Geschlecht; eine Widerlegung. Stuttgart: Kreuz.

Rommelspacher, Birgit (1995): Dominanzkultur: Texte zu Fremdheit und Macht. Berlin: Orlanda-Frauenverlag.

Rommelspacher, Birgit (2010): Islamkritik und antimuslimische Positionen – am Beispiel von Necla Kelek und Seyran Ateş. In: Thorsten Gerald Schneiders (Hrsg.), Islamfeindlichkeit: Wenn die Grenzen der Kritik verschwimmen. 2. Aufl., Wiesbaden: VS Verlag, S. 433-456.

Ruf, Werner (2010): Muslime in den internationalen Beziehungen – das neue Feindbild. In: Thorsten Gerald Schneiders (Hrsg.), Islamfeindlichkeit: Wenn die Grenzen der Kritik verschwimmen. 2. Aufl., Wiesbaden: VS Verlag, S. 119-126

Sack, Fritz (1973): Abweichendes Verhalten aus soziologischer Sicht – Folgen für die Sozialarbeit. In: Hans-Uwe Otto & Siegfried Schneider (Hrsg.), Gesellschaftliche Perspektiven der Sozialarbeit. Halbband 1. Neuwied [u. a.]: Luchterhand, S. 129-149.

Sack, Fritz (1974): Neue Perspektiven in der Kriminologie. In: Fritz Sack & Rene König (Hrsg.), Kriminalsoziologie. 2. Aufl., Frankfurt/Main: Akademische Verlagsanstalt, S. 431-475.

Said, Edward W. (1979) Orientalism. New York: Vintage Books.

Sarrazin, Thilo (2010): Deutschland schafft sich ab: Wie wir unser Land aufs Spiel setzen. München: Deutsche Verlagsanstalt.

Sarıgöz, Fatma (1999): Die multikulturelle Gesellschaft im Spiegel der Medien. In: Christoph Butterwegge et. al. (Hrsg.), Medien und multikulturelle Gesellschaft. Opladen: Leske & Budrich, S. 9-28.

Sauter, Birgit (2002): Geschlechterspezifische Gewaltmäßigkeit wohlfahrtsstaatlicher Institutionalisierungen. Staatsbezogene Überlegungen einer geschlechtersensiblen politikwissenschaftlichen Perspektive. In: Regina-Maria Dackweiler & Reinhild Schäfer (Hrsg.), Gewalt-Verhältnisse: Feministische Perspektiven auf Geschlecht und Gewalt. Frankfurt/Main [u. a.]: Campus-Verlag, S. 81-106.

Scharathow, Wiebke (2007): ‚Wir' und ‚die Anderen' – Zu Grenzziehungen in der niederländischen Medienberichterstattung nach dem Mord an Theo van Gogh. In: Anne Broden & Paul Mecheril. Tagungsdokumentation des Fachgesprächs zur „Normalität und Alltäglichkeit des Rassismus" 14./15. September 2007. Bonn: CJD, S. 110-128.

Scheibelhofer, Paul (2005): Zwischen zwei Männlichkeiten? Identitätskonstruktionen junger Männer mit türkischem Migrationshintergrund in Wien. In: SWS-Rundschau - Sozialwissenschaftliche Studiengesellschaft, Bd. 45 Heft 2, S. 208-230.

Scheibelhofer, Paul (2007): A question of honour? Masculinities and Positionalities of Boys of Turkish Background in Vienna. In: Christine Riegel & Thomas Geisen (Hrsg.), Jugend, Zugehörigkeit und Migration: Subjektpositionierung im Kontext von Jugendkultur, Ethnizitäts- und Geschlechterkonstruktionen. Wiesbaden: VS Verlag, S. 273-288.

Scheibelhofer, Paul (2008): Die Lokalisierung des Globalen Patriarchen: Zur diskursiven Produktion des „türkisch-muslimischen Mannes in Deutschland. In: Lydia Potts & Jan Kühnemund (Hrsg.), Mann wird man. Geschlechtliche Identitäten im Spannungsfeld von Migration und Islam. Bielefeld: Transcript-Verlag, S. 39-52.

Schiffauer, Werner. (1983): Die Gewalt der Ehre. Erklärungen zu einem türkisch-deutschen Sexualkonflikt. Frankfurt/Main: Suhrkamp.

Schiffauer, Werner. (1991): Die Migranten aus Subay. Türken in Deutschland: Eine Ethnographie. Stuttgart: Klett-Cotta.

Schiffauer, Werner (1999): Beschwörungsrhetorik: Zur Konstruktion des islamischen Fundamentalismus in der Wissenschaft. In: Wolf-Dietrich Bukow (Hrsg.), Fundamentalismusverdacht: Plädoyer für eine Neuorientierung der

Forschung im Umgang mit allochthonen Jugendlichen. Opladen: Leske & Budrich, S. 101-118.

Schiffauer, Werner (2000): Die Gottesmänner: türkische Islamisten in Deutschland; eine Studie zur Herstellung religiöser Evidenz. Frankfurt/Main: Suhrkamp.

Schiffauer, Werner (2002a): Ein Ehrdelikt. Zum Wertewandel bei türkischen Einwanderern. In: Die Ausländerbeauftragte des Senats von Berlin (Hrsg.), Migration und kulturelle Differenz. Berlin: Mercedes-Druck, S. 29-46.

Schiffauer, Werner (2002b): „Wir sind stolz, Ausländer zu sein" - Zum Mechanismus der Selbstethnisierung. In: Die Ausländerbeauftragte des Senats von Berlin (Hrsg.), Migration und kulturelle Differenz. Berlin: Mercedes-Druck, S. 47-57.

Schiffer, Sabine (2005): Die Darstellung des Islams in der Presse: Sprache, Bilder, Suggestionen; eine Auswahl von Techniken und Beispielen. Würzburg: Ergon.

Schiffer, Sabine (2007): Die Verfestigung des Islambildes in deutschen Medien. In: Siegfried Jäger & Dirk Halm (Hrsg.), Mediale Barrieren. Rassismus als Integrationshindernis. Münster: Unrast-Verlag, S. 167-200.

Schiffer, Sabine & Wagner, Constantin (2009): Antisemitismus und Islamophobie: ein Vergleich. Wassertrüdingen: HWK-Verlag.

Schneiders, Thorsten Gerald (2010): Islamverherrlichung: Wenn die Kritik zum Tabu wird. Wiesbaden: VS Verlag.

Scholz, Sylka (2004): Männlichkeit erzählen: lebensgeschichtliche Identitätskonstruktionen ostdeutscher Männer. Münster: Westfälisches Dampfboot.

Scholz, Sylka (2007): Der soziale Wandel von Erwerbsarbeit. Empirische Befunde und offene Fragen. In: Mechthild Bereswill, Michael Meuser & Sylka Scholz (Hrsg.), Dimensionen der Kategorie Geschlecht: der Fall Männlichkeit. Münster: Westfälisches Dampfboot, S. 51-67.

Schorb, Bernd & Theunert, Helga (2000): Kontextuelles Verstehen der Medienaneignung. In: Ingrid Paus-Hasse & Bernd Schorb (Hrsg.), Qualitative Kinder- und Jugendforschung. Theorie und Methoden: Ein Arbeitsbuch. München: KoPäd, S. 33-58.

Schorb, Bernd & Echtermeyer, Karin & Lauber, Achim & Eggert, Susanne (2003): Was guckst du, was denkst du? Der Einfluss des Fernsehens auf das Ausländerbild von Kindern und Jugendlichen. In: Direktor der Unabhängigen Landesanstalt für Rundfunk und neue Medien (ULR) Kiel (Hrsg.). Kiel: Schmidt & Klein.

Senghaas, Dieter (1998): Zivilisierung wider Willen. Frankfurt/Main. Suhrkamp.

Sennett, Richard (1989): Der flexible Mensch. Die Kultur der neuen Kapitalismen. 3. Aufl., Berlin: Berliner Taschenbuch Verlag.

Sessar, Klaus (1996): Über den (vergeblichen) Versuch, mit den Medien über kriminologische Erkenntnisse ins Gespräch zu kommen. In: Kriminologisches Journal, Jg. 28, (4), S. 281-284.

Smaus, Gerlinda (1994): Physische Gewalt und die Macht des Patriarchats. In: Kriminologisches Journal 2/94, S. 82-105.

Smaus, Klaus (2000): Soziale Kontrolle und das Geschlechterverhältnis. Manuskript eines an der Fern-Universität Hagen am 30.01.2000 gehaltenen Vortrags, digitale Publikation:(http://www.vings.de/kurse /wissensnetz/ frauen/pdf/ smaus.pdf).

Spindler, Susanne & Tekin, Uğur (2000): Allochthone Jugendliche als Täter und Opfer von Gewalt. Zur Rekontextualisierung von Kriminalisierung. In: Ursula Apitzsch et al. (Hrsg.), Junge Türken als Täter und Opfer von Gewalt- Tagungsdokumentation. WissenschaftlerInnen und ExpertInnen aus Verwaltung und Praxis im Gespräch über die Gewaltbelastung junger Migranten türkischer Herkunft. Weinheim: Freudenbergstiftung, S. 51-57.

Spindler, Susanne & Tekin, Ugur (2003): Wie man zum Türken wird: Fremd- und Selbstethnisierung in der totalen Institution. In: Wolf-Dietrich Bukow et. al. (Hrsg.), Ausgegrenzt, eingesperrt und abgeschoben: Migration und Jugendkriminalität. Opladen: Leske & Budrich, S. 238-258.

Spindler, Susanne (2006): Corpus delicti: Männlichkeit, Rassismus und Kriminalisierung im Alltag jugendlicher Migranten. Münster: Unrast-Verlag.

Spindler, Susanne (2007a): Eine andere Seite männlicher Gewalt: Männlichkeit und Herkunft als Orientierung und Falle. In: Christine Riegel & Thomas Geisen (Hrsg.), Jugend, Zugehörigkeit und Migration: Subjektpositionierung im Kontext von Jugendkultur, Ethnizitäts- und Geschlechterkonstruktionen. Wiesbaden: VS Verlag, S. 291-308.

Spindler, Susanne (2007b): Im Netz hegemonialer Männlichkeit: Männlichkeitskonstruktionen junger Migranten. In: Mechthild Bereswill, Michael Meuser &

Sylka Scholz (Hrsg.), Dimensionen der Kategorie Geschlecht: der Fall Männlichkeit. Westfälisches Dampfboot, S. 119-135.

Spitz, Rene (1976): Vom Säugling zum Kleinkind. Naturgeschichte der Mutter-Kind-Beziehungen im ersten Lebensjahr. 5. Aufl. Stuttgart: Klett.

Spohn, Margret (2002): Türkische Männer in Deutschland: Familie und Identität; Migranten der ersten Generation erzählen ihre Geschichte. Bielefeld: Transcript-Verlag.

Stelly, Wolfgang & Thomas, Jürgen (2006): Die Reintegration jugendlicher Mehrfachtäter. In: ZJJ. 1. Jg., S. 45-51.

Stern-online (2007): Der Bremer Bolz-Boykott; Stern-online vom 19.11.2007.

Strasser, Hermann & Zdun, Steffen (2005): Gewalt ist (k)eine Antwort! – Zur Bedeutung der Ehre für abweichendes Verhalten russlanddeutscher Jugendlicher. In: Soziale Probleme 15, S. 5-24.

Strauss, Murray A. (1990): "New scoring methods for violence and norms for the conflict tactics scales". In Murray A. Strauss/ Richard J. Gelles (Hrsg.), Physical violence in American families. New Brunswick: Translation, S. 535-559.

Streeck-Fischer, Annette (1992): „Geil auf Gewalt". Psychoanalytische Bemerkungen zu Adoleszenz und Rechtsextremismus. In: Psyche 46, S. 745-768.

Sutterlüty, Ferdinand (2003): Gewaltkarrieren: Jugendliche im Kreislauf von Gewalt und Missachtung. 2. Aufl., Frankfurt/Main [u. a.]: Campus-Verlag.

Taylor, Charles (1993): Multikulturalismus und die Politik der Anerkennung. Frankfurt/Main: Fischer.

Taubner, Svenja (2008): Einsicht in Gewalt: reflexive Kompetenz adoleszenter Straftäter beim Täter-Opfer-Ausgleich. Gießen: Psychosozial-Verlag.

Terkessidis, Mark (2004): Die Banalität des Rassismus: Migranten zweiter Generation entwickeln eine neue Perspektive. Bielefeld: Transcript-Verlag.

Tertilt, Hermann (1996): Turkish Power Boys. Frankfurt/Main: Suhrkamp.

Tezcan, Mahmut (1974): Türklerle Ilgili Stereotipik Ve Türk Degerleri Üzerine Bir Deneme. Ankara: Kiyap.

Theweleit, Klaus (2005): Das Tor zur Welt. Fußball als Realitätsmodell. Köln: Kiepenheuer und Witsch Verlag.

Thomas, Tanja (2003): Deutsch-Stunden: zur Konstruktion nationaler Identität im Fernsehtalk. Frankfurt/Main [u. a.]: Campus-Verlag.

Tibi, Bassam (1994): Im Schatten Allahs. Der Islam und die Menschenrechte. München [u. a.]: Piper.

Tietze, Nicola (2001): Islamische Identität: Formen muslimischer Religiosität junger Männer in Deutschland und Frankreich. Hamburg: Hamburger Ed.

Tillmann, Klaus- Jürgen & Holler-Nowitzki, Birgit & Holtappeis, Heinz-Günther & Meier, Ulrich & Popp, Ulrike (1999): Schülergewalt als Schulproblem: verursachende Bedingungen, Erscheinungsformen und pädagogische Handlungsperspektiven.

Tondorf, Günter (2008): Hände weg vom Jugendstrafrecht. In: ZJJ. 19. Jg., S. 71-73.

Toprak, Ahmet (2005): Das schwache Geschlecht – die türkischen Männer: Zwangsheirat, häusliche Gewalt, Doppelmoral der Ehre. Freiburg im Breisgau: Lambertus.

U.S. Department of Health and Human Services, Administration on Children, Youth and Families (2004): Child Maltreatment 2004. Washington, D.C: U.S. Government Printing Office, digitale Publikation: (http://www.acf.hhs.gov/programs/cb/pubs/cm04/index.htm).

Uslucan, Hacı - Halil (2008a): Gewaltbelastung von Jugendlichen mit Migrationshintergrund. In: Herbert Scheithauer et. al. (Hrsg.), Problemverhalten und Gewalt im Jugendalter: Erscheinungsformen, Entstehungsbedingungen, Prävention und Intervention. Stuttgart: Kohlhammer, S. 289-301.

Uslucan, Hacı - Halil (2008b): Risiken und Ressourcen in der Sozialisation von Jugendlichen mit Migrationshintergrund. In: Lydia Potts & Jan Kühnemund (Hrsg.), Mann wird man. Geschlechtliche Identitäten im Spannungsfeld von Migration und Islam. Bielefeld: Transcript-Verlag, S. 153-176.

Vogt, Ludgera (1997): Zur Logik der Ehre in der Gegenwartgesellschaft. Differenzierung, Macht, Integration. Frankfurt/Main: Suhrkamp.

von Liszt, Franz (1905): Das Verbrechen als sozial-pathologische Erscheinung. In: Franz von Liszt (Hrsg.), Strafrechtliche Aufsätze und Vorträge. Bd. 2. Berlin: de Gruyter.

Walter, Michael (1999): Von der Kriminalität in den Medien zu einer bedrohlichen Medienkriminalität und Medienkriminologie? In: DVJJ- Journal 4, S. 348-354.

Walter, Michael (2005): Jugendkriminalität: Eine systematische Darstellung 3. Aufl., Stuttgart [u. a.]: Boorberg.

Walter, Michael (2006): „Problemjugendliche" in der medialen Darstellung und öffentlichen Diskussion: Zwischen sensationslüsterner Dramatisierung und ignoranter Verharmlosung gesellschaftlicher Probleme. In: Matthias D. Witte & Uwe Sander (Hrsg.), Erziehungsresistent?: „Problemjugendliche" als besondere Herausforderung für die Jugendhilfe. Baltmannsweiler: Schneider-Verlag Hohengehren, S. 123-136.

Weber, Martina (1999): Zuschreibungen gegenüber Mädchen aus eingewanderten türkischen Familien in der gymnasialen Oberstufe. In: Frauen und Mädchen in der Migration: Heide Gieseke & Katharina Kuhs (Hrsg.), Lebenshintergründe und Lebensbewältigung. Frankfurt/Main: Verlag für Interkulturelle Kommunikation, S. 45-71.

Weber Martina (2003): Heterogenität im Schulalltag: Konstruktion ethnischer und geschlechtlicher Unterschiede. Opladen: Leske & Budrich.

Weber, Martina (2007): Ethnisierung und Männlichkeitsinszenierungen Symbolische Kämpfe von Jungen mit türkischem Migrationshintergrund. In: Christine Riegel & Thomas Geisen (Hrsg.), Jugend, Zugehörigkeit und Migration: Subjektpositionierung im Kontext von Jugendkultur, Ethnizitäts- und Geschlechterkonstruktionen. Wiesbaden: VS Verlag, S. 307-322.

West, Candance & Zimmermann, Don H. (1987): Doing gender. In: Gender and Society 1, S. 125- 151.

Wetzels, Peter & Enzmann, Dirk & Mecklenburg, Eberhard & Pfeiffer, Christian (2001): Jugend und Gewalt. Baden-Baden: Nomos.

Wetzels, Peter (2007): Kinder und Jugendliche mit Migrationshintergrund – Kriminologische Perspektiven. In: FPR 1-2, S. 36-40.

Willis, Paul E. (1979): Spaß am Widerstand. Gegenkultur in einer Arbeiterschule. Frankfurt/Main: Syndikat.

Wilmers, Nicola & Enzmann, Dirk & Schaefer, Dagmar & Herbers, Karin & Greve, Werner & Wetzels, Peter (2002): Jugendliche in Deutschland zur Jahrtausendwende: Gefährlich oder gefährdet? Ergebnisse wiederholter, repräsentativer Dunkelfelduntersuchungen zu Gewalt und Kriminalität im Leben junger Menschen 1998-2000. Baden-Baden: Nomos.

Wilms, Yvonne (2009): Ehre, Männlichkeit und Kriminalität. Münster: LIT.

Windzio, Michael & Baier, Dirk (2007): Soziale Netzwerke, Persönlichkeit und Jugendgewalt in der multi-ethnischen Gesellschaft: Wie einflussreich ist die informelle soziale Kontrolle gegenüber der „Kultur der Ehre" und der Selbstkontrolle? In: Jörg Lüdicke & Martin Diewald (Hrsg.), Soziale Netzwerke und soziale Ungleichheit: Zur Rolle von Sozialkapital in modernen Gesellschaften. Wiesbaden: VS Verlag, S. 163-200.

Windzio, Michael & Simonson, Julia & Pfeiffer, Christian & Kleimann, Matthias (2007): Kleimann Kriminalitätswahrnehmung und Punitivität in der Bevölkerung – Welche Rolle spielen die Massenmedien? Ergebnisse der Befragungen zu Kriminalitätswahrnehmung und Strafeinstellungen 2004 und 2006. KFN-Forschungsbericht Nr. 103.

Winnicott, Donald W. (1984): Deprivation and delinquency. London [u. a.]: Tavistock.

Worbs, Susanne & Heckmann, Friedrich (2004): Islam in Deutschland: Aufarbeitung des gegenwärtigen Forschungsstandes und Auswertung eines Datensatzes zur zweiten Migrantengeneration. In: Bundesministerium des Innern [BMI] (Hrsg.): Islamismus. Berlin: [BMI], S. 153-253.

World Health Organisation (2002). World Report on Violence and Health. Geneva.

Yalçın-Heckmann, Lale (2000): Einige Gedanken zu den drei türkischen Ehrbegriffen „Namus", „Seref" und „Onur". In: Deutsch-Türkisches Symposium 1999 (Hrsg.), Ehre und Würde – Seref ve Onur. Hamburg: Edition Körber Stiftung.

UNSER BUCHTIPP !

Ilhami Atabay

»Ich bin Sohn meiner Mutter«
Elterliches Bindungsverhalten und männliche Identitätsentwicklung in türkeistämmigen Familien

Münchner Studien zur Kultur- und Sozialpsychologie, Band 19, 2010,
192 S., ISBN 978-3-86226-014-0, € 18,90

Mit diesem Buch schaltet sich Ilhami Atabay in die Diskussion über Männlichkeitskonzepte in türkeistämmigen Familien ein. Er beleuchtet von einer fundierten theoretischen Basis aus die Beziehungen zwischen Eltern und Söhnen und untersucht mit kultursensiblen Blick das Bindungsverhalten türkeistämmiger Männer anhand von Fallstudien. Dabei schöpft der Autor aus einer über 20-jährigen Erfahrung als Familientherapeut und zieht Schlussfolgerungen für die Praxis. Eine für Praktiker als auch Wissenschaftler und Studierende lohnenswerte Lektüre.

„Die gegenwärtig so fragwürdig überhitzte Integrationsdebatte würde grundlegend anders geführt, wenn die vorliegende Analyse konsequent aufgenommen würde."

Prof. Dr. Heiner Keupp im Vorwort

☞ **Besuchen Sie unsere Internetseite!**

www.centaurus-verlag.de

UNSERE BUCHTIPPS !

■ Konrad von Oefele
Forensische Psychiatrie
Lehrbuch für die klinische und gutachtliche Praxis
Reihe Psychologie, Band 41, 2011, 158 S.,
ISBN 978-3-86226-011-9, € 19,80

Neu !

Das Buch ist aus langjähriger und fortlaufender Unterrichtstätigkeit für Studierende und Ärzte entstanden. Es bietet einen fundierten Überblick über das gesamte Gebiet der Forensischen Psychiatrie bei überschaubarem Umfang. Es eignet sich zur Einführung in das Fachgebiet ebenso wie zur schnellen Orientierung und als Leitfaden für die praktische Begutachtung.

■ Fabian Frank
Soziale Netzwerke von (Spät-)Aussiedlern
Eine Analyse sozialer Unterstützung aus sozialarbeiterischer Perspektive
Migration und Lebenswelten Bd. 1, 2011, 120 S.,
ISBN 978-3-86226-037-9, € 16,80

Neu !

■ Viviane Nabi Acho
Elternarbeit mit Migrantenfamilien
Wege zur Förderung der nachhaltigen und aktiven Beteiligung von Migranteneltern an Elternabenden und im Elternbeirat
Migration und Lebenswelten Bd. 2, 2011, 138 S.,
ISBN 978-3-86226-039-3, € 17,80

Neu !

■ Klaus-Peter Dahle
Psychologische Kriminalprognose
Wege zu einer integrativen Methodik für die Beurteilung der Rückfallwahrscheinlichkeit bei Strafgefangenen
Studien und Materialien zum Straf- und Massregelvollzug, Band 23, 2005, 254 S.,
ISBN 978-3-8255-0607-X, € 24,90

■ Thomas Weipert
Lebenswelt Gefängnis
Einblick in den Jugendstrafvollzug mit Berichten junger Gefangener
Beiträge zu Kriminologie und Strafrecht, Bd. 3, 2003, 110 S.,
ISBN 978-3-8255-0404-2, € 17,40

■ Gerhard Rehn, Bernd Wischka, Michael Walter, Friedrich Lösel
Behandlung „gefährlicher Straftäter"
Grundlagen, Konzepte, Ergebnisse
Studien und Materialien zum Straf- und Massregelvollzug, Bd. 11, 2. Aufl. 2001, 432 S.,
ISBN 978-3-8255-0315-1, € 35,69

www.centaurus-verlag.de

MIX
Papier aus verantwortungsvollen Quellen
Paper from responsible sources
FSC® C105338

If you have any concerns about our products,
you can contact us on
ProductSafety@springernature.com

In case Publisher is established outside the EU,
the EU authorized representative is:
**Springer Nature Customer Service Center GmbH
Europaplatz 3, 69115 Heidelberg, Germany**

Printed by Libri Plureos GmbH
in Hamburg, Germany